초연결시대, 공유경제와
사물인터넷의 미래

초연결시대, 공유경제와
사물인터넷의 미래

거의 모든 것이
공유되고 연결되는
거대한 경제혁명

IoT

• 차두원, 진영현 지음 •

공유경제와 사물인터넷은
우리의 미래를 어떻게 바꾸는가

필자들은 미래학자도 경제학자도 아니다. 그저 몇 년간 엔지니어 생활을 경험하고, 현재는 과학기술 정책이라는 조금은 고리타분하게 들릴 수 있는 분야에서 일하는 사람들이다. 당연히 몇십 년 후에 경제 시스템과 인간의 미래가 어떻게 변할 것이라고 말할 자신은 없다.

그러나 매일같이 과학기술과 산업 분야 흐름을 모니터링 하고 앞으로 우리의 미래에 어떤 기술이 어떤 영향을 미칠까를 고민하면서 '공유경제Sharing Economy'와 '사물인터넷Internet of Things, IoT'을 접하게 되었다. 도대체 공유경제와 사물인터넷이 무엇인지, 둘의 관계는 무엇인지, 창조경제 책을 마무리한 지 일 년도 안 된 시점에서 본격적으로 고민하기 시작했다. 마침 같은 때에 전 세계적으로 논란 중인 토마 피케티Thomas Piketty의 노동소득보다 자본소득 성장률이 더 높아 사회 불평등이 심화되고 있다는 주장, 공유경제를 표방한 우버와 에어비앤비의 적법성, 사물인터넷 기술이 한계비용을 제로(0)로 만들어 자본주의를 종식시키고 공유경제 시대로 접어들게 한다는 제러미 리프킨Jeremy Rifkin의 예측 등이 우리의 궁금증을 더하게 했다. 우리나라뿐만 아니라 전 세계가 양분되어 벌어지고 있는 논란의 핵심에는 과학기술과 인터넷의 발전이 있어 과학기술 정책 분야에 몸담고 있는 필자들에게는 나름대로 매력 있는 관찰 대상이었다.

물론 공유경제와 사물인터넷은 아직 체계화되지 않은 새롭게 탄생한 용어들로 버즈워드Buzz Word가 아닐까라는 생각도 했다. 하지만 최근에는 이들을 받아들이지 않으면 앞으로 지구촌을 뒤흔들 혁신의 흐름에 뒤처질 것이라는 느낌이 들기도 했다. 관련된 정보의 양도 엄청나고 업그레이드되는 주기도 너무나 짧다. 새로운 기술과 비즈니스 트렌드를 한 템포만 놓쳐도 자칫 공유경제와 사물인터넷의 시장과 기술을 이해하기 힘들 정도다. 언론과 SNS 등을 통해 제공되는 정보가 수용하기 벅찰 정도로 많은 시대에 접어들어, 때로는 정보의 가치가 빠르게 단축되고 있다는 생각이 들 정도다.

결론적으로 필자들은 사물인터넷 기술력의 보유 여부에 따라 기업의 존속이 결정될 것이라고 예상하였다. 또한 사물인터넷은 인간의 생활과 문화뿐만 아니라 경제사회 형태를 바꿀 수 있는 잠재력이 높은 동인이라고 판단했다. 이미 구글은 대표적 사물인터넷 플랫폼인 무인자동차, 드론, 스마트홈 등 핵심기술들을 자체 개발 혹은 인수합병M&A을 통해 확보했을 뿐만 아니라 180여 개의 인공위성과 드론, 무인 풍선기구를 이용해 전 세계 어디서나 인터넷을 연결한다는 계획을 발표했다. 구글이 전 세계를 지배한다는 얘기까지 나올 정도로 사물인터넷 기술의 선두에 서 있다. 가끔은 과학기술이 과잉 발전하고 있는 것은 아닌가 하는 생각도 든다. 그러나 우리나라 기업 가운데는 사물인터넷 분야에서 그리 돋보이는 기업이 없다는 아쉬움을 지울 수가 없다. 우리나라의 무선인터넷 생태계와 스마트 디바이스 시장 형성을 2년 이상 늦췄던 위피WIPI 탑재 규정, 내국인에게만 발급됐던 공인인증서와 인터넷 익스플로러에서만 작동하는 액티브엑스 의무 사용과 같이 우리나라를 인터넷 갈라파고스로 만들었던 시행착오도 사물인터넷 시대에는 없어야 한다는 생각도 들었다.

공유경제도 마찬가지다. 현재의 공유경제는 앱이나 웹을 이용해 다양한 소비재의 보유자와 소비자를 연결하는 수준이다. 하지만 공유플랫폼을 보유한 기업의 무서운 매출 증가와 기업가치 상승, 무엇보다 우버가 기존 택시산업을 파괴하고 에어비앤비가 기존 숙박업을 파괴하는 현상을 무시할 수는 없다. 그러면서 결국 인터넷의 발전에 주목했다. 실제 사물인터넷이란 용어가 특정 기술을 지칭하지는 않는다. 사물인터넷은 유선에서 무선으로 인터넷 서비스 기술이 진화하고, 웹과 앱을 통해 세상과 정보를 접하던 서비스 패턴이 우리 생활 주변의 모든 시스템들과 무선인터넷이 직접 연결되어 정보를 상호 교환하고 사용자의 기호에 맞게 의사결정하는 인간 삶의 환경을 의미한다. 마치 우리의 삶에 있어 필수 불가결한 물과 공기와 같다. 우리는, 현재의 공유경제는 앱과 웹을 기반으로 하고 있지만, 앞으로의 공유경제는 제러미 리프킨이 말한 것과 같이 사물인터넷 기반으로 발전하고 P2P_{Peer to}

Peer에서 T2P_{Things to Person} 형태의 비즈니스 모델로 변화할 것이란 결론을 내리며 초연결경제_{Hyper-Connected Eonomy}라는 용어를 고민했다.

이 책을 접하는 독자들에게 꼭 하고 싶은 말이 있다. 공유경제나 사물인터넷 관련 기술을 파악하기 위해서라면 이 책을 볼 필요가 없다. 두 개 분야 모두 진화하는 속도가 너무도 빨라 관련 기술들을 대번에 알 수 있게 정리할 수도 없으며, 그 범위도 너무나 넓기 때문이다. 차라리 관련 기사와 동향들을 일목요연하게 정리해놓은 전문가들의 페이스북이나 유튜브 강연 영상, 혹은 블로그 등을 통해 원하는 정보를 얻으라고 권장하고 싶다. 인터넷에 PDF 포맷으로 무료로 공개되는 각종 정부기관의 관련 연구보고서들만 정리해서 보기도 쉽지 않을 정도다.

이 책을 집필한 목적은 최근의 공유경제 확대와 인터넷 발전에 따른 경제사회의 변화를 조감하기 위해서이고 이에 대해 한 번쯤은 고민해야 할 내용들을 공유하기 위해서다. 기술을 개발할 때 인간의 생활, 사회에 어떠한 영향을 미치는지도 충분히 고민하고 검증해야 한다. 통계로 제시되는 경제적 가치와 아름다운 그림으로 표현되는 삶의 질 향상이 누구에게나 해당되지는 않는다. 공유경제와 인터넷의 발전이 누구에게나 황금의 땅 엘도라도는 당연히 아니다.

이러한 생각들이 이 책의 구성에 많은 영향을 미쳤다. 이 책은 공유경제와 사물인터넷 등의 개념을 정확히 이해하고 이들이 경제사회에 미치는 영향이 궁금한 개발자와 일반인, 정책 관련 연구자에게 권하고 싶다. 그간 필자들이 발표한 자료들과 함께 정보통신공학, 경제학, 인간공학, 산업공학, 심리학, 사회학, 경영학, 미래예측, 기술영향평가, 과학사, 과학기술정책학, 경험경제, 기술사업화 창업 등 다양한 분야의 정보를 접하며 책을 써나갔다. 때론 교과서 같은 부분도 있다. 관련 분야의 많은 책이 나와 있지만, 기본적 내용에 대한 설명이 없어 본질적 이해가 어려운 경우도 적지 않았기 때문이다.

먼저 1장에서는 공유경제와 파괴적 혁신을 생각해봤다. 다소 논란이 있긴 하지만 현재 공유경제란 용어는 우버와 에어비앤비 등의 기업으로 대표되고 있다. 이들이 왜 주목을 받고 있는지, 어떤 이유로 어떤 논란이 벌어지고 있는지, 그리고 무엇보다 공유경제가 가져오는 비즈니스의 변화와 기존 상업경제와의 차이점을 알아본다.

2장에서는 공유경제가 파괴적 혁신인지에 대해 고민을 해봤다. 보통명사처럼 들리지만 파괴적 혁신이 무엇인지 다시 한 번 돌아보고, 과거 파괴적 혁신이 유발했던 러다이트Luddite운동과 혁신을 저해한 적기조례Red Flag Act를 살펴보고 드론, 자동주행 시스템, 로봇 등 최근 시장에 출시 예정인 혁신들이 어떻게 제도권과 상호작용하고 있는지를 살펴봤다. 이들을 통해 공유경제 기업들의 시장 선점을 위한 도전이 어떻게 진행되는지, 제도권과 어떻게 공존하고 타협하고 있는지를 살펴보고 공유경제가 미래에 파괴적 혁신을 유발할 가능성을 기술했다.

3장에서는 요즘 우리나라에서 많은 관심을 받고 있는 제러미 리프킨의 사물인터넷이 한계비용을 제로로 만들고 자본주의를 종식시킨다는 주장에 대해 나름의 의견을 제시했다. 먼저 사물인터넷이 어떠한 과정으로 발전했는지, 그리고 한계비용이란 무엇인지 상세히 살펴보고 제러미 리프킨의 몇 가지 주장에 대한 반론을 제시한다. 이와 함께 아직까지 정리되지 않은 공유경제의 개념을 어떻게 이해해야 할지 구체적으로 기술했다.

마지막으로 4장에서는 초연결경제와 민첩한 혁신을 말했다. 인구증가, 인터넷과 소셜네트워크 사용자의 증가에 따라 현실화되고 있는 초연결사회를 살펴보고, 점차 빨라지고 있는 혁신에 어떻게 대응해야 할지 연구개발과 사업화, 비즈니스의 변화 등의 관점에서 살펴본다. 그러나 사실 모든 기술이 항상 장밋빛 미래로 인도하지는 않는다. 초연결시대에 사물인터넷 때문에 발생할 수 있는 위협 요인들과 경제사회의 변화, 그리고 반드시 잊지 말아야 할 사용자 경험의 중요성과 기술획득 전략을 제시하고 '연결' 없이 살 수 없는 우리가 앞으로 초연결사회를 어떻게 받아들이고 만들어갈지에 대해 서술하며 이 책을 마무리했다.

자료 정리에 많은 도움을 준 한양대 일반대학원 과학기술정책학과 이승아 양과 마지막으로 많은 시간을 희생해준 필자들의 가족들에게 감사의 말을 전한다.

차두원·진영현

CONTENTS

프롤로그 공유경제와 사물인터넷은 우리의 미래를 어떻게 바꾸는가 · 4

1장 공유경제의 본격적 도전

01 실리콘밸리 최고의 밸류에이션 – 공유경제 기업 · 15

허츠와 현대자동차를 뛰어넘은 우버 15 | 힐튼을 능가한 에어비엔비 19

02 공유경제와 제도권의 충돌 – 불법과 탈세 · 22

우버가 유발한 파업과 폭력시위 22 | 에어비앤비의 탈세 논란 26

03 경제 불황과 인터넷의 합작품 – 공유경제의 급성장 · 29

공유경제의 본질 – 협력적 소비 29 | 공유경제가 가져온 변화 – P2P 비즈니스 40

2장 다시 돌아보는 파괴적 혁신

01 파괴적 혁신의 의미 · 49

02 파괴적 혁신과 시장 · 56

충돌 – 러다이트 운동 56 | 시장의 주도권 상실 – 적기조례 58

03 파괴적 혁신과 규제 · 64

혁신 트리거링 기술과 규제 64 | 새로운 무인자동차의 규제 – 혁신에 대한 불안감 72 |
파괴적 혁신의 요람 – DARPA 76

04 공유경제와 파괴적 혁신 · 82

시장 선점을 위한 과감한 충돌과 경쟁 82 | 제도권과 공존, 그리고 타협 87 |
거부하기엔 버거운 새로운 파괴적 혁신 92

3장 사물인터넷과 한계비용, 그리고 공유경제

01 제러미 리프킨의 사물인터넷과 공유경제 · 109

02 한계비용 이해하기 · 118

03 새로운 접속의 시대 – 사물인터넷의 등장과 발전 · 124

사물인터넷 이전의 인터넷 124 | 사물인터넷의 등장 133 | 사물인터넷의 발전과
경제적 가치 140

04 제러미 리프킨의 한계 – 일반화의 오류 · 150

고정비용을 무시한 한계비용 151 | 디지털시장의 변화 – 플랫폼 기업의 독점과
프리미엄 시장 확대 154

05 커먼즈와 공유경제 · 167

커먼즈의 의미 167 | 공유경제의 3가지 유형 172

4장 초연결경제와 민첩한 혁신

01 다가오는 초연결경제 시대 · 185

증가하는 모든 것들 185 | 초연결성과 초연결사회 194

02 초연결경제 시대로의 진입 · 201

스쳐지나간 연결경제 201 | 연결경제를 넘은 초연결경제 207

03 혁신의 진화 – 기술의 한계와 민첩한 혁신 · 212

04 초연결경제 시대의 고민 · 222

사물인터넷의 명과 암 222 | 기술발전과 일자리 236 | 망중립성에 대한 논란 244

05 초연결경제 시대의 대응 · 250

짧아지는 혁신의 발생 경로 250 | 촘촘하고 효율적인 비즈니스 생태계 258 | 혁신 장벽을 넘는 사다리 – 크라우드펀딩과 소싱 264 | 새로운 핵심 가치의 등장 – 경험혁신과 사용자 경험 270 | 무너지는 온라인과 오프라인 경계 – 020 276

에필로그 혁신의 혁신을 기대하며 · 287

1
공유경제의
본격적 도전

Internet
of
Things

Internet of Things

실리콘밸리 최고의 밸류에이션
공유경제 기업

허츠와 현대자동차를 뛰어넘은 우버

최근 우버로 대표되는 공유경제를 표방하는 기업들의 창업과 성공에 대한 기대가 전 세계로 확대되고 있다. 우버는 트레비스 칼라닉Travis Kalanick이 2010년 6월 미국 샌프란시스코에서 최초로 서비스를 시작해 현재 51개국 230개 도시에 진출했으며 앱을 통해 차량 공유서비스 플랫폼을 제공하고 20%의 수수료를 수익구조로 운영하는 일종의 콜택시다. 우리나라, 프랑스, 네덜란드, 스페인, 인도, 태국 등의 국가에서는 영업금지를 당하고 여러 국가에서 합법성 논란이 계속되고 있지만, 영국 파이낸셜타임스는 2014년 운송 분야 최고의 혁신적 파괴자로 선정했다.[1]

● 우버 홈페이지(http://www.uber.com)

최근에는 음식 배달 서비스인 우버프레시UberFRESH, 약국 등에서 생필품을 배달해주는 우버 코너 스토어Uber Corner Store, 자전거 택배 서비스 우버 러시Uber Rush 등을 시범운영하면서 사업영역을 확장하고 있다. 설립된 지 채 5년이 안 된 스타트업이지만 2014년 6월 182억 달러라는 천문학적 금액으로 평가된 기업가치는 6개월이 지난 2014년 12월 412억 달러로 두 배 이상 급상승했다. 최근 10억 달러 규모의 투자를 유치하며 461억 달러의 기업가치로 평가된 중국 스마트폰 제조업체 샤오미에는 미치지 못하지만, 공유경제를 표방하며 앱 기반 중개 서비스만을 제공하는 기업이 세계 2위의 스타트업 기업가치를 인정받는다는 것은 우버의 높은 잠재력을 대변하고 있다.[2]

2014년 6월 벤처캐피털 이외에 블랙록BlackRock Inc.에서 1억 7,500만 달러, 피델리티 인베스트먼트Fidelity Investment, 웰링턴 매니지먼트Wellington

Management 등 세계 유수의 뮤추얼펀드와 서밋 파트너스Submit Partners, 클라이너 퍼킨스 코필드 & 바이어즈Kleiner Perkins Caufield & Byers, 구글 벤처스Google Ventures, 멘로 벤처스Menlo Ventures 등으로부터 12억 달러의 투자를 유치했으며,[3][4] 최근에는 공식 발표는 없었으나 중동 국부펀드인 카타르 투자청Qatar Investment Authority, 헤지펀드인 밸리언트 캐피탈 파트너스Valiant Capital Partners와 론 파인 캐피탈Lone Pine Capital의 투자와 더불어 세계 최대 벤처캐피털 중 하나인 뉴 엔터프라이즈 어소시에이츠New Enterprise Associates가 첫 투자를 한 것으로 알려졌다.[5]

월스트리트저널에 따르면 우버의 기업가치는 델타 항공Delta Air Lines, 금융중개회사인 찰스 슈왑Charles Schwab Corp., 솔루션 전문업체 세일즈포스닷컴Salesforce.com Inc., 종합식품 제조업체 크래프트 푸드Kraft Fodds Group Inc.를 넘어 타임 워너 케이블Time Warner Cable과 비슷한 수준이다. 대표적 렌트카 업체 허츠의 기업가치인 124억 달러, 우리나라 현대자동차의 현재 시가총액 37조 2,267억 원도 이미 넘어섰다. 2012년 8월부터 우버의 월평균 매출성장률은 18.0%에 육박하고 있는 등 무서운 성장 단계에 들어섰으며, 2015년에는 운전자에게 돌아가는 수수료를 제외한 순이익이 20억 달러에 이를 것으로 전망된다.[6]

한 번의 앱 터치를 통한 픽업 요청(스마트 디바이스 GPS를 이용해 가장 가까운 기사와 연결하여 정확한 위치 설명이 필요하지 않음), 믿을 수 있는 서비스(배당된 차량 기사 정보와 차량 이동 경로 확인이 가능), 투명한 가격(탑승 위치와 목적지를 입력하면 요금견적을 탑승 전에 확인 가능), 현금이 필요 없는 편리함(목적지에 도착하면 미리 등록된 신용카드로 요금이 결제되고 영수증은 이메

● 세계 주요 스타트업 기업 간의 기업가치 비교[7]

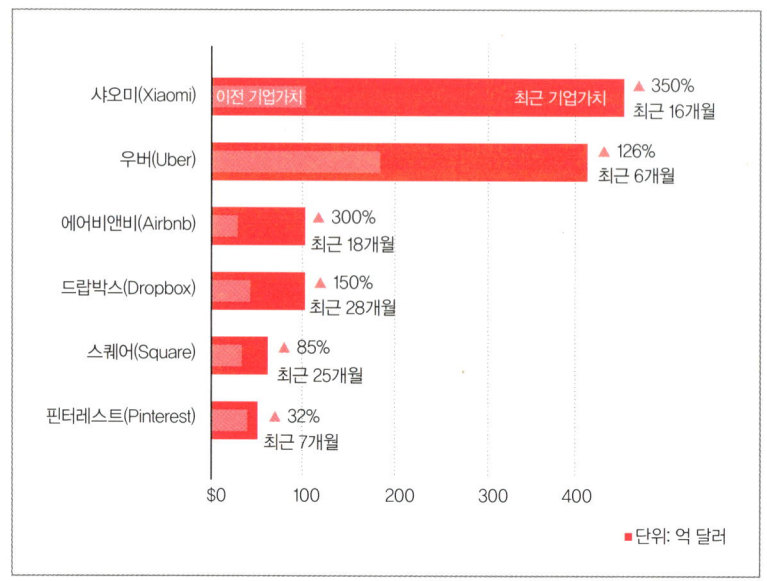

일로 발송), 피드백의 중요함(사용 후기를 남기고 기사의 평가를 할 수 있어 다른 사용자에게 기사 정보 제공이 가능), 함께 탑승한 사람들 간 요금을 나누어 낼 수 있는 서비스를 제공한다고 우버 측은 설명하고 있다.[8] 요금은 기본 5,000원에 km당 1,500원으로 일반 택시보다는 두 배가량, 모범 택시보다 비싸지만, 최고급 차량을 24시간 호출할 수 있고 승차거부도 없다. 또한 차 안에 음료수를 비치하거나 휴대폰 충전도 할 수 있게 하는 등 서비스 차별화를 통해 고급화된 사용자 경험을 제공하여 사용자 만족도는 매우 높다.

힐튼을 능가한 에어비앤비

또 다른 대표 공유경제 기업은 에어비앤비AirBnB다. 샌프란시스코에 본사를 두고 전 세계에 숙소를 가지고 있는 사람들과 숙박을 할 곳을 찾는 여행객들을 웹과 앱을 통해 연결해주는 서비스다. 직접 소유한 숙소는 없지만 웹과 앱을 통해 가정집이나 아파트 전체 혹은 일부 빈 방 등을 임대해주는 온라인 민박 형태 서비스다.

호텔보다 저렴하고 집과 같이 안락하다는 이유뿐만 아니라, 현지 인과 함께 생활하면서 생활과 문화를 공유하고, 나무 위의 집, 오두 막집, 성Castle, 펜트하우스Penthouse, 이동식 주택Caravan, 대저택 등 다 양한 형태의 숙소에 묵는 경험을 제공할 수 있다. 현재 190여 개국

● 에어비앤비 홈페이지(http://www.airbnb.com)

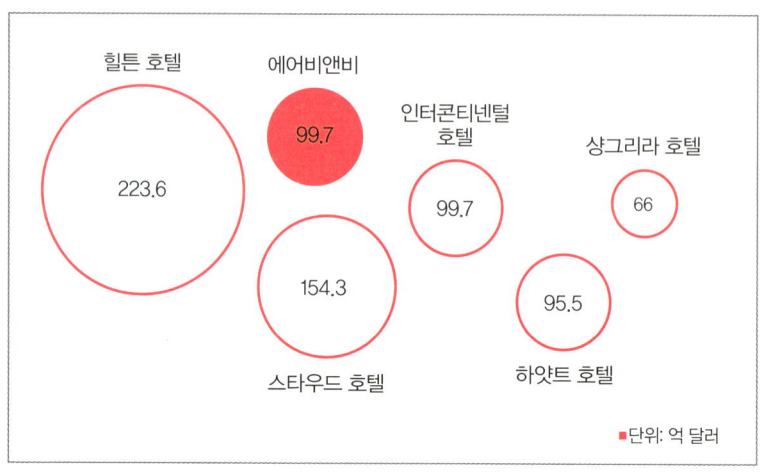

힐튼 호텔

223.6

에어비앤비

99.7

인터콘티넨털
호텔

99.7

샹그리라 호텔

66

스타우드 호텔

154.3

하얏트 호텔

95.5

■단위: 억 달러

3만 4,000여 개 도시의 60만여 개 방의 숙소 정보가 제공되고 있으며, 2014년 6월 기준 사용자 수가 1,500만 명을 넘어섰다.[10] 홈페이지에 무료로 객실을 등록하며 숙소의 주인에게 예약비용 3%의 수수료를 받는 비즈니스 모델로 창업 3년 만에 객실 수는 세계 최대 호텔 체인인 힐튼Hilton Worldwide을 앞질렀다.

현재 에어비앤비의 기업가치는 99억 7,000만 달러 수준까지 성장했다.[11] 99억 7,000만 달러의 인터콘티넨탈InterContinental Hotels Group, 95억 5,000만 달러 수준의 하얏트호텔Hyatt Hotels Corporation과 동등한 기업가치며, 세계 최대의 호텔체인인 223억 6,000만 달러의 힐튼Hilton Worldwide의 절반 규모다.[12]

리서치회사인 에스티마이즈Estimize에 따르면 2008년 4,000달러 수준에 불과했던 에어비앤비의 매출은 2012년 1억 7,000만 달러를 넘어

섰으며, 2015년에는 2억 달러를 돌파할 것으로 예상되는 등 어느 기업보다 빠른 성장세를 보이고 있다.[13]

특히 에어비앤비의 성공은 사람들에게 자신이 가진 가장 중요한 자산들을 타인과 공유할 수 있게 하고 인터넷을 통해 낯선 사람들이 서로 신뢰를 갖게 되는 새로운 문화를 만들어 공유경제 확산에 커다란 역할을 하고 있다.[14]

모르는 사람의 집을 이용한다는 것은 안전 등의 문제를 생각하면 쉽지 않은 일이다. 에어비앤비는 객실 임대인과 사용자 간 서로 누군지 몰라 불안해하던 기존 숙박 서비스의 문제점을 해결하기 위해 SNS를 적극 활용하고 있다.

객실 제공자는 에어비앤비의 SNS 연동 기능인 'Social Connection'을 이용해 예약자의 페이스북 활동을 확인하고 원치 않으면 해당 거래를 거절하는 것이 가능하다. 투숙객 역시 객실 소유주의 페이스북 활동을 사전에 체크할 수 있어 보다 믿을 만한 장소에서 머무를 수 있다.

공유경제와 제도권의 충돌

불법과 탈세

우버가 유발한 파업과 폭력시위

우버의 등장은 세계 택시업계에 적지 않은 파장을 몰고 왔다. 2014년 6월 11일에는 유럽 주요 도시에서 우버로 대표되는 차량 공유 서비스에 반대하는 시위와 폭행 사태가 벌어졌다. 프랑스에서는 300여 대의 택시가 우버를 반대하며 파리 샤를드골 공항과 오를리 공항으로 이어지는 고속도로에서 시속 10km 이하의 서행시위로 극심한 교통정체를 유발하기도 했다. 또한 베를린, 런던, 마드리드, 밀라노 등에서 3만 대 이상의 택시가 동맹파업을 벌여 도시 기능을 마비시켰다. 공식적으로 우버가 진출하진 않았지만 음성적으로 많은 운전자들이 앱을 사용하고 있는 스페인 바르셀로나와 마드리드에서 시위가 발생

● 스페인 마드리드에서 우버 반대 시위를 벌이고 있는 택시기사들[15]

했으며, 우버의 사용이 금지된 브뤼셀, 베를린에서도 택시기사들이 파업했다. 특히 파리는 택시노조의 법정투쟁 결과로 우버와 유사한 차량 공유Cab-Hailing 앱 사용시 일반 택시와의 공정한 경쟁을 위해 차량 호출 15분 후에 승객 픽업을 위해 출발하게 하는 '15분 법15-Minute Law'이 2014년 1월 1일자로 시행되었으나 우버를 대상으로 한 시위와 폭력은 계속되고 있다.[16]

2013년 우버코리아가 설립된 우리나라에서도 해외와 마찬가지로 우버에 대한 논쟁이 뜨겁게 진행되고 있다. 우버는 여객자동차운수사업법상 '자가용 승용차 유상운송행위'로 불법이며, 렌터카나 자가용 승용차이기 때문에 보험에 가입되어 있어도 이용객은 제3자에 해당하므로 사고시 보험사가 거부하면 치료비를 보상받을 수 없다는 이유이다. 또한 일반 택시는 성범죄자 등 전과자나 무자격자가 운행할 수 없

● 스페인 마드리드에서 우버로 판단되는 차량을 폭행하는 사진[17]

도록 시市가 사전에 걸러내지만 우버는 이를 검증할 방법이 없고, 차량 정비 여부도 확인하기 어렵다고 강조했다. 이와 함께 우버 앱에 가입하면 필수적으로 신용카드 정보를 입력해야 하는데 이때 개인정보가 유출될 우려가 있고, 택시 면허도 없이 비싼 요금을 받아 일반 택시 운수사업자의 영업환경도 침해하고 있다고 설명했다. 서울시는 '여객자동차운수사업법' 위반을 근거로 우버를 불법으로 규정하고, 우버를 포함한 불법 유사 운송행위에 대한 신고포상제를 2015년 1월 시행했다.[18]

택시기사들이 우버에 반대하는 주요 이유는 우버의 기사가 택시기사의 면허 규정을 위배하고 세금을 내지 않는 등 불공정한 경쟁을 하는 '불법 영업자'라는 것이다.[19] 국가마다 세부 규정은 다르지만 정부나 지방자치단체가 택시 요금을 규제하는 등 관리감독을 하는 대신 택시 운전자 전체 수를 조절해 최소의 수입을 보장하기 위한 정책을 추진하고 있다. 이탈리아 밀라노에서 택시 면허를 취득하려면 최대 16만 유로가 필요하며, 우리나라 서울에서도 택시면허 값은 택시 가격을 고려하면 1억 원을 넘고 이마저도 팔려는 사람이 없어 현재 개인택시 면허 취득은 사실상 불가능한 실정이다.[20 21] 우리나라는 불과 15년 전만 해도 3,000만 원이었던 면허 값이 3배 이상 오른 것이다. 택시업계에선 이러한 원인이 택시 과잉 공급을 막기 위해 2005년 도입한 택시 총량제가 발단이 됐다고 보고 있다.

그러나 더 커다란 원인은 승객들이 택시보다 우버 서비스를 보다 선호하고 결국은 자신들의 직업을 위협하는 등 우버의 파괴력이 크기 때문이다. 실제로 미국 샌프란시스코에서는 택시 승객의 65%가 우버, 리프트Lyft, 사이드카Sidecar 등 차량공유 서비스 이용으로 감소했다.[22] 택시 1대당 이동거리도 2014년 7월에는 2년 반 전인 2012년 1월의 3분의 1 수준으로 급감했다.[23] 프랑스에는 현재 우버 개인 운전자가 1만 명에 이른다. 프랑스 택시회사 G7의 세르주 메츠 사장은 "프랑스에서 정식 택시 면허를 받기 위해서는 24만 유로가 드는데, 우버는 스마트폰에 앱을 까는 것으로 면허증을 받는 셈"이라고 언급했다. 파리에서 15년째 택시 운전을 해온 카데 디에루리(44) 씨는 "우버 서비스가 시작된 후 수입이 40%나 줄었다"고 한다.

전문가들은 우버가 강력한 경쟁자로서 전통 택시산업을 완전히 뒤바꿔놓을 수 있다고 예상한다. 지금은 도시마다 전체 택시의 수가 제한되고 요금도 정부나 시市가 결정한다. 하지만 우버를 이용하면 누구나 손쉽게 운송사업을 할 수 있다. 유사 업체 간 경쟁으로 요금도 내려

간다. 파리는 1950년대 이후 택시 수를 1만 6,000대 선으로 제한하고 있다. 이 때문에 도심 이외에선 택시를 이용하기가 어렵다. 하지만 우버 서비스를 이용하면 가까운 곳의 빈 차량을 손쉽게 잡을 수 있다.[24]

에어비앤비의 탈세 논란

에어비앤비도 마찬가지다. 인기가 높아지고 관련 경제 규모가 급속도로 성장하자 이러한 사업 형태의 적법성에 대한 논란과 이에 대한 반대 의견이 가열되고 있다.

뉴욕 에어비앤비에 따르면 매출액 기준 상위 40위 내 빈방을 공유한 사람들은 지난 3년간 적어도 40만 달러 이상의 개인 매출을 올렸고, 매출액 누적 합계는 3,500만 달러 수준이라고 한다. 상위 100위까지 빈방을 공유한 호스트들의 매출액 합계는 5,400만 달러 수준이다. 그러나 뉴욕시의 현행 관련법에는 집주인이 함께 거주하지 않는 상태에서 30일 미만의 기간 동안 방문객에게 공간을 임대하는 행위는 불법으로 규정되어 있다. 따라서 에어비앤비를 이용하는 모든 집주인들의 임대 행위는 불법이다. 당연히 세금문제가 에어비앤비를 불법으로 규정하는 커다란 이유다. 에어비앤비를 통해 공간을 임대하는 행위는 호텔과 동등한 사업 행위로 분류되어 호텔세Hotel Tax를 납부해야 하지만, 에어비앤비를 통해 빈방을 제공하는 사람들의 대부분은 자발적인 소득신고를 통해 세금을 납부하지 않고 에어비앤비를 통한 사업을 노

출시키지 않으려는 경향이 있어 매년 수백만 달러에 이르는 호텔세가 뉴욕에서 걷히지 않는다고 한다. 이뿐만 아니라 에어비앤비를 통한 임대 행위 수익성이 아주 높고 세금 회피 가능성이 높다는 정보가 알려지면서, 호텔 사업체가 에어비앤비를 통해 개인 사업자로 가장해 불법 영업을 펼치고 있는 경우도 있다. 반면 에어비앤비 측과 에어비앤비를 지지하는 집주인들은 에어비앤비가 저렴한 숙박 기회를 여행객에게 제공함으로써 더 많은 여행객들이 뉴욕을 방문하고 소비 활동을 펼쳐 지역경제에 미치는 영향이 크기 때문에 뉴욕시의 이러한 처우는 불공평하다고 주장한다.[25]

스페인에서도 비슷한 논쟁이 발생하고 있다. 에어비앤비가 자체 조사한 결과를 보면 2013년 4월 스페인 최대 관광지인 카탈루냐Catalunya 섹션을 시작한 이후, 바르셀로나에는 연간 4,000개의 일자리가 생겨났고 1억 2,800만 유로의 수익이 창출되었다고 한다. 그러나 최근 카탈루냐 주정부는 에어비앤비가 주법을 심각하게 위반하고 있다며, 에어비앤비가 카탈루냐 주법을 즉각 준수하지 않으면 한 달 내에 3만 유로의 과징금을 물리겠다고 발표했다. 해당 주법은 관광객에게 아파트를 임대하려면 스페인 관광부 산하 기관인 카탈루냐 관광국에 반드시 등록해야 하며, 개인 주거지의 방 임대를 금지하고 있기 때문이다. 2013년 5월에도 바르셀로나 시정부는 관광객 소란 관련 민원이 수없이 제기되자 관광객을 위한 아파트를 운영하는 개인들에게 최대 9만 유로의 벌금을 부과했다. 벌금을 부과한 근거는 2007년 입법된 숙박 관련 조항이다. 카탈루냐 주정부 대변인은 벌금형을 받은 사람들이 에어비앤비와 연관이 있는지 알 수 없다고 전했다. 그러나 약 600명의 시위대는 바르셀로나 시청에 숙박 공유 서비스 합법화를 주장하는 영세 상인 3,000명이 서명한 청원서를 전달했다. 청원이 승인되면 바르셀로나 시민들은 에어비앤비와 같은 서비스를 합법적으로 사용할 수 있게 된다.[26]

집을 임대해준 호스트들의 피해도 있다. 뉴욕 이스트 빌리지에 있는 펜트하우스를 가족여행 중이라는 남자에게 에어비앤비를 통해 렌트했는데 집으로 돌아와 보니 파티장으로 사용되고 쓰레기장으로 변해 있었다. 사용한 콘돔들, 술병, 쓰레기들이 널려 있었고, 집주인은 엉망이된 집을 촬영한 사진들이 인스타그램에 올려진 것을 발견했다. 문제는 당초 계약시에는 에어비앤비가 최고 100만 달러까지 호스트 개런티로 보상한다고 했으나, 일이 터진 후에 에어비앤비 고객센터는 호스트에게 보상을 할 수 없으므로 피해보상을 정식으로 요청하지 말라는 연락을 해왔다. 이 사건이 비즈니스 인사이더Business Insider에 알려지면서 에어비앤비는 결국 보상을 약속했지만 이 사건으로 에어비앤비의 비즈니스에 대한 신뢰는 타격을 입었다.[27]

경제 불황과 인터넷의 합작품

공유경제의 급성장

공유경제의 본질 - 협력적 소비

최근 전 세계적으로 공유경제에 대한 관심이 뜨겁다. 온라인을 통해서 세계시장을 대상으로 여행 정보, 차량과 집 등 다양한 소비재와 취미용품, 지식 등을 공유하는 인터넷 플랫폼들에 대한 접속과 활용이 늘어나고 있다. 유튜브Youtube에서는 굳이 돈을 지불하고 CD와 DVD를 구매하지 않아도 음악과 영상을 즐길 수 있고, 많은 사람들의 폭발적인 관심을 끄는 가수와 예술가들은 하루아침에 돈과 부, 명예를 얻고 있다. 오프라인을 통한 공유경제도 무시할 수 없다. 도서와 파티복 등의 의상 대여사업, 잉여 혹은 쓸 만한 중고제품 등을 판매하거나 교환하기 위한 차고세일Garage Sale과 벼룩시장Flea Market, 특정 목적을 가진 생활공동체뿐만 아니라 주로 일정 지역 내에서의 공동육아와 공동교육 등 자발적 공유경제 시스템도 생활 주변에서 어렵지 않게 찾아볼 수 있다. 온·오프라인을 넘나들며 정보와 재화뿐만 아니라, 재능과 가치도 공유하는 시대로 본격적으로 들어선 것이다. 2013년 3분기 스태티스타Statista에서 60개국 30만 명에게 온라인 설문을 실시한 결과 설문 대상의 68%가 자신의 자산을 공유하거나 66%가 타인이 공유한 자산을 활용하겠다는 응답을 했다. 특히 아시아 퍼시픽과 라틴아메리카, 중동과 아프리카 지역이 다른 대륙보다 활용에 대한 의사를 많이 밝혔다. 공유하고 싶은 대상도 전자제품, 학습과 서비스, 가정용품, 자전거, 자동차 등 현재 공유경제 기업들의 주요 아이템과 커다란 차이

● 공유경제 참여 의사와 희망하는 공유 아이템

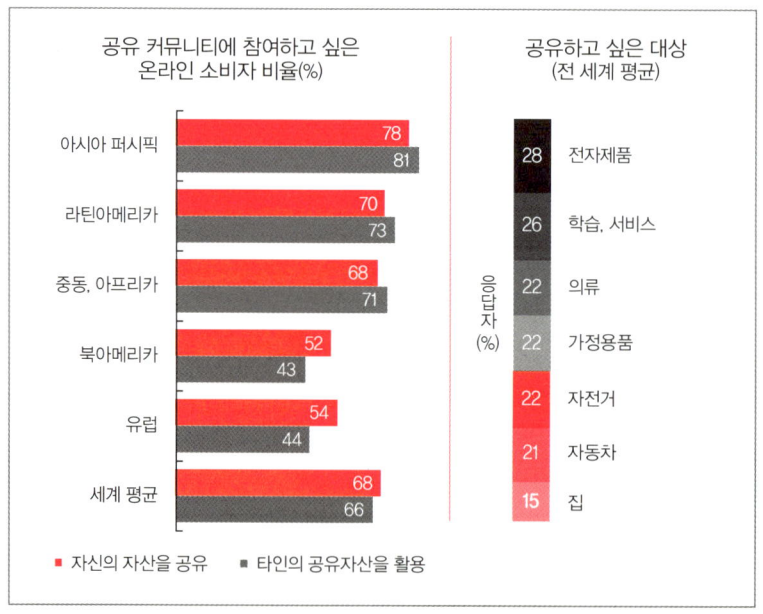

는 없음을 알 수 있다.

공유경제에 대한 본격적 논의는 2000년대에 시작되었다. 레이첼 보츠만Rachel Botsman과 루 로저스Roo Rogers는 2010년 발간한『What's Mine is Yours: The Rise of Collaborative Consumption』에서 본질에 충실한 공유경제 개념을 제시했다. 특정 자원을 가진 사람들과 해당 자원이 필요한 사람들을 연결하는 협력적 소비Collaborative Consumption가 공유경제의 작동원리이자, 핵심가치이며 철학이다. 즉 공유경제란 자신이 소유하고 있는 재화에 대한 접근권이나 사용권을 타인과 공유, 교환, 대여함으로써 새로운 가치를 창출해내는 경제시스템이라는 것이다.[28] 이러한 협력적 소비는 수요자 입장에서는 자주 사용하지 않는 상품 및 서비스에 대한 지출을 줄일 수 있고, 공급자 입장에서는 잉여 자원을 활용하여 수익을 발생시키는 등 사회적 기여를 실현할 수 있다.[29]

일반적으로 공유경제 서비스 대상은 제품·서비스, 물물교환, 협력적 커뮤니티 등 세 가지로 구분할 수 있다. 제품·서비스는 자동차 쉐어링, 자전거 쉐어링 등 사용자들이 제품 혹은 서비스를 소유하지 않고 사용할 수 있는 방식으로 렌트사업과 유사하다. 물물교환은 경매, 물물교환시장, 무료 혹은 상품권 교환 등 필요하지 않은 제품을 필요한 사람에게 재분배하는 방식이다. 협력적 커뮤니티는 공간, 여행경험, 지식 등을 공유하는 유형이다.[30] 이러한 공유 대상 아이템을 협력적 소비를 하는 방법에는 사용한 만큼 요금을 지불하는 방식, 특정인이 소유한 물건을 타인에게 재분배하는 방식, 실물이 아닌 시간, 기술, 자금, 재능 등을 공유하는 방식 등이 활용되고 있다.

● 공유경제의 제공 서비스에 따른 분류

제공 서비스	거래 방식	공유자원	공유기업	
			국외	국내
제품 서비스	사용자들이 제품 혹은 서비스를 소유하지 않고 사용할 수 있는 방식	자동차 쉐어링	Uber, Zipcar, Lyft	쏘카, 그린카
		자전거 쉐어링	Velib, Barclays Cyde Hire	푸른바이크 쉐어링
		태양에너지 공급	SolarCity, Solar Century	
		장난감 대여	DimDom, BabyPlays	희망장난감도서관
		도서 대여	Chegg, Zookal	국민도서관, 책꽂이
물물교환	필요하지 않은 제품을 필요한 사람에게 재분배 하는 방식	경매시장	ebay, craiglist, flippid	옥션, G마켓, 11번가
		물물교환시장	Threadup, Swapstyle	키플, 열린옷장
		무료/상품권 교환	Freecycle, Giftflow	
협력적 커뮤니티	커뮤니티 내 사용자 간의 협력을 통한 방식	공간공유	AirBnB, Roomorama	코자자, 모두의 주차장
		구인구직	Loosecubes, Desksnearme	알바몬, 알바천국
		여행경험	AirBnB	플레이플래닛
		지식공유	TeachStreet, TradeSchool	위즈돔
		택시 쉐어링	Taxi2, TaxiDeck, TaxiStop	
		크라우드펀딩	Kickstarter, Indiegogo	씨앗펀딩, 굿펀딩

2000년대 공유경제에 대한 논의는 제러미 리프킨Jeremy Rifkin과 로렌스 레식Lawrence Lessig에 의해 본격적으로 진행되고 있다. 2000년 제러미 리프킨은 『The Ages of Access』에서[31] 인터넷 사용이 확대되고 물리적 공간이었던 지구가 실시간 정보공유와 연결이 가능한 가상공간으로 변화하면서 시장은 네트워크에 자리를 내주고 소유는 접속으로 바뀌며 교환가치는 공유가치로 변화하는 새로운 시대에 접어들었다고 주장했다. 재화의 판매보다는 판매 후 사용료와 관련 서비스 제공비

용을 통해 이익을 창출하며, 재화의 직접 구매를 통한 소유보다 사용할 수 있는 권리를 구매하는 구조로 경제 환경이 변한다는 것이다. 즉 재화가 전달하는 가치를 소유라는 독점을 벗어나 공유하지만, 실제 가치는 줄지 않고 오히려 더 많은 가치를 생산하는 시스템으로 공유경제를 설명한다. 즉 소유경제Ownership Economy가 끝나고 인터넷 등을 활용한 공유경제 시대가 시작된다는 선언이기도 하다.

제러미 리프킨은 인터넷이 유발하는 경제사회 변화를 중심으로 공유경제를 설명했다면, 로렌스 레식은 경제시스템 관점에서 바라보고 있다. 로렌스 레식은 2008년 발간한 『Remix : Making Art and Commerce Thrive in the Hybrid Economy』에서 경제시스템을 상업경제Commercial Economy와 공유경제, 두 개 시스템이 혼합된 하이브리드 경제Hybrid Economy로 구분했다. 소유경제로 설명할 수 있는 상업경제는 공유경제와 상반되는 의미로 하버드대학교 요차이 벤클러Yochai Benkler 교수의 정의를 활용해 '가격이 일상적 교환의 핵심인 경제'로 정의했다.[32] 즉 시장가치인 가격이란 단일 척도로 접근이 가능하고 수요와 공급에 따라 작동하는 시스템으로 가격은 자원 배분을 위한 정보의 주요 원천이자 인센티브를 의미한다. 이에 상반되는 공유경제는 가능한 교환의 가치를 가격만으로 통제하고 설명할 수 없는 복잡한 사회 관계적 요소들에 의해 접근이 가능한 시스템으로 가격보다는 사회적 관계들이 자원 배분과 인센티브의 기준이다.[33]

현재 공유경제가 주목받는 이유는 크게 두 가지다. 먼저 2000년대 미국에서 시작된 세계 경제위기 과정에서 구매력 저하로 잠재적 소비자들이 새로운 제품 등을 구매하기보다는 대안적 소비 형태로 협력적 소비에 대한 관심이 높아졌다. 그리고 인터넷—특히 무선인터넷—의 접근성과 스마트폰과 스마트 패드 등 스마트 디바이스의 대중화는 수요자와 공급자의 시간적, 공간적 거리를 단축시켜 공유경제의 확산에 결정적 역할을 했다. 즉 일반인 누구나 언제 어디서나 쉽게 공유 재화와 플랫폼에 접근할 수 있는 인터넷 기반 공유경제 생태계를 탄생시켰다. 게다가 공유경제 시장 수요와 공급 시장의 범위는 특정 커뮤니티 중심 로컬마켓에서 글로벌 마켓으로 확대된 독립적 비즈니스 영역으로 진화했다.[34] 특히 과거 오프라인에서 인터넷 기반 마이크로 사업가 Micro Entrepreneur와 스타트업 기업들로 그 중심축이 이동하면서 점차 경제활

● 공유경제 키워드의 구글 트렌드 분석(2014년 10월)[35]

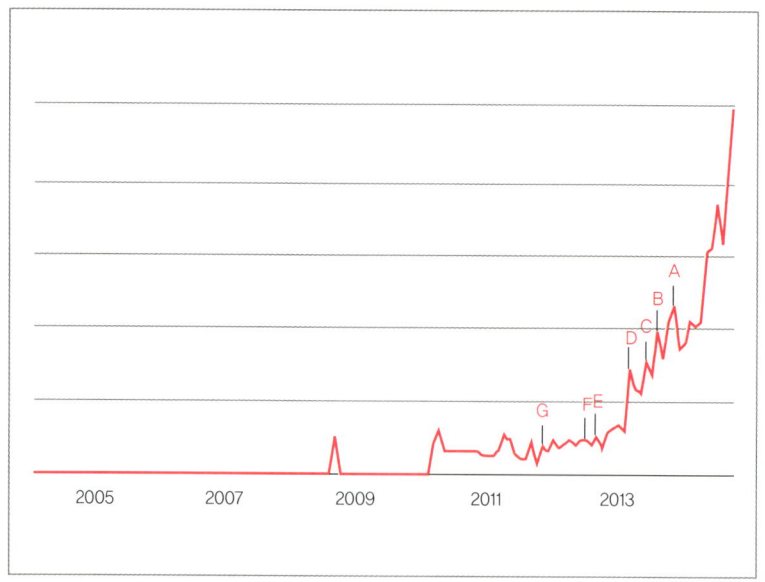

동이 조직화되고 있다.

이러한 공유경제의 확산으로 재화의 거래에 있어 가장 중요한 수요자와 공급자 간 상호 신뢰 형성의 과정도 바뀌고 있다. 기존에 온라인과 오프라인이 얽힌 복잡한 인간관계 등을 통해 형성되던 공급자와 수요자 등 공유경제에 참여하는 사람들 사이의 신뢰감 구축 과정도 SNS 등을 통해 그들과 관계를 가지고 있는 제3자의 평판조회 등이 가능해지면서 간접적인 신뢰 확인이 가능해진 것이다. 인터넷 기반의 공유경제 플랫폼을 통해 전혀 모르는 낯선 사람들과 거래하는 것에 대한 위험도 점차 낮게 느끼고 있으며, 에어비앤비가 성공할 수 있었던 데에는 자신이 가진 가장 중요한 자산들을 모르는 사람들이 공유할 수 있게 한 인터넷을 통한 신뢰 구축 문화의 등장이 커다란 역할을 했다.

공유경제는 두 가지 형태로 나눌 수 있다.[36] 먼저 얇은 공유경제Thin Sharing Economy는 공유 대상이 가지고 있는 기능 혹은 가치가 수요자 개인의 주관적 만족감과 욕구 충족, 이익을 높이는 등 특정 개인만을 위한 거래 시스템이다. 거래 대상의 가격은 교환가치가 아니다. 수요자가 자신의 만족, 욕구 충족, 이익을 높이기 위해서는 얼마든지 돈을 지불할 의사를 가지고 있다는 특징이 있다. 예를 들면 특정한 예술작품 및 수집품 가운데 있는 희귀한 아이템이나 주식 거래 정보 등이 있다. 반면 두꺼운 공유경제Thick Sharing Economy는 개인을 넘어 타인을 위한 동기를 가진 거래시스템으로 거래의 동기는 얇은 공유경제보다 훨씬 복잡하다. 자기 자신의 선행 혹은 봉사에 대한 만족감과 교회 커뮤니티 활성화를 목적으로 교회 등에서 학생들이나 새로운 신도들의 성경공부를 이끌어주는 선생님을 두꺼운 공유경제의 사례로 설명할 수 있다. 개인이 가진 지식과 경험 등을 공유하지만, 정확한 비율로 나눌 수 없는 자기 자신, 배우는 사람들, 그리고 교회라는 조직 등을 위하는 동기가 함께 결합되어 있는 특징이 있다.

　최근에는 테슬라 모터스Tesla Motors도 창업자인 엘런 머스크Elon Musk와 테슬라 모터스가 보유한 모든 전기자동차 관련 특허를 무료로 공개한다고 선언하며 공유경제 대열에 합류했다.[37] 전기차 핵심 기술인 전기 구동장치와 동력 전달장치 관련 특허가 모두 공개 대상이다. 그는 기술의 리더십은 특허에 의해 결정되는 것이 아니라, 세상에서 가장 우수한 엔지니어를 끌어들이고 동기를 부여하는 기업의 능력이라며, 특히 특허 오픈소스 철학Open Source Philosophy이 테슬라 모터스의 위상을 더욱 강화할 것이라는 뜻을 밝혔다. 또한 다른 업체의 기술 독점을 대비해 새로운 기술이 개발될 때마다 지속적으로 공개하겠다는 약속도 덧붙였다. 이러한 약속이 지켜진다면 테슬라 모터스 전기차는 세계 전기차들의 프로토타입으로 활용이 가능하다. 2015년 CESConsumer Electric Show에서는 수소연료전지차 시장 확대를 위해 토요타가 보유한 5,680건의 관련 특허를 공개한다고 발표하기도 했다. 기존 공유경제가 협력적 소비 철학을 바탕으로 불용 및 남는 소비재를 중심으로 작동했다면, 테슬라 모터스와 토요타는 시장 확대를 위해 기술 기반 기업의 가장 소중한 자산인 지식재산을 공유하는 새로운 공유경제의 모형을 제시한 것이다.

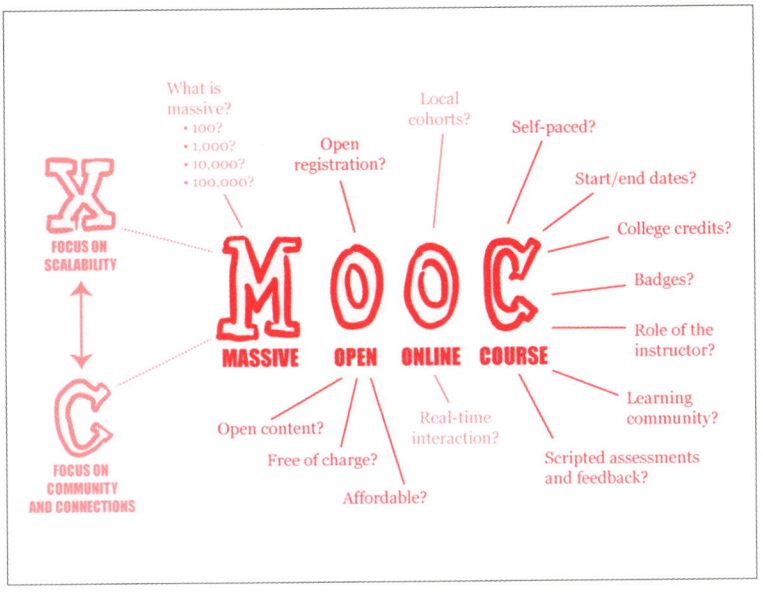

현재까지 인류가 쌓아온 지식을 공유하려는 움직임도 활발히 일어나고 있다. 많은 대학들이 참여하고 있는 온라인 공개 수업인 무크MOOC가 대표적 사례이다. 스탠포드대학교 교수인 세바스찬 스런Sebastian Thrun이 만든 유다시티Udacity, 역시 스탠포드대 교수인 앤드류 응Andrew Ng과 다프네 콜러Daphne Koller가 만든 코세라Coursera, MIT와 하버드대학교가 설립한 에드엑스EdX의 활동이 활발하다. 이 중 에드엑스는 비영리 교육을 표방하고 있으며, UC 버클리Berkeley, 칼텍Caltech, 코넬Cornell 대 등 미국 대학뿐 아니라 교토대, 북경대, 서울대 등 총 54개 대학 혹은 교육기관이 참여 중이다.[39] 2014년 10월 현재 320개이상의 코스를 제공하고, 등록 사용자만 무려 250만 명에 달한다.[40]

기존의 온라인 강의들이 제한된 학생들에게 수업료를 받고 학점을 제공하던 것에 비해 무크는 인터넷에 연결된 사람들은 모두 참여할 수 있는 수업료도 학점도 없는 강의이다. 일부 강의는 유료로 제공되기도 하는데, 특히 인증서를 발급받기를 원할 경우, 10~30달러의 발급비용을 요구하기도 한다.[41] 뉴욕타임스는 이러한 새로운 지식공유 현상을 '대중을 위한 아이비리그Ivy League for the Masses'로 표현하는 등 또 다른 공유경제의 혁신성을 대표하는 모델의 하나로 제시했다.[42 43] 즉 기존에 TV나 라디오를 통해 이뤄지던 방송교육이 진화한 것으로 생각할 수도 있지만, 인터넷의 발달로 강의의 개방성과 접근성이 확대되었으며, 교수와 학생들 간의 상호작용도 가능하다는 측면에서 새로운 혁신의 모델로 말할 수 있다. 또한 단순히 녹화된 비디오 강의가 인터넷에 올려지는 지식의 전달이 아니라 강의에 참여하는 학생들이 만들어낸 다양한 데이터들을 분석하고 활용함으로써 점진적이고 끊임없는 교육 품질의 개선도 가능하다.[44] 이는 교수의 강의 내용 공유와 더불어 강의에 참여하여 지식을 전달받는 사람들까지도 자신의 경험을 공유하게 되는 새로운 지식공유라는 공유경제의 한 형태라고 할 수 있다.

이상의 내용을 살펴보면 공유경제의 정의는 공유자산의 형태에 따라 정의가 가능하다. 유형자산의 관점에서 정의하면 '자신이 소유한 잉여 혹은 판매나 처분을 원하는 자산을 시장보다 저렴한 가격으로 필요한 사람들에게 제공하여 일상적 경제활동에서 획득할 수 없는 추가 이익과 가치를 창출할 수 있는 경제시스템'이다. 지식과 재능 등 무

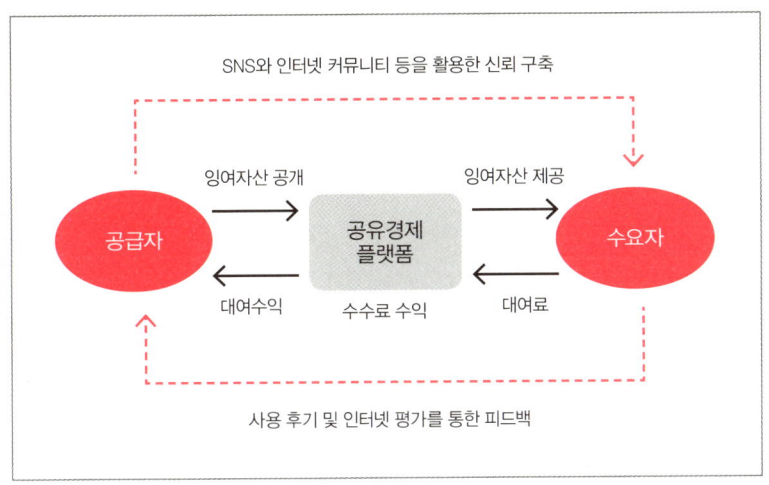

형자산 관점에서 공유경제를 정의하면 '동일한 목적을 가진 특정 그룹에 지식과 재능 등 무형자산을 공유해 구성원들이 원하는 공동의 목적을 달성할 수 있게 하는 시스템'으로 정의할 수 있다. 또한 유무형 자산을 불특정 수요자와 공유해 새로운 경제 가치나 수요자의 활용 목적을 달성하게 할 수 있는 시스템으로 볼 수 있다. 유의해야 할 것은 유형자산뿐만 아니라 무형자산도 충분히 가치 있는 공유자산으로 활용할 수 있고, 플랫폼이 인터넷 기반으로 빠르게 전환되고 있다 해도 오프라인의 가치도 무시할 수는 없다는 것이다.

공유경제 시스템의 특징은 기존 경제시스템에서 제공하지 못한 새로운 경험을 제공한다는 것이다. 에어비앤비의 예를 들면, 일반적인 여행에서 숙박하던 호텔 혹은 휴양지 이외에 현지인의 일상을 함께 공유하고 즐기는 체험을 할 수 있는 기회 혹은 가치를 얻을 수 있다. 이러한 공유경제 거래 과정에서는 공급자와 수요자 간 신뢰 기반이 거래의 중요 요인이라는 특징을 가지고 있으며, 수요자와 공급자가 모두 일반 개인이 될 수 있는 형태의 경제구조이다.

공유경제가 가져온 변화 – P2P 비즈니스

공유경제 비즈니스의 특징은 무엇일까? 현재 공유경제 시스템의 대상으로 점차 이동하고 있는 재화나 서비스 등은 주로 기업이 공급자고 개인이 수요자인 B2C Business to Customer 비즈니스 모델이다. 이에 비해 공유경제 시스템은 공급자와 수요자가 모두 개인인 P2P Peer to Peer 모델 중심이다. 특히 공유경제 시스템에서의 공급자는 개인 중심의 마이크로 사업가들이 다수를 이루고 있다. 공유 플랫폼을 제공하는 중개자도 B2C 모델에서는 해당 분야 전문(중개)기업이라면, P2P 모델의 전문 기업들은 대부분 스타트업 기업(웹과 앱 등 정보통신 기반)으로 수요자와 공급자를 연결하는 전문화된 공유경제 플랫폼 기업이라는 차이가 있다. 또한 공급자와 수요자를 연결하는 중개자는 공급자가 대부분 중개자 역할을 함께 수행하는 '공급자=중개자'의 구조였다. 하지만 최근 공유경제 시스템에서 중개자는 해당 분야의 전문 공유 플랫폼 운영기업으로 공급자와 중개자가 일치하지 않는 구조가 일반적이다.

공급자–수요자 간 재화와 서비스의 연결을 위한 툴 역시 예전에는 공급자가 직접 혹은 전화(부분적으로 웹과 앱)를 사용했다. 이에 비해 현재 공유경제 시스템에서는 정보통신 기반 플랫폼 기업에 걸맞게 앱을 중심으로 웹과 함께 공급자와 수요자를 연결하는 패턴이 주를 이루면서 수요자가 원하는 재화나 서비스를 획득하기까지의 과정을 단순화시키고 있다. 물론 이러한 공급자-중개자-수요자까지의 재화 및 서비스 흐름의 변화는 현재 공유경제 시스템의 정착 과정에서 기존 제도권과의 갈등의 주요한 원인으로 작용하고 있다.

이러한 공유경제의 철학은 소비자 관점에서는 소유보다는 공유와 과잉소비보다는 협력적 소비를, 공급자 관점에서는 이윤창출보다는 가치창출을, 경제시스템의 기본 속성은 경쟁보다는 신뢰를 기반으로 운영되는 특징이 있다. 특히 수수료 등 공급자의 몫이 감소하고, 공급자와 수요자의 온라인 평가를 통해 수요자와 공급자의 서비스 품질과 구매절차와 사용자 경험을 공개하는 등 기존 입소문이나 직접 접촉Face-to-Face으로 확인했던 신뢰를 간접적이지만 더 폭넓게 확인할 수 있다. 특히 온라인상에서 자신의 진짜 신분을 사용하고 페이스북처럼 결혼 여부, 싱글인지 연애 중인지, 친구 중에 가족이 누구인지 알리는 것들을 권장하는 등의 소셜 그리패Social Graph-iti는 개인 정보의 개방성을 높여 공급자와 수요자 간의 신뢰성 향상에 큰 역할을 수행한다.

1998년 조셉 파인Joseph Pine과 제임스 길모어James Gilmore는 재화나 서비스가 사용자에게 제공하는 경험을 보이지 않는 무형 가치가 아니라 재화와 서비스와 동일한 제공물로 정의하고, 사용자에게 매력적인 경험을 제공하는 재화와 서비스가 시장을 지배할 것이라는 경험경제 Experience Economy 개념을 제시했다.[46]

2000년대 들어 예를 들면 현재의 스마트폰과 같이 많은 재화의 하드웨어 스펙 등이 비교가 무의미해질 정도로 평준화되고, 서비스업종의 품질들도 역시 인터넷을 통한 직간접 확인이 가능해지면서 재화와 서비스가 제공하는 경험의 가치가 더욱 중요한 선택 요소로 자리 잡고 있다. 우버의 심플한 서비스 사용 과정과 럭셔리한 경험, 에어비앤비의 현지인들과의 생활을 통해 문화를 접하거나 다양한 장소에서의 숙박 경험 등은 공유경제 성공 요인 중의 하나로, 요약하면 '사용자 경험User Experience'과 '경험 마케팅Experience Marketing'이다.

최근 공유경제를 표방한 기업들은 경제사회의 관심 증가, 우버와 에어비앤비 등의 적법성 논란 등에 따라 별다른 노력 없이도 전 세계 다양한 미디어를 통해 엄청난 홍보 효과도 누리고 있다. 예를 들면 우버에 대항한 2014년 6월 유럽 주요 도시의 택시가 파업한 날에는 우버를 사용하지 않는 사람들의 궁금증을 증폭시켜 영국에서는 하루 회원 가입자 수가 8.5배나 높아졌다.[48] 우리나라에서도 서울시가 우버를 불

● 상업경제와 공유경제 비교

구분		상업경제	공유경제
비즈니스 유형		B2C(Business to Customer) 기업(공급자) – 개인(소비자)	P2P(Peer to Peer) 개인(공급자)–개인(소비자)
공급자 유형		전통적인 해당 분야 전문(중개)기업 (택시, 호텔 등)	정보통신(ICT) 기반 스타트업 기업, 마이크로 기업가(Micro Entrepreneur)
중개자	소속	(주로) 공급자 회사 (공급자 = 중개자)	(주로) 공유경제 전문 플랫폼 기업 (공급자 ≠ 중개자)
	재화의 연결	오프라인(직접/전화) 혹은 인터넷(앱 혹은 웹) 등	인터넷(앱 혹은 웹) 등 중심
	신규기업 진입장벽	높음	낮음
핵심가치		제품과 서비스의 품질과 신뢰성	저렴한 가격, 가치 있는 사용자 경험
신뢰 확보 수단		평판 및 과거의 거래 경험	인터넷 기반 직간접 평가
(서비스) 활용 단계		(공유경제 기업에 비해) 복잡	(상업경제 기업에 비해) 단순
기본 철학		소유	공유
		과잉소비	협력적 소비
		이윤창출	가치창출
		경쟁	신뢰

법으로 규정하고 강한 대응책을 발표한 시점에 즈음해 우버 사용자가 급증한 사례가 있다.[49]

또한 이러한 공유경제에 대한 관심과 주로 중개 역할을 담당하는 비즈니스 모델로 운영되는 관련 기업들의 낮은 진입장벽으로 인해 우버에게 이미 리프트라는 만만치 않은 경쟁자가 등장했다. 이렇게 시장 경쟁은 점차 심화되고 있다.

참고문헌

1 Disrupters Bring Destruction and Opportunity, Finantial Times, 2014. 12. 29.

2 D. MacMillan, S. Schechner and L. Fleisher, Uber Snags $41 Billion Valuation, The Wall Street Journal, 2014. 12. 5.

3 Evelyn M. Rusli, Douglas MacMillan, Uber Gets an Uber-Valuation, The Wall Street Journal, 2014. 6. 6.

4 Mark Prigg, Uber Agrees to Stop 'Surge' Pricing during Emergencies and Natural Disasters after Charging EIGHT TIMES Its Normal Fare during Snowstorms in New York, Mail Online, 2014. 7. 8.

5 MacMillan. D, Schechner S. and Fleisher, L, Uber Snags $41 Billion Valuation, The Wall Street Journal, 2014. 12. 5.

6 Resistance Is Futile, Inc.com,, 2013. 7. 1.

7 MacMillan. D, Schechner S. and Fleisher, L, Uber Snags $41 Billion Valuation, The Wall Street Journal, 2014. 12. 5.

8 Uber Website, http://www.uber.com

9 Prestige Hotels, Digital IQ Index, 2014. 6. 9.

10 AirBnB Website, https://www.airbnb.com

11 Olivia Crellin, David Román, Catalonia Fines Airbnb, Threatens to Block Locals From Using Site, Wallstreet Journals, 2014. 7. 8.

12 State of Travel, Skift, 2014.

13 Airbnb Set to Come Public at $10B+ Valuation, Estimize, 2013. 6. 25.

14 차두원, 우버와 에어비앤비로 바라본 공유경제의 현재와 미래, KISTEP InI, 제4호, 한국과학기술기획평가원, 2014. 9.

15 Colin Daileda, Battle of the Cabs : Taxi Drivers Attack Ubers in Violent Paris Protest, Mashable, 2014. 1. 14.

16 Hugo Ortuño, Taxi Drivers Protest against "Uber" Smartphone App. Usage in Madrid, Demotix, 2014. 6. 11.

17 Taxi! Central London and Other European Capitals are Gridlocked by Cab Drivers Protesting at Introduction of Cut-Price Fare App Uber ⋯ as Technology Firm Reports a Huge Surge in Downloads, Mail Online, 2014. 6. 11.

18 박나영, 우버 vs. 서울시 전면전, 오늘부터 신고 시 100만 원 포상, 아시아경제, 2015. 1. 2.

19 Lorenzo Franceschi-Bicchierai, Uber Protests Spark Chaos and Traffic Jams from London to Madrid, Mashable, 2014. 6. 11.

20 강현철, 차량 공유앱; '우버'는 디지털이 초래한 창조적 파괴의 상징, 한국경제, 2014. 7. 4.

21 "로또가 따로 없네⋯" 개인택시 면허값 1억 시대, 조선일보, 2014. 9. 21.

22 Michael Cabanatuan, S.F. Taxi Owners, Cabbies Join Forces Against Uber, Lyft, Others, SFGate, 2014. 9. 23.

23 Taxis and Accessible Service Division : Status of Taxi Industry, San Francisco Municipal

Transportation Agency Board Meeting, 2014. 9. 16.

24 양지호, "우버(Uber·스마트폰 앱 통해 차량 중개) 탓에 밥줄 끊겨", 유럽 택시 3만 대 동맹파업, 조선일보, 2014. 6. 13.

25 Elizabeth A. Harris, The Airbnb Economy in New York: Lucrative but Often Illegal, The New York Times, 2013. 11. 4.

26 Olivia Crellin, David Román, Catalonia Fines Airbnb, Threatens to Block Locals from Using Site, Wallstreet Journals, 2014. 7. 8.

27 Jullie Bort, An Airbnb Guest Held a Huge Party in This New York Penthouse and Trashed, Business Inisder, 2014. 3. 18.

28 Rachel Botsman, Roo Rogers, What's Mine is Yours: The Rise of Collaborative Consumption, Harper Business, 2000.

29 양희동, 공유경제 현상을 통해 본 사회적 파급효과, 투게the, Vol.9, 2013. 5.

30 김점산, 지우석, 강상준, 공유경제(Sharing Economy)의 미래와 성공조건, 이슈&진단, 경기개발연구원, No. 134, 2014. 2. 26.

31 Jeremy Rifkin, The Age of Access : The New Culture of Hypercapitalism, Where all of Life is a Paid-For Experience, Penguin Putnam Inc., 2000.

32 Yochai Benkler, The Wealth of Networks, New Haven, Conn.: Yale University Press, 50–51, 2006.

33 Yochai Benkler, Sharing Nicely: On Shareable Goods and the Emergence of Sharing as a Modality of Economic Production, Essay, 2004. 10. 22.

34 차두원, 공유경제의 충돌, 사물인터넷 경제에선?, Tech & Beyond 제16호, 2014. 8.

35 http://www.google.com/trends/

36 Lawrence Lessig, Remix : Making Art and Commerce Thrive in the Hybrid Economy, New York, Penguin Press, 2008.

37 Elon Musk, All Our Patent are Belong to You, Tesla Motors Blog, http://www.teslamotors.com/blog/all-our-patent-are-belong-you, 2014. 6. 12.

38 EdX Website, Schools and Partners, https://www.edx.org/schools-partners

39 EdX Website, Find Courses, https://www.edx.org/course-search

40 Mathieu Plourde, MOOC poster, 2013. 4. 4, Licensed CC-BY on Flickr

41 Mitchell Waldrop and Nature Magazine, Massive Open Online Courses, a.k.a. MOOCs, Transform Higher Education and Science, Scientific American, 2013. 3. 13.

42 Laura Pappano, The Year of the MOOC, The New York Times, 2012. 11. 2.

43 Amanda Ripley, College is Dead. Long Live College!, TIME, 2012. 10. 18.

44 Shannon Bohle, Librarians and the Era of the MOOC, 2013. 5. 9.

45 새로운 대한민국을 꿈꾸는 기업들을 통해 살펴본 공유경제, '서울, 공유경제를 만나다' 기념연구보고서, 크라우드산업연구소, Wisdome, 자료 수정, 2013. 1.

46 Joseph Pine II, James Gilmore, Welcome to the Experience Economy, Harvard Business Review, 1998. 7.

47 The Sharing Economy: Are Marketers Missing Out?, Cambell Mithun, TALKINAR

48 Adam Withnall, Uber Registrations 'Increase 850%' as Black Cab Drivers Stage London Protest, INDEPENDENT, 2014. 6. 11.

49 김참, [르포] 우버 직접 타보니 '택시 혁명', "박원순 시장 덕에 이용자 급증", 조선일보, 2014. 8. 8.

2

다시 돌아보는
파괴적 혁신

Internet
of
Things

Internet of Things

01

파괴적 혁신의 의미

이러한 공유경제가 파괴적 혁신을 이끌 수 있을까? 『Seeing What's Next : Using Theories of Innovation to Predict Industry Change』의 저자인 클레이튼 크리스텐슨Clayton Christensen은 혁신의 경로를 크게 존속적 혁신Sustaining Innovation과 파괴적 혁신Disruptive Innovation으로 설명했다.[1]

먼저 존속적 혁신은 시장에 더욱 우수한 제품과 서비스를 출시하기 위한 기술혁신을 통해 현재의 제품에 만족하지 못하는 소비자를 만족시켜가는 과정으로 비즈니스 시스템과 기능, 서비스 등을 보다 더 사용자에게 가치 있는 방향으로 발전 혹은 개선하는 과정을 말한다. 예를 들면 더 멀리까지 운행이 가능한 항공기, 속도가 더 빠른 컴퓨터, 충전 후 사용시간이 긴 휴대폰 등이 해당된다.

파괴적 혁신은 '제품이나 서비스가 초기에 간단한 어플리케이션을 가지고 시장의 기반에 뿌리를 내려 끈질기게 시장을 잠식해 결국에는 기존의 경쟁자를 물리치는 과정'으로 정의했다. 즉 존속적 혁신과는 다르게 새로운 시장을 창출하거나 기존 시장을 재편하는 등 시장에서의 새로운 혁신적 가치를 필요로 하며, 저가형 시장에서의 파괴적 혁신과 새로운 시장의 파괴적 혁신으로 구분할 수 있다. 저가형 시장에서의 파괴적 혁신은 기존 제품과 서비스가 지나치게 좋기 때문에 기존고객이 사용하는 실제 가치에 비해서 과도한 가격이 책정되었을 때 일어날 수 있다. 새로운 시장에서의 파괴적 혁신은 현재 시장에 출시되어 있는 제품과 서비스를 의식적으로 사용하지 않는 비소비자를 타깃으로 하는 혁신적 제품을 출시함으로써 기존 시장을 파괴하는 것을 의미한다.

새로운 시장에서 파괴적 혁신을 이룬 기업은 기존에는 고도의 전문지식이나 높은 비용이 필요했던 것들을 일반인들도 쉽게 사용할 수 있도록 함으로써 새로운 성장을 창출해낸다는 것이다. 대표적 파괴적 혁신의 사례로는 개인용 컴퓨터, 미니 밀Mini Mill, 핸드폰, 할인매장, 커뮤니티 컬리지Community College 등과 약국, 식료품점, 쇼핑몰 등에 위치하여 유입되는 쇼핑객을 대상으로 기본적인 의료 서비스를 제공하는 소매 클리닉Retail Medical Clinics 등을 제시하고 있다.[2] 즉 파괴적 혁신을 주도하는 기업들은 초기에는 시장 요구 조건을 충족시키는 수준은 아니지만 기존보다 저렴하고 사용이 간편한 제품 혹은 서비스를 가지고 기존 시장 지배자를 밀어내고 새롭게 차지하는 기업을 의미한다. 이는

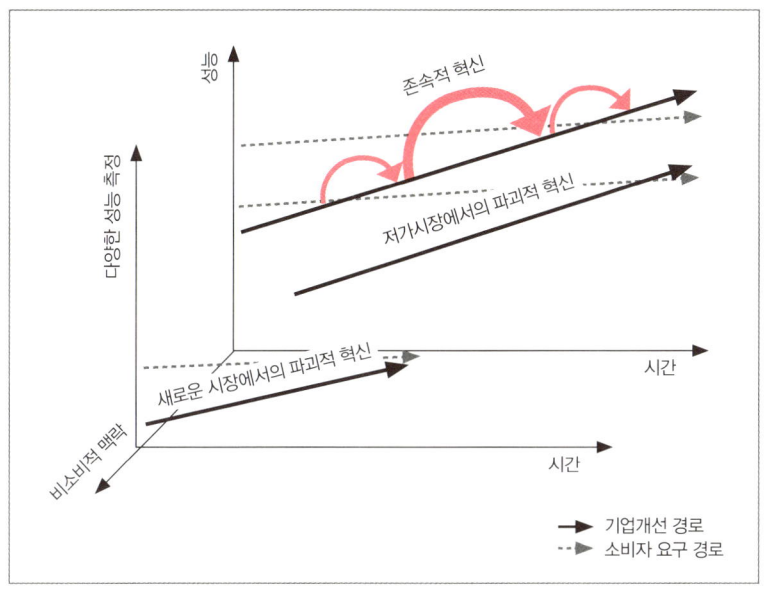

파괴적 혁신을 통해 신규 기업이나 세계적 우량기업도 한순간에 무너질 수 있다는 것을 암시한다.

크리스텐슨이 제시한 파괴적 혁신의 대표적 사례로 미니밀을 살펴보자. 미니밀은 1970년대 등장한 저렴하고 간단한 새로운 형태의 생산방식으로 당시 고비용으로 양질의 제품을 생산하던 미국의 일관제철소Integrated Steel Mill를 제치고 현재의 철강산업을 존재하게 한 파괴적 혁신의 고전적 사례다. 철강업체는 고로업체와 전기로업체로 구분할 수 있다. 고로업체는 대부분 제선, 제강, 압연 부문을 한 지역에 집적시킨 일관제철소 형태인 데 반해 전기로업체는 제선 부문을 갖추지 않고 있으며 고철을 원료로 한 제강과 압연 설비를 보유하고 있다. 전기로업체가 운영하는 제철소를 일관제철소에 비해 규모가 작다고 하여 미니밀이라고 부른다.

과거에는 전기로업체는 고철을 원료로 사용하기 때문에 품질이 떨어질 수밖에 없으며, 따라서 일관제철소를 보유한 고로업체는 판재류Flat Products를 생산해왔고, 전기로업체는 주로 봉형강류Long Products를 담당했다. 1980년대 미국의 미니밀 방식의 전기로업체인 뉴코어Nucor가 박슬래브 주조법Thin Slab Casting의 상업화에 성공해 판재류 시장에도 진출했다. 기존 일관제철 방식보다 20%나 저렴한 비용으로 낮은 품질의 제품을 생산하던 미니밀 방식은 저급 철강재 위주로 시장을 잠식하기 시작했다. 미니밀 대비 비용경쟁력이 떨어지는 일관제철 방식의 기업들은 보다 높은 품질이 요구되는 상위 제품으로 이동하였고, 미니밀 방식 기업들은 치열해진 경쟁으로 가격이 떨어진 하위 제품에 머물지 않고 기술을 발전시켜 상위 제품시장으로 이동했다. 1970년대 개발되어 봉형강류에만 집중했던 미니밀 기술은 결국 철근과 같은 하위 제품시장에서 경쟁을 시작하여 시간이 지남에 따라 최상위 제품인 자동차, 선박용 강판시장으로 이동했다. 결국 미니밀 방식 기업은, 모든 제품의 가격이 하락한 상황에서 더 이상 이동할 상위 시장이 없어진 일관제철 방식의 대표적 기업이었던 유에스 스틸U.S. Steel과 베들레헴 스틸Bethlehem Steel을 제친다.[4] 그런데 기존의 일관제철 방식 기업들이 혁신을 위한 노력을 게을리한 것은 아니었다. 경쟁에 따른 가격하락에 대응하기 위해 꾸준한 기술개발로 상위 제품으로 이동하는 사업구조 고도화를 이루어냈고, 생산비용 절감을 위한 공정효율화와 같은

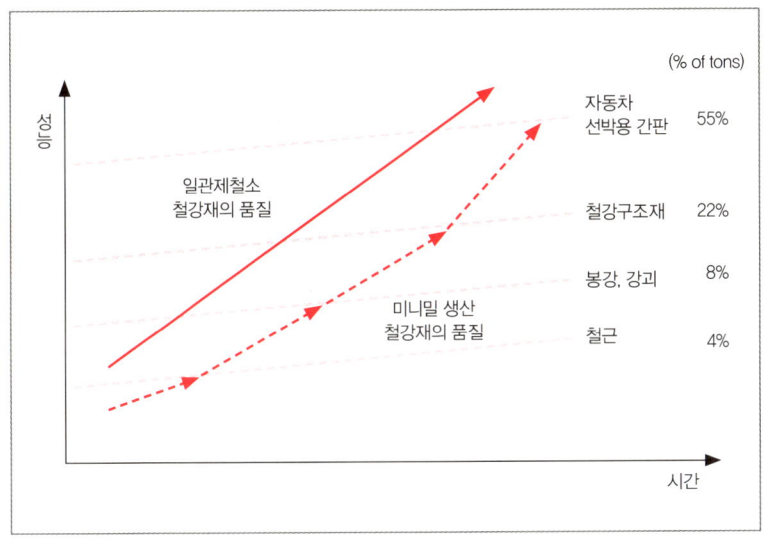

노력도 지속적으로 추진했다. 그러나 근본적인 생산방식이 다른 혁신적 사업모델에는 비용 측면에서 열세일 수밖에 없었고, 기존 산업 범위 내에서의 개선과 혁신만으로는 미니밀이라는 새롭게 등장한 파괴적 혁신 기업에 대응하기 어려웠던 것이다.[5]

이러한 크리스텐슨 교수의 존속적, 파괴적 혁신의 개념은 기존의 점진적Incremental, 급진적Radical 혁신의 개념과도 일치한다.[6] 다음 페이지의 도표에서 일반적으로 시간 흐름에 따른 기술의 시장점유율을 그린 기술 S커브를 살펴보자.[7] 기존 기술 혹은 서비스의 개선이 완성된 시점 (a)이 점진적 혁신이 발생한 시점이며, 새로운 기술 혹은 서비스가 기존 시장을 추월한 시점(b)이 급진적 혁신이 가시화된 시점으로 볼 수 있다. S커브의 가로축은 기술개발을 위한 자원과 노력 등의 투입 혹은 시간, 세로축은 결과물의 성능 혹은 시장점유율이다. 새로운 혁신적 기술 혹은 서비스는 출현 초기에는 성능과 시장점유율이 낮지만 일정 기간이 지나면 급속한 속도로 성장하는 패턴을 보여준다. 즉 기술 혹은 서비스 개발 초기에는 이해가 낮고 이를 극복하기 위한 새로운 방법론 등의 탐색과 시행착오 과정을 거치기 때문에 당연히 성능과 시장점유율도 낮지만, 기술과 서비스에 대한 사람들의 이해도가 높아짐에 따라 빠른 속도로 성능과 시장점유율이 향상된다. 급진적인 불연속적 기술 진화를 거친 새로운 기술 혹은 서비스의 출현은 처음에는 기존보다 낮은 성능으로 출현하지만 점차 기존 기술보다 높은 성능을 확보해 시장을 점유하게 된다는 의미이다.

결과적으로 기존기술(T1)의 점진적 혁신을 통해 형성된 시장은 급진적 기술에 의한 획기적 신기술(T2)에 의해 시장을 잠식당하며 시간이

● 혁신의 S커브

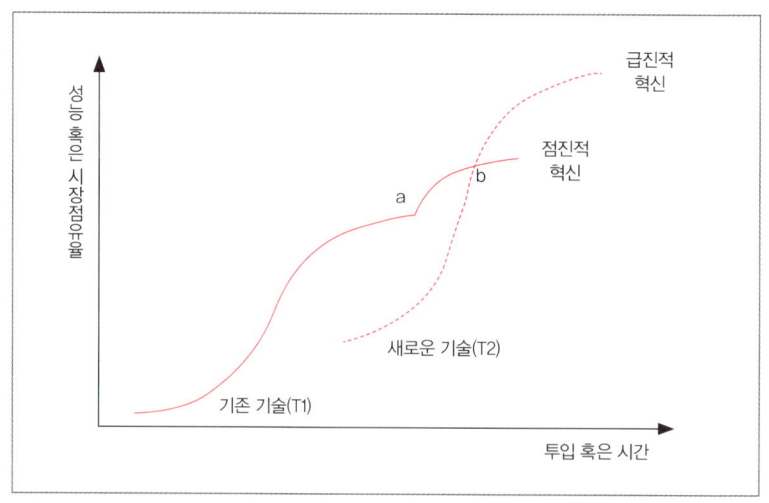

● 혁신 유형에 따른 연구개발의 특성[8]

구분	점진적 혁신	급진적 혁신
유형	• Small 'r' & Big 'D' : 기존의 과학적·공학적 지식에 새로운 방법을 응용하는 기존 시장에 제시된 표준에 근거한 혁신	• Big 'R' & often Big 'D' : 창의적 신지식 발견을 통한 새로운 경쟁법칙 및 표준을 제시
목적	• 시장수요 충족을 위한 기술 혁신 : 기술 및 시장의 부분적 확대를 위한 혁신	• 기술주도형 급진적 기술 혁신 : 새로운 시장 창출을 위한 혁신
진행 경로	• 선형적/연속적 • 아이디어 생성에서 상업화까지 연속적이며 정형화된 과정을 거침(Continuous Innovation)	• 비선형적/불연속적/산발적 • 기술, 시장, 자원, 조직, 시간, 비용 등의 불확실성으로 성공의 과정이 불연속적이며 가변적임(Discontinuous Innovation)
기간	• 단기(6개월~2년)	• 장기(대체로 3년 이상)
위험 및 보상	• 낮은 위험 및 적은 보상 : 처음부터 완벽하고 세부적인 사업계획 실시(약 40~80%의 성공 확률)	• 높은 위험 : 기술적 위험, 막대한 비용 및 시간이 소요되며 대부분의 프로젝트는 실패(20~40%의 성공 확률) • 높은 보상 : 성공시 특허 등의 확보를 통한 안정적 경쟁 위치 및 기술주도자 위치 확보
사업화	• 낮은 불확실성에 따라 초기 단계부터 완벽하고 세부적인 사업화 진행	• 초기에는 불확실성이 높아 기술 및 시장학습을 통해 발전하다가 불확실성 감소와 함께 사업화 진행
사례	• 펜티엄4 프로세서(인텔), 자동차 항법장치 등	• 트랜지스터(벨연구소), 제트엔진, 실리콘게르마늄(IBM), 전기자동차 등

지남에 따라 기존기술(T1)은 사라진다. 기업 측면에서 살펴보면, 점진적 혁신이 기존 기술 개선에 중점을 둔다면 급진적 혁신을 시도하는 기업은 기존 기술과 다른 기술을 발견하는 데 중점을 둔다.

파괴적 혁신과 시장

충돌 – 러다이트운동

혁신에 대한 저항은 인류의 경제사에서 지속되어왔다. 1760년부터 1830년대에 걸쳐 산업혁명이 진전되고 경제사회적 양극화가 심화되면서 노동자들의 불만이 점점 쌓이자 수공업 노동자들의 저항이 시작되었다. 산업혁명이라는 파괴적 혁신에 대항하는 대표적 저항인 러다이트Luddite운동이다.

당시 직물기계의 보급으로 10명이 하던 일을 2명이 하는 등 10명 가운데 8명은 일자리를 잃었으며, 간단한 조작 기술만 배우면 짧은 시간에 기계를 조작할 수 있어 굳이 숙련공이 필요하지도 않았다. 숙련공들의 실업이 증가함에 따라 당연히 임금은 낮아질 수밖에 없었고, 외적으로는 나폴레옹 전쟁과 대륙 봉쇄의 영향으로 경제 불황에 빠지며 고용감소와 실업자 증가 현상이 발생했다. 이러한 상황에서 1811년 모직과 직조 분야 수공업 숙련공들을 중심으로 시작된 기계파괴운동인 러다이트운동은 노팅엄의 직물공장에서 시작해 랭커셔, 체셔, 요크셔 등 영국 북부의 여러 주州로 확대되었다. 이들은 공장 시스템과 기계에 의한 대량생산 시스템 도입으로 일자리를 잃거나 임금이 깎인 노동자들로 자신들을 러다이트라고 부르며, 자신들의 지도자는 네드 러드 Ned Ludd라고 주장했다. 러다이트들은 위대한 에녹Great Enoch이라는 망치를 들고 다니며 수천 개의 공장에 설치된 기계를 파괴했다. 이러한 러다이트운동의 원인은 노동자들이 실업과 생활고의 원인을 기계의 도입으로 생각했으며, 저가로 대량생산하는 기계 때문에 수공업 숙련 노동자들의 삶이 처참해졌기 때문이다.[9]

영국의회는 이미 1799년 노동자들의 집회와 시위를 금지하는 단결금지법Combination Act을 제정했음에도 이러한 러다이트들의 기계파괴운동에 영국 정부와 자본가(공장주)들은 프랑스혁명과 같은 폭력에 의한 민중혁명에 대한 두려움을 느꼈다. 이에 1812년 의회는 기계파괴 행위를 사형으로 다스리는 법을 만들었고, 러다이트 본거지인 요크셔에 군대를 파견했으며, 러다이트들에 대한 거액의 현상금을 내걸었다. 당시 영국 정부는 나폴레옹과 벌인 전투 때보다 더 많은 병력을 보내 노동자들을 진압했으며, 100여 명이 교수형에 처해지거나 추방되며 러다이트운동은 막을 내렸다.[10]

물론 러다이트운동 같은 극단적 형태의 노동운동이 상당 기간 계속

되었지만, 노동자들의 생활 향상에는 도움을 주지 못했고 정부와 자본가의 극심한 탄압이 지속되자 노동운동은 합법적인 노동조합운동과 의회를 통한 개혁운동으로 그 방향을 바꾸었다. 파괴적 혁신에 대한 저항을 거쳐 기존 제도권과 타협을 했다고 볼 수 있다.

시장의 주도권 상실 – 적기조례

영국에서 벌어진 혁신에 대한 저항은 러다이트운동뿐만이 아니었다. 1705년 토머스 뉴커먼Thomas Newcomen이 지하 갱도의 지하수를 뽑아내기 위해 최초의 증기기관을 발명한 이래 제임스 와트James Watt의 응축기를 부착한 증기기관의 효율성 향상, 이를 이어 조지 스티븐슨

George Stephenson은 시속 39km를 낼 수 있는 증기기관차인 로코모션 Locomotion을 개발해 최초의 석탄 수송 철도노선인 스톡턴과 달링 노선에 투입했다. 1829년에는 증기기관차의 표준 모델이 된 로켓Rocket호를 개발해 최초의 여객용 정기노선인 리버풀─맨체스터 노선에 투입했다. 로켓호가 장착된 기차의 요금은 우편 마차의 3분의 2 수준이지만 속도는 2배나 빨랐고, 시속 50km 속도로 달릴 수 있어 리버풀─맨체스터 정기노선은 개통 1년도 안 되어 50만 명이 사용했다. 이러한 기차의 빠른 속도는 국가 경제에도 영향을 미쳤다. 공장에서 생산된 물건들을 인근 지역을 벗어나 해외에까지 팔 수 있었으며, 당연히 국가 경제의 규모가 전체적으로 성장할 수 있었다.[11]

철도의 전성기와 비슷한 1826년에는 최초의 28인승 상용 증기기관 자동차가 등장해 런던과 인근 도시 간 정기노선이 커다란 인기를 끌었다. 당시 증기기관차를 이용한 운송업체였던 월터 핸콕Walter Hancock, 서 골드워디 거니Sir Goldworthy Gurney, 콜로넬 마세로니Colonel Maceroni, 야로 앤드 힐디치Yarrow & Hilditch, 알 더블유 톰슨R. W. Thomson 등은 적지 않은 성공을 거두었다.[12] 물론 기차는 빠르고 저렴한 이동과 운송 수단이었지만, 정해진 길을 정해진 시간에만 운행하는 약점이 있었다. 결국 기차보다 마음대로 자유로운 운행이 가능한 자동차는 아서 랜섬 Arthur Ransome이 1842년 발명한 비교적 가볍고 이동이 가능한 증기견인 엔진Steam Traction Engine을 이용해 운행하기 시작했다. 이 엔진은 1850년대 등유와 가솔린엔진이 개발되기 전까지 석탄을 연료로 하여 개인적인 취미 혹은 여행 용도의 차량으로도 쓰이기 시작했다. 이미 1800년대 중반 시속 40km 주행이 가능한 자동차 기술을 상용화하며 자동차 종주국으로 부상한 영국은 주변의 독일, 프랑스, 이탈리아 등에 비해 자동차 기술이 월등하게 앞서 있었다. 가격과 유지비가 많이 들지만 자유를 원하는 인간의 욕구와 증기견인엔진의 개발과 맞물려 본격적으로 증기기관을 이용한 자동차가 증가하기 시작한 것이다.[13]

그러나 영국에서 자동차의 증가는 그리 환영받지 못했다. 적지 않게 발생하는 증기자동차의 스팀 보일러 폭발사고, 증기자동차의 보급에 따른 마부 등의 실업자 증가와 도로파손, 증기기관이 뿜어내는 공해 등으로 시민들의 반감은 높아져 있었다. 또한 기존 운송수단을 장악했던 마차운송조합과 기차운송업자들은 자동차의 증가를 그리 탐탁지 않게 여기고 있었다. 이러한 상황에서 1834년 영국 페이즐리Paisley 지방 주변에서 5명의 승객이 사망하고 여러 승객들이 부상을 당했다. 존 스콧 러셀John Scott Russell 소속 증기자동차 보일러 폭발사고가 발생하자 시장에서 자동차와 직접 경쟁하던 마차운송조합은 자동차의 위험성을 대대적으로 홍보하고 시민들의 안전을 명분으로 자동차 운행을 억제하기 위한 로비를 의회를 대상으로 치열하게 전개했다.

결국 자동차에 부과되는 세금을 마차와 기차의 10배 수준까지 올렸으며, 자동차 규제를 목적으로 세계 최초 도로교통법이지만 악명 높은 적기조례Red Flag Act를 제정했다. 그 결과 자동차 보급 초기 영국에서는 1865년부터 1896년까지 약 30여 년 동안 적기조례로 인해 자동차산업은 쇠퇴하고 반대로 기차는 엄청난 발전의 계기를 맞게 된다.

1861년 최초로 시행되어 3번에 걸쳐 개정된 기관차량조례The

● 화이트채플 대로의 풍경(헨리 포마스 앨켄 작품), (1831년)[14]

Locomotives on Highways Act는 차량의 중량을 12톤으로 제한하고 차량속도를 시외에서는 10mph(약 16km/h), 시가지에서는 5mph(약 8km/h)로 제한했다. 1865년 개정된 법The Locomotive Act에서는 시외에서 4mph(약 6km/h), 시가지에서는 2mph(약 3.2km/h) 속도 제한을 규정하는 등 1861년 조례보다 더욱 속도 제한을 강화했을 뿐만 아니라, 자동차 운행 시에는 반드시 운전자, 기관원과 함께 붉은 기를 가지고 차량 60야드(약 55미터) 전방을 걷는 사람 등 3명을 필수로 운용할 것을 규정했다. 이때부터 차량 앞을 걷는 전방요원이 낮에는 붉은 깃발, 밤에는 랜턴을 가지고 일정하게 걸으면서 기수나 말에게 자동차의 접근을 예고하는 조항을 추가하여 적기조례로 불리기 시작했다.[15] 1878년 개정 Highways and Locomotives Act에서는 붉은 깃발의 의무적 사용은 없어지고 전방요원과 자동차와의 거리는 20야드(약 18미터)로 단축되었으나 말들을 우연히 만나면 차량은 정지해야 하며 말들이 놀라지 않게 연기나 증기를 뿜는 행위는 금지되었다. 결국 존 몬태규John Montagu 등의 노력에 의해 1896년 이 기관차량조례Locomotives on Highways Act는 폐지되었다. 속도제한 폐지를 축하하기 위해 1896년 11월에는 런던에서 브링톤Brighton까지 차량 속도를 14mph(약 22.4km/h)까지 올리면서 30대의 차량이 주행을 하기도 했다.[16]

같은 해에는 다임러 모터Daimler Motor Company가 설립되고 8개월간 89대의 차량을 만들기도 했지만 영국에서 제대로 달리지 못한 자동차는 이미 프랑스와 독일에서 대량생산체제를 갖추고 인기를 끌고 있었다. 결국 당시 유럽에서 최고 수준이던 영국의 자동차산업은 세계시장에서 두각을 나타내지 못했다. 1886년 독일에서는 칼 벤츠Karl Benz가 현재의 자동차와 유사한 원형 자동차를 특허 등록하고, 미국의 포드사는 1909년 1,500만 대 생산기록을 가진 포드 T-Model을 개발하는 등의 혁명을 이루었지만 영국은 당시 세계 초기 자동차시장에서의 주도권을 상실하고 실패했다.

물론 영국은 20세기 이후 롤스로이스 등의 등장과 함께 빠른 속도로 다른 국가들을 추격하기 시작했고 벤틀리, 재규어, 랜드로버, 로터스, 미니 등의 제조업체가 등장했지만 대부분 후발주자로 자동차시장에서 선두 위치에 서지 못했으며, 현재 영국 자동차 회사 대부분이 해외 기업으로 인수되면서 영국 내 자동차산업은 전멸한 실정이다.

결국 적기조례는 세계 최초의 교통법지만, 시속 40km 주행이 가능

● 적기조례에 따라 붉은 깃발을 든 전방 요원

한 자동차를 시속 3km까지 주행을 제한하는 등 실제로 마차보다 더
느린 속도로 주행하게 하여 마차를 앞설 수 없게 하고 증기기관을 이
용하는 차량이 증기를 뿜지 못하게 하는 등 자동차산업의 확산을 철
저히 봉쇄한 것이다. 적기조례는 기존 기득권층이 새로운 기술의 진입
을 막기 위해 만드는 제도가 얼마나 무서운지를 보여주는 대표적 사례
가 되었다.

03

파괴적 혁신과 규제

혁신 트리거링 기술과 규제

많은 파괴적 혁신이 기득권자 혹은 혁신으로 사라지는 분야에 종사하여 일자리를 잃거나 금전적 손실을 당하는 집단의 반대에 부딪히는 등 혁신과 제도권과의 마찰은 끊이지 않는다. 그러나 미래 경제적 가치와 성장 잠재력이 높은 분야에 대해서는 정부 혹은 제도권이 기업 혹은 업계의 요청을 받아들여 적극적 시장 형성을 위해 관련 법규를 정비하거나 규제를 풀기도 한다. 최근 사물인터넷 플랫폼으로 많은 관심을 받고 있는 드론, 무인자동차, 로봇 등 현재 시장 형성 초기 단계에 진입한 혁신의 대표 시스템들과 관련 규제 개혁을 살펴보자.

무인항공기Unmanned Aerial Vehicles 혹은 드론Drone은 그간 주로 전쟁

및 분쟁 지역에서 정찰과 폭격 등 군사적 용도로 사용되어왔다. 그러나 2013년 12월 아마존Amazon이 프라임 에어Prime Air를 활용한 배송계획을 공식 발표하고, 구글은 광케이블 등 기존 통신망 설비의 구축이 어려운 오지에 인터넷망 공급과 재난구조 등 다양한 기능으로 활용할 수 있는 드론을 개발 중인 타이탄 에어로스페이스Titan Aerospace를 인수했다. 현재 스타트업인 타이탄 에어로스페이스는 5년 동안 비행할 수 있는 가벼운 태양광 고도 드론을 개발하고 있다.[17] 이동성이 높은 드론은 아마존의 물류, 구글의 인터넷 플랫폼으로의 활용뿐만 아니라 대규모 농장 및 설비 등의 모니터링과 감시, 산불 및 재난재해 감시, 조난자 수색, 기상관측, 영화촬영 등 다양한 분야에서 그 용도가 무궁무진하다.

미국은 2007년 드론의 추락과 충돌 등으로 위협받는 항공 안전과, 카메라 탑재 드론으로부터의 사생활 보호를 위해 상업용 활용을 금지시켜왔다. 그러나 2014년 6월 미국 연방항공청Federal Aviation Administration은 영국 석유회사인 브리티시페트롤리엄(BP)에게 알래스카 지역에서의 상업용 드론 사용을 최초로 허용했다. 에어로바이런먼트AeroVironment가 제작한 드론 퓨마PUMA에 장착된 적외선 카메라가 송유관 연결 상태와 내부 온도를 파악하여 전송하는 등 석유 탐사와 파이프라인 등의 설비 점검에 활용하고 있다.[18] 미국 의회는 2015년을 기점으로 고용창출과 기술경쟁력 유지를 위한 상용 드론 운항을 요청했으나 이미 2014년에 첫 드론 상용화가 이루어진 것이다. 무궁무진한 활용도에 힘입어 국제무인이동체시스템협회Association of Unmanned Vehicle

Systems International는 드론이 향후 10년간 약 10만여 개의 일자리를 창출하고 미국경제에 800억 달러 규모의 기여를 할 것이라고 주장한다. 미국 방위산업 시장분석 업체인 틸그룹Teal Group은 2022년 114억 달러의 드론 시장 성장을 예측하고 있다. 이처럼 성장이 예상되는 막대한 시장을 미국 의회는 무시할 수 없었을 것이다.[19][20] 이미 미국 연방항공청은 2012년 12월, 24개 주에서 제안한 25개 제안서를 10개월간 지형, 기후, 지상의 사회적 생산기반, 연구 필요성, 항공기 사용, 안전, 운행 경험과 리스크 등에 대한 검토를 거쳐 2013년 10월 뉴욕, 알래스카, 네바다, 노스다코타, 텍사스, 버지니아 등 6개 주를 드론 테스트베드로 선정했다.[21]

아마존도 2014년 7월 미국연방항공국에 공식적으로 시애틀에서의 드론 테스트 허용을 요청한 상태로 4~5년 내에 드론을 활용한 물류 배송이 현실화될 것으로 예상하고 있다.[22] 이러한 상업과 공공 목적의 드론 사용 필요성이 증가하면서 오바마 대통령은 상업적 목적으로 미국 영공을 운행하는 드론의 프라이버시 가이드라인을 제정 준비 중이다. 미국 항공우주청은 2014년 말까지 드론운영 규정을 발표하고, 의회는 드론운행 규정을 국가항공시스템(NAS)에 통합하도록 하는 데드라인을 2015년 9월로 정해놓고 있다.[23]

독일 DHL도 2014년 9월 정부의 허가를 받고 드론을 이용한 택배 업무를 시작했다. 소포Parcel와 헬리콥터Helicopter의 합성어인 파셀콥터Parcelcopter는 처음으로 독일 북부 노르덴Norden시의 노르트다이흐Norddeich 항구에서 의약품을 싣고 이륙해 12km를 30분 동안 날아 위

● 에어로바이런먼트의 드론 퓨마

● DHL의 드론 파셀콥터

스트_{Juist} 섬에 도착했다. DHL이 무인택배를 시작한 지역을 항구와 섬으로 잡은 이유는 장애물이 없어 사람들과의 충돌사고 우려가 적고, 북해의 위스트 섬에 거주하는 1,700여 명의 주민들은 기상 상태가 나빠지면 고립되는 경우가 발생하여 드론의 필요성이 높았던 지역이기 때문이다. DHL은 기존의 주요 물류수단인 배나 항공 등으로의 수송이 어려운 경우 드론을 사용할 계획이며, 지상에서 조정할 수 있어서 비상 상황 발생시 드론을 귀환시키거나 비상착륙시키는 기능을 내장하고 있다.[24]

드론의 허용 문제를 놓고 정부 각 기관과 의회, 시민단체 등이 각각 다른 입장을 보이고 있어 드론 관련 법 또는 규정의 제정이 쉽지 않은 상황이지만 이러한 노력은 새로운 혁신에 대해 기업과 정부가 함께 규제 해소 노력을 보여주는 하나의 예라고 할 수 있다.

내비간트 리서치_{Navigant Research}에 따르면 현재 기술시험 단계인 무인자동차는 2035년 전 세계적으로 9,470만 대 규모의 시장이 형성되고 신차의 75%가 무인자동차로 판매될 것이라고 예상하고 있다.[25] 오토팩트_{Autofacts}에 따르면 무인자동차가 보급되면 미국 교통사고 발생건

수가 1,080만 건에서 110만 건으로 10분의 1, 교통혼잡으로 낭비되는 에너지는 19억 갤런에서 1.9억 갤런으로 줄어들고, 도로에서 이동하는 차량 대수도 기존의 2억 4,500만 대에서 240만 대로 크게 줄어들 것이라는 막대한 효과를 예상하고 있다.[26] 현재 자동주행 시스템 안전성에 대한 의견은 분분하지만, 일부 고속도로 등 특정 구간에서 군집주행을 가정해 개발한 시뮬레이터를 활용한 사용자 경험 테스트 결과를 보면 자동주행 시스템에 대한 사용 의향이 5점 만점에 4.1점으로 높은 편이었다.[27]

무인자동차는 크게 여러 대의 차량 군집 형태로 일정 거리를 유지하고 고속도로 등 특정한 구간에서 운전자의 조작 없이 주행하는 자동주행 시스템Automated Highway System과 개별 차량이 스스로 출발지에서 목적지까지 도어 투 도어Door-to-Door 형태로 주행을 하는 자율주행 차량Self-Driving Car으로 나눌 수 있다. 1939년 제너럴모터스GM가 뉴욕 세계박람회New York World's Fair를 통해 소개한 군집주행Platoon Driving 형태의 최초의 무인자동차 개념은 1990년대 이후 미국 캘리포니아 PATHPartners for Advanced Transportation Technology를 중심으로 일본, 미국, 유럽 등 세계 여러 곳에서 경쟁적으로 기술시연이 벌어졌지만,[28] 효과에 비해 도로와 차량의 통신 등을 위한 막대한 도로 인프라 설치 및 유지보수 비용으로 상용화가 주춤했었다. 2000년대에 들어서는 전자기술의 발전으로 무인자동차의 개발과 활용은 자율주행 차량으로 집중되고, 자동주행 시스템은 물류를 위한 트럭과 공항 등 특정 지역 내 정해진 경로에 따라 승객을 수송하는 용도로 현재 개발이 진행되고 있다.

2012년 구글이 최초로 무인자동차 시험주행을 시작하면서 사고 책임 소재 등에 대한 법적 문제들이 완전히 정리되지 않았고 시장에 제품이 출시되지 않았음에도 2010년부터 미국 캘리포니아, 네바다, 플로리다, 워싱턴 DC 등의 주 정부들은 무인자동차 운행 허용 법안을 통과시켰다. 현재 구글 무인차는 일반 차들이 주행하고 있는 도로상에서 테스트를 실시하고 있으며, 구글의 무인차는 무사고 시험운행 70만 마일(112만km)을 돌파하는 등 완성차업체를 제치고 무인자동차 기술의 선두에 있다.[30]

영국 정부도 2015년 1월부터 도로에서 무인자동차를 운행할 수 있다고 발표했다. 관련 규제를 완화해도 당장 무인자동차를 구매해 운

● 구글의 2세대 무인차

행할 소비자는 없지만, 먼저 테스트베드 도시들을 선정한 후 점차 규제를 완화해 적용 지역을 확대해 나갈 계획으로 정부가 나서서 무인자동차 운행을 허가한 사례이다.[31] 세르게이 브린Sergey Brin 구글 기술 부문 사장에 따르면 구글 자체제작으로 무인자동차 시험모델을 100~200대 생산할 계획이며 2017년 상용화를 목표로 하고 있다. 물론 BMW, 아우디, 폭스바겐, 토요타, 닛산, 볼보, 테슬라 모터스 등 주요 완성차업체도 무인자동차 개발에 박차를 가하는 등 2020년을 기점으로 무인자동차의 상용화가 예상된다. 당연히 자동차시장의 재편을 가져올 것이며 소비자에게 운전시간을 활용할 수 있는 새로운 사용자 경험을 제공하는 혁신의 아이템이다. 우리나라 정부도 중장기적으로 도로교통법상의 운전면허, 교통사고 처리, 운전자의 의무 조항 검토 등을 시행할 계획을 발표했다.[32]

소프트뱅크 손정의 대표도 막연히 머지않은 시점에 우리의 일상 속으로 들어올 것으로 생각했던 로봇을 2015년 2월 비교적 저가인 200만 원 수준으로 시판하겠다고 선언했다. 2013년 페퍼를 개발하던 프랑스 휴머노이드 개발업체인 알데바란 로보틱스를 인수해 개발에 박차를 가하고 있다. 이러한 소프트뱅크의 발표는 로보틱스 중심의 기술 자랑에 집중한 기존 로봇업체들에게 적지 않은 위기감을 던졌다. 사실 그간 로봇업체의 인수합병에 공들여온 구글, 인간과 가장 근접한 혼다의 아시모Asimo 등은 막대한 투자를 통해 이족보행 등 인간의 기능을 모사하기 위한 로보틱스를 중심으로 개발했고, 인간 기능 유사 정도가 기술 수준을 대표하는 기준이었다. 그러나 손정의 대표가 발표한 로봇 페퍼Pepper는 이들이 자랑하는 기술을 담지 않았다. 이동도 바퀴를 이용한다. 그 대신 사람의 표정과 목소리 상태를 분석하고 감정 상태를 추정해 대화와 행동을 결정하는 등 인공지능 기술을 활용해 인간의 감정인식과 커뮤니케이션에 특화한 인공지능 로봇이다. 특히 클라우드 방식의 인공지능 기술을 활용해 모든 기능 수행을 위한 데이터를 내장하지 않고 서버와의 통신을 통해 판단하며, 새로운 기능 등은 모든 페퍼들이 공유할 수 있는 장점이 있다.

2024년 일본 간병 로봇 규모는 4,000억 엔으로 전망하고 있다. 생산인구 감소와 고령화가 예상보다 빠르게 진행되고 있는 일본 정부는 2016년까지 노인 보조를 위한 10만 대의 간병 로봇을 보급할 계획이다. 이러한 계획을 뒷받침하기 위해 로봇 개발업체에 2013년 24억 엔 규모의 보조금을 지급하고 간병 로봇을 의료보험 적용 대상에 포함시켜 환자가 소액의 보험료만 부담하면 사용할 수 있도록 하는 지원 계획을 밝혔다. 이처럼 일본 정부는 로봇 개발과 보급을 위한 적극적인 행보를 보이고 있다.[33]

흔히 혁신과 정부의 규제는 물과 기름이라고 한다. 그러나 최근 세상을 변화시킬 수준의 파괴적 혁신을 가진 드론, 무인자동차, 로봇 등의 시장 선점을 위한 테스트베드를 활용한 기술의 빠른 검증과 실현, 기술 수요자들의 기술 거부감 감소, 혁신이 시장에 본격 진입하기 위한 법과 규제의 완화에는 각국 정부들이 적극적인 모습을 보이고 있다.

이러한 기술들의 공통적인 특징은 혁신 유발 단계 기술들로 해당 산업뿐만 아니라 관련 산업 분야의 광범위한 재편과 일자리 구조의 변화, 새로운 시장 형성, 사람들의 생활방식 등 사회 전반에 커다란 영향을 주는 혁신을 유발하는 트리거링 기술Innovation Triggering Technology이라는 점이다.

새로운 무인자동차의 규제 – 혁신에 대한 불안감

2014년 5월 구글은 기존 완성차업체 차량을 개조해 만든 시험용 무인자동차들과는 개념부터 다른 직접 설계·제작한 소형 무인자동차를 공개했다. 현재 최고 속도는 시속 40㎞ 수준으로 전기 배터리를 동력원으로 약 160km 주행할 수 있는 프로토타입이다. 목적지를 말하고 스위치만 켜면 차가 알아서 목적지로 이동하는 등 운전자 역할을 최소화하여 현재 자동차의 소비자 만족도와 사용자 경험을 결정짓는 중요 요소인 운전자-자동차 인터페이스Driver-Vehicle Interface 자체를 무의미하게 했다. 구글이 공개한 노인과 시각장애인들이 탑승해 행복해하는 모습이 담긴 동영상을 보면,[34] 이 기술이 최근 전 세계적인 문제로 제기되고 있는 노인들의 면허 재발급 문제와 낮아진 인지능력에 따른 사고 증가에 효과적으로 대처할 수 있음을 알 수 있다. 무엇보다 장애인들의 이동성 향상에 획기적으로 기여할 것으로 기대된다. 이러한 전략은 현재 구글이 전략적으로 육성하고 있는 무인자동차에 대한 막연한 두려움과 같은 일반인들의 거부감을 줄이고 신뢰를 향상하는 데 도움을 준다.

물론 이번에 공개한 모델은 일반도로 주행이 어려운 저속 소형 모델이지만 사유 시설물로 인가받을 수 있는 대형 공원과 골프장, 시니어타운 등 폐쇄된 장소에서는 운행할 수 있다. 그러나 새로운 무인자동차는 구글의 또 다른 미래 전략의 핵심일 수 있다. 현재는 프로토타입 수준이지만 머지않은 미래에는 스마트폰 앱 등의 조작으로 원거리 등에 있는 차량을 현재 위치까지 이동시키거나, 목적지를 입력하면 알아서 이동시켜주는 수단으로 발전할 것으로 예상된다.[35]

현재까지 구글은 자체적으로 무인자동차를 시장에 내놓을지 아니면 완성차업체에 관련 소프트웨어와 운영체제 제공을 중심으로 할지 비즈니스 모델을 결정하지 못했다.[36] 구글에서 시험운행 중이거나 대부분의 완성차업체 등에서 개발 중인 무인자동차는 비상 상황에서 운전자가 핸들, 브레이크와 가속페달을 통해 대응할 수 있었다. 하지만 새로 소개된 구글의 무인자동차는 비상시 차량 조작이 필요하지 않은 상황을 가정한 일종의 로봇 개념이다. 당연히 새로운 무인자동차가 사물인터넷의 발전과 함께 미래의 공유차량·택시·물류운송을 무인으로 운영하게 하는 등 육상 T2P Things to People 시장을 선점하는 중심 역

● 구글의 새로운 무인자동차　　　　● 새로운 구글 무인자동차의 조작기

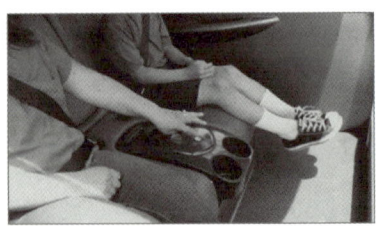

할을 할 것으로 예측할 수 있다.

　이러한 무인자동차의 발전에 따라 무인자동차 기술 발전을 위해 테스트베드 제공 등 적극 노력했던 캘리포니아 주 정부는 2014년 5월 19일 채택된 '생산업체의 무인자동차 테스트 법률Regulations for Testing of Autonomous Vehicles by Manufacturers'을 2014년 9월 16일부터 발효했다.[37]

　주요 내용으로는 그간 마운틴 뷰를 중심으로 제한된 지역에서만 허용되었던 시험운행 지역을 캘리포니아 공공도로 전체로 확대, 생산자가 무인자동차가 완벽히 테스트 되었다는 증거의 제출, 최대 500만 달러 비용을 충당할 수 있는 보험 가입 의무 등 무인자동차 시험, 보험, 등록과 보고 등에 관한 내용을 담고 있다. 이에 따라 2014년 10월부터 구글, 벤츠, 폭스바겐, 테슬라 모터스, 닛산 등 완성차업체들뿐만 아니라, 델파이 오토모티브Delphi Automotive와 보쉬Bosch 등 주요 글로벌 부품업체들에게도 무인자동차의 운행을 허용했다.[38]

　그러나 해당 법률에는 무인자동차 기술 발전에 대한 또 다른 규제가 포함되어 있다. 해당 법률은 무인자동차 테스트 운전자를 '시험차량 조작에 적합한 자격증을 소유하고 자동주행과 수동주행 모드 언제나

비상 상황에 대비해 운전석에 앉아 차량 조작권한을 이양받을 수 있는 사람'으로 정의했다.[39] 이러한 법률상의 정의에 따르면 무인자동차는 자동주행, 수동주행 모드 언제나 운전자가 차량 조작이 가능하도록 핸들, 브레이크, 가속페달이 설치되어야 하기 때문이다. 즉 현 시점에서 운전자-자동차 인터페이스가 간단히 버튼으로만 조작되며 핸들, 브레이크, 가속페달이 설치되지 않은 구글의 새로운 무인자동차는 도로 상의 운행이 불가능하다. 결국 구글은 기존 무인자동차와는 다른 새로운 개념의 무인자동차를 프로토타입 형태로 개발했지만, 캘리포니아 시험운행 계획은 불가능하게 되었고 폐쇄된 사유지 혹은 테스트 트랙을 설치해 시험운행하거나 캘리포니아 주 이외에 운행이 가능한 주를 물색해 시험운행을 시도해야 하는 상황이다.

사실 구글은 그간 오토바이, 트럭 등 승용차나 SUV 이외의 자율주행 차량 시험운행도 캘리포니아 주 정부에 요청했었지만 승인받지 못했다. 새로운 무인자동차의 경우도 구글은 소형 운전대와 페달을 설치해 캘리포니아 법률을 준수하고 2015년부터 실제 도로테스트를 수행할 계획을 밝혔다.[40] 그러나 현재 기존 차량을 개조한 형태의 무인자동차가 그리 머지않은 시점에 상용화가 된다는 현실을 감안하면, 새로운 무인자동차 기술에 대해 규제의 속도도 만만치 않다는 것을 알고 있다. 구글도 나름 신중한 입장을 취하고 무인자동차 기술의 안전도에 대한 자부심을 가지고 있지만, 주 정부 입장에서도 가벼운 사고가 인명피해를 유발하는 자동차 사고의 특징 때문에 일반 공공도로의 운행 허가에 신중할 수밖에 없는 상황이다.

시장조사기관 IHS 오토모티브IHS Automotive는 무인자동차 판매가 2025년 세계 신차 시장의 0.2%인 23만 대에서 2035년에는 9.2% 수준인 1,180만 대로 급격히 증가할 것으로 예측하고 있다. 특히 2035년 판매되는 무인자동차 가운데 700만 대는 자동주행과 수동주행이 모두 가능하며 나머지 480만 대는 자동주행만 가능한 차량 시스템일 것으로 분석하고, 2035년에는 전 세계에 걸쳐 5,400만 대의 무인자동차가 운행되고 2050년 이후에는 모든 신차들이 자동주행 기능을 탑재할 것으로 예상했다.[41] 그나마 세계에서 가장 빠르게 자동주행차를 수용하고 테스트베드를 제공한 캘리포니아에서도 혁신을 넘는 또 다른 혁신의 길이 얼마나 먼지를 잘 보여준다. 물론 캘리포니아 주 정부의 이러한 규정을 '무인자동차 시대의 적기조례'라고도 말할 수 있겠지만, 무인자동차업체들이 정부 등 정책입안자와 보험사 등을 대상으로 기술의 안전성, 편리성, 효율성을 증명하는 과정은 반드시 필요하다.

파괴적 혁신의 요람 - DARPA

미국 국방부는 군사용과 민수용으로 함께 활용이 가능한 파괴적 혁신을 유발할 수 있는 기술 개발을 지원하는 기관인 DARPADefense Advanced Research Projects Agency를 운용하고 있다.[42] 1957년 소련이 인류 최초의 인공위성인 스푸트니크 발사에 성공하자 미국은 아이젠하워 대통령 지시로 스푸트니크 발사와 같은 적국으로부터의 기술적 충격을 방지하고 미국의 과학기술적 우위 확보를 통한 국가 경쟁력 강화, 본질적으로 민간의 활용도가 높은 군사기술 개발을 목적으로 DARPA의 전신인 ARPA Advanced Research Projects Agency를 설립했다. 1972년 DARPA, 1993년 ARPA로 개명되었다가 1996년 다시 현재의 DARPA로 명칭이 변경되었다.

연구시설을 보유하지 않고 민간의 우수인재를 영입해 운영되는 DARPA의 연구개발 프로그램은 150여 명의 프로그램 매니저(PM)에게 버추얼 CEO로 불릴 만큼의 폭넓은 재량권을 부여하고 있다. 새로운 프로젝트 발굴을 전담하는 프로그램 매니저는 5~6명의 지원인력과 함께 활동하며, 이들은 혁신적 아이디어를 가진 최고의 인재들로 대학, 공공연구소, 기업 등 광범위한 범위에서 공모절차 없이 영입하고 최고 수준의 대우를 하는 등 미국 내 최우수 인재를 보유하고 있는 것이 특징이다.

계획된 프로젝트는 모두 대학, 기업 등 외부 민간 연구조직을 활용해 일반적으로 5~10개 연구조직들과 계약을 통해 단일 프로젝트로 진행한다. 기존 패러다임에 커다란 변화를 가져올 수 있는 미래 국방기술과 민간 수요에 잠재력이 높은 바이오, 소재, 로봇, 에너지 등 다양한 분야 기술들을 발굴 지원하는 등 기초연구와 응용연구와의 가교 기술, 고위험 혁신적 기술들을 중점적으로 개발하고 있다. 이미 DARPA는 인터넷, UNIX, GPS 등 인류의 생활을 혁신시킨 다양한 시스템들을 개발했다. 현재 대표적 과제로는 무인자동차 경주인 '그랜드 챌린지 Grand Challenge'와 후쿠시마 사태 이후 재난 로봇 개발 촉진을 위한 '로보틱스 챌린지Robotics Challenge', 드론의 상용화 촉진을 위한 '드론 챌린지Drone Challenge' 등을 개최하는 등 고위험 혁신적 기술개발과 상용화, 관련 연구자와 연구그룹의 기술 협력을 촉진하고 있다.

그랜드 챌린지는 무인자동차로 사막을 횡단하는 대회다. 미국 의회는 2015년까지 지상군 병력의 1/3을 자동화한다는 궁극적인 목표를 향한 로봇 개발을 촉진하기 위해 DARPA에 첫 번째 그랜드 챌린지 상금 100만 달러를 승인했다. 모두 세 번의 챌린지가 개최되었는데 2004년 1차 대회는 모하비 사막지역 I-15번 고속도로의 캘리포니아 주 바스토Barstow와 캘리포니아-네바다 주 경계의 프림Primm 사이의 240km(150 마일) 구간에서였다. 2005년 2차 챌린지는 상금을 200만 달러로 올려 개최되었다. 2007년에 개최된 제3차 대회는 시가지 경주 어번 챌린지Urban Challenge로 1, 2, 3등에 각각 200만 달러, 100만 달러, 50만 달러의 상금을 걸고 캘리포니아 빅터빌 소재 조지 공군기지(현재는 서던 캘리포니아 병참 공항)에서 개최되었다. 특히 2차 대회 우승자인 스탠포드 인공지능연구소 소장인 세바스찬 스런Sebastian Thrun 교수가 이끄는 스탠포드팀이 우승하면서 그 팀의 핵심인력이 카네기멜론 연구팀과 함께 구글로 영입되어 본격적 무인자동차 기술들이 빠르게 발전했다.

2013년 일본 후쿠시마 원전사고 당시 원전기술자들이 방사선에 노출되었으나, 그간 재난 대비용으로 개발되었던 로봇들은 실제로 그 임무를 완성하지 못하는 등 일본 정부는 원전 현장에 접근조차 하지 못했었다.

미국의 DARPA는 이러한 재난 상황에서 사람을 대신해 투입해 방사능을 견딜 수 있고 사태 확산을 신속하게 제어할 수 있는 로봇대회인 로보틱스Humanoid System 챌린지를 2013년 처음으로 개최했다.[43] 챌린지에 참가하는 로봇들은 총 4차에 걸친 관문을 거쳐 마지막 관문인 로봇챌린지 2014에서 우승한 팀에게는 200만 달러의 상금이 지급된다. 주요 미션으로는 차량운전(차량에 탑승한 상태에서 목적지까지 차량을 운전한 다음 내려서 목표건물 전방에 도착), 험지 주파(오르막, 내리막과 시멘트블록으로 형성된 험지를 주파), 사다리 오르기(경사 60도, 발판 크기는 가로 80cm, 폭 10cm), 잔해 치우기(10개의 각목과 1개의 트러스 구조의 쇠파이프), 문 열고 통과하기(밀어서 여는 문, 당겨서 여는 문, 무게추가 있어서 자동으로 잠기는 문 등 세 가지 종류), 벽 뚫기(벽 옆에 핸드드릴이 준비되어 있으며 이 드릴로 벽에 그려진 삼각형 모양을 잘라내어 벽에 큰 구멍 만들기), 밸브 잠그기(3가지 종류의 밸브), 호스 연결하기 등이다. 이 대회에 참가한 로봇은 후쿠시마 원전 사고 현장과 동일하게 만들어 놓은 환경에서 재난 상황을 수습하기 위한 8개의 미션을 수행해야 한다.[44]

2011년 말에서 2012년 6월까지 진행된 무인비행체(혹은 드론) 개발 프로젝트인 드론 챌린지는 DARPA와 미해군 우주해상전쟁시스템센터Space and Naval Warfare Systems Center가 공동으로 기획한 프로젝트이다. UAVForge[45]라는 가상의 작업 공간을 만들어 DIY 드론 개발자들이 아이디어를 나누고, 기술적 조언을 주고받을 수 있는 크라우드소싱Crowd Sourcing 형태로 진행되었다. 153개국, 3,500여 명이 140개 팀을 이루어 참가했다.[46] 최종 목표는 한 사람이 배낭에 넣어 이동할 수 있고, 다른 사람의 도움 없이 작동되는 소형 무인 비행체로 수직이착륙Vertical Take-off and Landing과 지능형 감시와 답사Intelligent, Surveillance, and Reconnaissance 기능이 탑재되어야 한다.[47]

프로젝트는 3단계로 기획되었다. 제1단계는 3개의 비디오클립을 유튜브에 올려 자신의 아이디어를 선보이는 것으로, 디자인 스케치와 부품, 비행 알고리즘 등 비행체의 콘셉트를 60초가량 검증하는 단계였다. UAVForge 참여자들의 평가를 통해 순위를 정했으나, 이 단계에서 하위권 팀을 강제로 탈락시키지는 않았다. 두 번째 비디오클립은 120초가량 실제 비행을 보여주는 것으로, 역시 참여자들의 평가를 통해 순위를 정했고 강제 탈락 규정은 없었다. 마지막 비디오 클립은 DARPA와 우주해상전쟁시스템센터가 지정한 시간과 장소에서 이륙하여 작동하는 것을 실시간으로 녹화한 것이었다. 참가자들의 비행이 모두 끝난 후, 투표를 통해 점수가 결정되었다. 이 단계에서는 제조사에 의한 비행 시스템 디자인 평가도 이루어졌다.

1단계 평가를 통해 총 9개 팀이 선발되어 2단계인 플라이 오프Fly-off 경기를 벌였다. 조지아주 스튜워트Stewart 기지에서 벌어진 플라이 오프 경기는 실제 정찰 미션을 수행하는 것으로, 2마일 떨어진 지역으로 비행해 3시간 동안 실시간으로 비디오를 전송하는 것이었다. 비행 중에는 시속 15마일(약 24km)의 바람을 견디고 장애물을 피할 수 있어야 한다. 이 경기에서 1위를 한 팀은 10만 달러의 상금과 함께 제조사와 시제품을 제작할 기회를 얻을 수 있었다.

그러나 아쉽게도 2012년 6월 28일, DARPA는 프로젝트 종료와 함

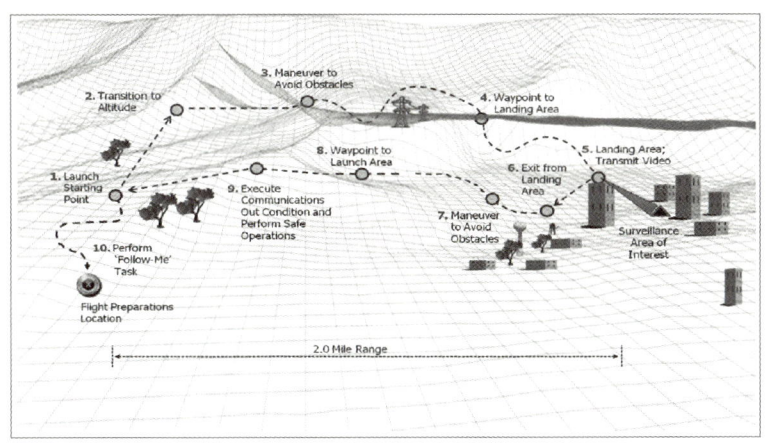

께 우승자가 없음을 발표했다.[49] 프로젝트 초반 연료와 태양전지를 사용한 XL-161 Trinity 등 창의적이고 주목할 만한 드론 디자인이 많았고, 실제 플라이 오프 미션에서 대부분의 드론들이 이륙과 비행에는 문제가 없었으나 안정적 착륙에 모두 실패하는 등 최종 미션은 단 한 대도 성공하지 못했다. 그럼에도 불구하고 이번 프로젝트를 미션에 실패한 것이라고 볼 수만은 없다. 현재는 성공적으로 평가받는 그랜드 챌린지도 처음 시작된 2004년도에는 미션에 성공한 차량이 단 한 대도 없었고, UAVForge가 처음 시작될 때에 이미 프로젝트 매니저였던 짐 맥코믹Jim McCormick도 미션 자체가 달성하기 어려운 과제임을 인정했다. 그럼에도 불구하고 미래를 위해 추구해 나가야 하는 혁신성을 강조했다. 현재로서는 차기 프로젝트가 진행될지는 미지수이지만 드론의 발전과 상용화를 위한 혁신의 발전에 적지 않은 영향을 주었다.

공유경제와 파괴적 혁신

시장 선점을 위한 과감한 충돌과 경쟁

사실 우버와 에어비앤비가 '협력적 소비'라는 공유경제의 본질을 앞세워 기존의 법률과 규제를 벗어나 자신들의 기업영리 확대에 노력하고 있다는 비판이 적지 않다. 아마도 이러한 기업들은 규제에 부딪히더라도 충분히 많은 소비자들을 확보하면 규제 당국도 어쩔 수 없이 허용을 해주리라는 판단을 하고 있는지도 모른다. 예를 들면 우버가 새롭게 미국과 싱가포르 등에 출시한 저가 서비스인 우버엑스UberX는 본질적인 우버 서비스와 다르다. 미국에서는 유효한 운전면허증을 가진 사람들은 누구나 넥타이를 매고 지역 우버 사무실로 찾아가서 몇 가지 테스트와 서류 작업을 거치면 우버엑스 운전사로 고용된다.

우버엑스는 현재 법률과 제도와 가장 부딪히고 있는 서비스로 시애틀에서는 운행이 중단될 것으로 예상되며, 시카고에서는 택시회사와의 소송에 직면해 있다.[50] 싱가포르도 제한된 베타서비스 형태이기는 하지만 저렴한 우버엑스 서비스를 2014년 3월 시작했다. 토요타 캠리와 코렐라를 이용한 서비스로 기존 우버블랙 UberBlack 기본요금이 7.0싱가포르달러, 1km마다 1.95싱가포르달러의 요금을 책정한 것에 반해, 우버엑스는 기본요금이 3.5싱가포르달러이며 1km 주행마다 0.70싱가포르달러를 지불하는 저렴한 서비스다.

2014년 8월, 우버는 보도자료를 통해 우리나라에서 우버엑스 서비스를 시작한다고 밝혔다.[51] 우버엑스를 '이용자들에게는 효율적이고 안락한 이동수단을 제공하고, 운전자는 차량 소유로 인한 비용부담을 절감하는 동시에 차량을 공유함으로써 지역사회에 기여하게 되어 도시 전반에 교통체증 완화 등의 효율적이고 원활한 교통체계를 가져올 서비스'로 정의했다. 운전자의 요건은 만 26세 이상, 운전면허 소지 및 자동차 보험 가입, 신원조회 및 인터뷰 진행 등이며, 간략한 인적사항, 차량정보, 운전면허증 제출, 신원조회 등을 인터넷을 통해 접수할 수 있다. 2005년 이후 생산된 큰 사고 이력과 눈에 띄는 손상이 없는 실내가 깨끗한 4도어 차량으로 밴, 2도어 차량, RV 및 트럭은 우버엑스 대상에서 제한했다. 필자가 우리나라 우버엑스 운전자로 지원한 결과 약 10분의 상기 내용 등록과 15분 정도의 우버 운전자 교육 비디오 시청으로, 손쉽게 우버 운전자로 등록할 수 있었다.

에어비앤비도 마찬가지다. 스키프트 Skift가 2013년 11월, 2014년

2월과 5월 18개 도시에서 에어비앤비에 올라온 숙소의 20%인 12만 5,000개를 무작위로 조사했다. 그 결과 실제 숙소를 게시하는 호스트의 80%는 일반인이지만, 그 가운데 40%는 여러 개의 집을 사이트에 동시에 게시하는 등 전문 렌털업체의 성격을 가지고 있었다. 에어비앤비 수익의 대부분이 방의 임대보다는 집 전체를 임대하는 데서 발생한다는 것을 밝혀낸 것이다.

에어비앤비는 에어매트리스를 임대하는 등 같은 방에 여분의 매트리스를 내주거나 소파에서 숙박을 시켜주고 비용을 받지 않는다는 콘셉트인 카우치서핑Couch Surfing의 기본 취지를 벗어나 휴양지의 집 전체를 임대해주는 홈어웨이Home Away나 VRBO와 같이 휴양지 집을 전문적으로 빌려주는 업체와 비슷한 형태로 변화했다. 또한 에어비앤비가 소비자들에게 만족할 만한 경험을 주지 않는다며 게시물에서 내린 2,000개의 집 중 절반이 별점 5점 만점에 4.5점을 받은 집이었다는 것은 소비자의 별점에 대한 신뢰도도 낮다는 것을 반증한다. 시간이 지날수록 에어비앤비는 일반인과 대형 유통업체가 함께 존재하는 아마존Amazon과 같이 일반인 호스트와 전문 렌털업자가 함께 공유하는 플랫폼과 유사하게 변화하고 있는 것이다.[52]

이미 살펴보았듯 공유경제가 새로운 개념은 아니다. 단 현재의 공유경제가 과거와 가장 크게 다른 점은 공유문화가 대부분 지역(커뮤니티) 중심의 로컬마켓 대상이었다면 현재는 인터넷이라는 강력한 시장 확장 수단의 발전에 따라 글로벌 마켓 대상의 비즈니스로 진화했다는 점이다. 우버와 에어비앤비 등 대표적 공유기업에 대한 논란이 전 세계적으로 벌어지고 있지만, 이러한 논란은 오히려 공유경제의 확산과 관심을 집중시키고 있다.

인터넷의 발전에 따라 현재 공유경제가 전 세계적으로 확대되고 있다는 점은 인정할 수밖에 없다. 현재 공유경제의 웹과 앱을 이용한 공유 플랫폼을 활용한 비즈니스 모델이 비교적 단순하고 특정한 기술 없이 웹과 앱 구축과 관리 능력이 핵심으로 진입장벽이 낮아 전 세계 로컬마켓을 중심으로 유사한 비즈니스 모델을 가진 기업들이 증가하고 있다. 우버 역시 리프트라는 기업이 그 뒤를 바짝 쫓고, 에이비스 버짓 그룹AVIS Budget Group은 시간별 예약을 통해 자동차를 공유하는 서비스를 제공하는 집카Zipcar를 2012년 12월 31일 마감된 주식시장의 1주당 가격인 8.24달러보다 49%나 높은 12.25달러로 5억 달러 규모의 주식을 매입하는 등 시장 경쟁은 점차 심화되고 있다.[53] 또한 우버의 412억 달러, 에어비앤비의 100억 달러 수준의 기업가치와 세계시장 선점에 자극받아 해당 분야뿐만 아니라 다양한 분야의 틈새시장을 중심으로 다양한 공유경제 서비스와 스타트업 기업이 탄생하고 있다.

단독세대 등의 증가에 따라 처음 만나는 사람들과 함께 밥을 먹는 소셜다이닝Social Dinning, 일본에서는 밥을 함께 먹기 위해 모여 사는 쉐어하우스Share House, 프랑스에서는 홀로 사는 노인이나 노인 부부가 무료로 젊은 학생과 살며 저녁을 같이 하기 위해 두 세대가 함께 사는 꼴로까시옹Colocation이 등장했다. 뿐만 아니라 마음에 안 드는 선물을 재선물하는 Yerdle.com, 음식을 나눠먹는 MamaBake.com, 오래된 드레스를 교환하는 99dresses Inc. 등이 서비스를 제공하고 있다. DogVacay는 반려견을 좋아하지만 기를 환경이 여의치 않은 사람들을 위해 중개료를 받고 임시로 반려견을 위탁하고 싶은 공급자와 잠시 반려견을 키우고 싶은 사람을 연결해주는 '애완견을 위한 에어비앤비'를 표방한 기업이다. 애완견 주인들에게 임시로 위탁받기를 원하는 사람들이 어떤 사람인지 보여주는 블로그를 운영하고 있으며 이메일로 애완견의 건강 상태를 업데이트 해준다. Family by Design은 싱글맘 등 자녀를 낳아 양육하기 힘든 사람과 독신 혹은 자녀를 키우고 싶지만 자녀가 없는 사람들 등 자녀를 키우고 싶은 사람을 공동육아Co-Parenting, Parenting Partnership를 목적으로 연결시켜주는 서비스를 제공한다. 회원으로 가입하려면 정부가 발행한 신분증과 상세한 프로필, 공동 부모 역할에 적합한지에 대한 설문을 제출하는 등 다른 서비스보다 신중한 절차를 요구한다.[54]

낯선 사람들과 인터넷을 기반으로 작동하는 이러한 공유경제의 성공을 위해서는 무엇보다 공급자와 수요자를 서로 취향에 맞게 잘 연결해주는 것이 가장 중요하다. 그 과정에서 공유경제 플랫폼 기업은 공급자와 수요자 상호 신뢰를 확인하고 공유하며 서로 믿을 수 있게 하는 수단을 제공해주어야 한다. 예를 들면 영국의 차량공유 스타트업인 블라블라카BlaBlaCar는 취향에 맞는 차량 공유자를 말이 적은 수준인 Bla(조용함)에서 매우 많은 수준인 BlaBlaBla(매우 시끄러움)로 나누어 정보를 제공하고 있다.

현재의 공유경제 플랫폼 기업들은 모두 앱과 웹 등 인터넷을 공유 플랫폼으로 물품과 서비스를 보다 저렴한 가격으로 중개하는 틈새시장을 타깃으로 설립된 스타트업 기업들이다. 그러나 이들에게도 문제는 없지 않다. 음식을 만들어 돈을 받고 팔려면 보건위생법에 따라 검사를 받아야 하지만 이러한 과정이 생략되었으며, 애완견이나 공동육아의 경우에는 윤리적 문제도 발생할 소지가 있다. 그러나 공유경제 스타트업 기업들은 이러한 법적 위험을 무릅쓰고 사업을 시작하고 있다. 요즘 공유기업들의 커다란 특징은 기존 제도권의 규제와 충돌을 두려워하지 않는다는 것이다.

제도권과 공존, 그리고 타협

당연히 파괴적 혁신과 비즈니스는 기존의 규제와 충돌해왔다. 이들은 기존 시장이나 산업계와 갈등을 일으켰으며 기존의 규제 때문에 꽃피지 못하고 사라진 경우도 많았다. 반면 모든 규제는 산업과 비즈니스에 비효율적이며 관료주의만을 초래할 뿐이고, 오히려 역설적으로 규제를 와해시키는 혁신적 기업가의 탄생을 불러오거나, 어떤 비즈니스든 일단 법과 제도의 틀 속으로는 들어가야 한다는 주장도 있다. 이처럼 파괴적 비즈니스 앞에 필연적으로 나타나는 기존 시장의 규제를 앞세운 저항은 기존 시장을 한순간에 완전히 와해하고 잠식하거나 아예 새로운 시장을 만드는 것이 아니라면 거의 피할 수 없다.

우버와 에어비앤비 등 정보통신 기반 공유경제를 표방한 기업들도 법과 규제 등 기존 제도들을 고려하지 않은 파괴적이고 공격적인 비즈니스 모델로 스타트업 초기에 사업을 진행했다. 당연히 계속되는 기존 법과 규제의 존속을 주장하는 제도권과의 마찰이 발생했으나 일정 수준의 초기 시장을 선점한 현재는 나름대로 제도권과 타협하며 기업의 생존과 지속적 성장을 도모하는 모습을 보이고 있다. 물론 반대로 제도권에서 먼저 이들을 인정하는 모습도 함께 나타나고 있다.

우버도 최근 제도권과의 충돌을 회피하기 위해 아시아권에서는 현지화된 비즈니스 모델을 새롭게 출시하고 있다. 중국에서 출시된 인민우버People's Uber는 우버 앱을 사용하지만 별도의 비용을 지불하지 않아도 되는 자발적 카풀 서비스A Non-Profit Rider Sharing Service로 사용자는 운전자에게 기름 값 정도의 비용을 지불한다. 카풀을 원하는 사용자가 우버 앱에 목적지를 입력하면, 자기 차를 나눠 타고 싶은 운전자가 우버 앱을 통해 이 사용자와 차량을 공유한다. 기존 우버 서비스처럼 차량을 제공하려는 사람이 우버에 운전자로 등록하면 주행기록도 남고 사용자가 운전자를 평가할 수 있는 기능도 갖추고 있다. 우버는 이 서비스를 통해 탄소배출량과 교통혼잡 감소 등 중국 베이징의 교통문제 해결에 도움을 주고 있다고 주장하면서 우버의 목표는 언제나 사람들을 편하게 이동할 수 있게 하는 것이라는 점을 강조하고 있다.[55]

일본에서는 진출한 대부분의 국가에서 겪고 있는 충돌을 회피하기 위해 관련 법과 규제 등에 대한 지방정부와 관련 기관들과의 심도 있는 논의를 거쳐 여행 에이전시로 사업자등록을 했다. 우버는 미국 증권거래위원회Securities and Exchange Commission에 기타 기술Other Technology 기업으로 업종을 등록한 반면, 일본에서는 직접 고용한 차량을 서비

● 중국의 인민우버

스하는 여행 에이전시라는 명확한 업종으로 등록했다. 이는 2013년 11월 동경에 진출한 우버의 시장을 제도권과의 마찰 없이 동경 이외 지역으로 확대하기 위한 전략이다.[56]

제도권에서도 기존 택시노조 등과의 마찰은 있지만 다양한 형태로 우버를 인정하기 시작했다. 파리에서는 기존 택시들과의 공정경쟁을 위해 차량호출 앱을 사용하는 택시들은 호출 15분 후에 출발해야 하는 '15분 법15-Minute Law'을 2014년 1월 1일자로 시행했다.[57] 시카고 시의회는 시민에게 편리한 교통편을 제공할 수 있다며 우버의 운행을 인정했고, 콜로라도 주지사인 히켄루퍼Hickenlooper는 일자리 창출과 혁신을 위한 교통 네트워크 기업 법안Transportation Network Company Act을 통과시켜 우버, 리프트 등을 교통 네트워크 기업으로 정의하고 합법적 운행을 허용했다.[58] 최근에는 워싱턴 DC 의회에서 고용 혁신을 위한 대중교통 개정법The Public Vehicle-for-hire Innovation Amendment Act을 통과시켜 유사 택시업체 운영이 합법화되었다.[59] 이에 따라 우버, 리프트 등은 신원조회를 거친 21세 이상 운전자 확보, 차량보험 가입, 차량검사 통과 등 일정 기준만 충족하면 워싱턴DC에서 합법적으로 영업할 수 있는 등 서서히 운영 영역이 확대되고 있다.

2014년 9월 프랑크푸르트에서는 우버 운행을 두고 해프닝이 벌어졌다. 프랑크푸르트 지방법원은 운전자와 승객을 연결해주는 우버팝 서비스가 승객운송법 위반이라는 이유로 금지령을 내렸다. 영업허가를 받지 않은 운전자가 택시와 같은 용도의 차량을 운행할 수 없다는 이유이다. 영업면허를 보유한 운전자가 고급 자가용을 이용해 운행하는 서비스인 우버블랙에는 영업정지 판결이 적용되지 않았다. 그러나 독일 법원은 2주 후인 9월 16일 영업금지명령을 철회했다. 프랑크푸르트 지방법원은 우버 서비스에 대한 이용자들의 수요를 인정해야 한다는 취지에서 영업에 대한 법적인 규제와 감독을 받는 조건으로 우버의 영업을 허용하기로 한 것이다. 물론 우버를 반대하는 대규모 택시파업에 참여했던 독일 택시 운전자 노조는 법원의 판결에 상소하기로 결정했으며, 영업금지명령 철회의 효력을 일시적으로 정지하는 등의 대응을 추진하고 있다.[60][61]

우리나라에서는 2014년 10월 서울에서 우버택시UberTAXI 서비스를 시작했다. 기사들이 우버의 스마트폰 어플리케이션을 통해 차량이 필요한 승객의 요청을 받을 수 있는 서비스로 다른 우버 앱의 옵션과 동일하게 높은 품질의 서비스와 신뢰성 및 안정성을 확보하기 위해 이용자와 기사들은 서로에 대한 정보를 사전에 확인할 수 있고, 목적지 하차 후 서로에 대한 평가를 할 수 있다. 우버택시 운영이 활성화되기까지 기사들에게 각 여정에 대해 2,000원의 유류 보조금이 지원되며, 승객들에게는 우버 앱을 통한 콜(요청) 수수료가 면제되는 등 기존 택시 사업자와 같은 요금 부과시스템을 운영하기 때문에 법이나 규제에 위배가 되지 않는 서비스다.[62]

에어비앤비도 전 세계로 시장이 확대되면서 임대사업법 등에 따른 탈세 논란으로 기존 숙박업체와 정부로부터 반발을 샀다. 그러나 에어비앤비는 최대 시장인 샌프란시스코 호스트들에게 2014년 10월부터 30일 미만의 임대에 14% 세율을 적용하는 등 모든 단기 임대 호스트들을 대상으로 임시사용세금Transient Occupancy Tax을 부과하는 정책을 확대하기로 블로그를 통해 발표했다. 이미 에어비앤비는 포틀랜드, 오리건 주의 아파트들을 대상으로 세금을 부과했으며, 2014년 초에는 뉴욕, 2015년 초에는 유럽에서 세금을 추가하는 것을 제안하고 있다. 또한 에어비앤비는 뉴욕 호스트들의 정보 일부를 법무부에 제출해 법망을 피해 임대업을 하는 호스트를 규제하는 것에 동의하기도 했다.

기존 제도권에서도 에어비앤비 형태의 공간공유 업종을 인정하고 있다. 암스테르담은 2014년 2월 기존 임대사업과 에어비앤비의 차별성을 인정하고 유사 형태의 영업을 확산시키기 위해 관련법을 일부 수정하는 등 세계 최초로 공간공유 업종을 인정했다.[63] 2014년 3월에는 포틀랜드와 샌프란시스코에서 호스트들에게 11.5%의 일회성 숙박세를 부과하기로 했고, 샌프란시스코도 세금을 징수하고, 집주인 명단을 만들고, 에어비앤비와 기타 숙박 중개 웹사이트들이 필수로 보험에 가

입하도록 하는 법안을 추진하는 등 제도권도 공식적으로 숙박공유 업종을 포용하는 모습을 보이고 있다.[64]

거부하기엔 버거운 새로운 파괴적 혁신

이미 살펴보았듯 현재 기업가치 412억 달러 수준의 우버와 100억 달러 수준의 에어비앤비 등 인터넷 기반 공유 플랫폼 기업의 가치는 세계 스타트업 중 제조업 기반인 샤오미를 제외한 드롭박스, 스퀘어 등 최근 관심이 높은 정보통신 및 하이테크 기업을 능가하고 있다. 웹과 앱을 이용한 플랫폼의 확대와 우버와 에어비앤비의 높은 기업가치와 세계시장의 선점은 해당 분야뿐만 아니라 다른 분야에서도 다양한 공유경제 스타트업 기업의 등장을 자극하고 있다.

현재 인터넷을 활용한 공유경제 플랫폼 기업들의 특징을 살펴보면 파괴적 혁신을 주도하는 기업의 특징인 저렴하고 간편한 서비스로 기존 시장을 잠식을 하고 있다. 이에 따라 러다이트운동 수준은 아니지만 제도권에 도전하여 파괴적 혁신에 필연적으로 일어나는 기존 사업자 혹은 제도권과의 반발 등 그동안 파괴적 혁신들이 거쳐 온 과정을 자연스럽게 거치며 시장점유를 점차 넓히고 있다.

보스턴 대학교가 에어비앤비가 설립된 2008년부터 2013년까지 텍사스 지역을 대상으로 조사한 연구결과, 에어비앤비 예약 개수가 1%씩 증가할 때마다 호텔 수익이 0.05%씩 감소하며, 특히 급이 낮은 저가의

● 세계 10대 스타트업 기업가치(2014년 7월 기준)[65]

	총 주식자금	최근 기업평가	가치평가일	설립연도
	■ 미국 ■ 중국 ■ 인도			
Xiaomi	14억 달러	461억 달러	Dec 2014	2010
Uber	28억 달러	412억 달러	Dec 2014	2009
Airbnb	8억 달러	100억 달러	Apr 2014	2008
Dropbox	5 07억 달러	100억 달러	Jan 2014	2007
Snapchat	1.5억 달러	100억 달러	Aug 2014	2012
Flipkart	25억 달러	100억 달러	Dec 2014	2007
Palantir	9억 달러	93억 달러	Sept 2013	2004
Theranos	0.91억 달러	90억 달러	June 2014	2003
Spuare	4.95억 달러	60억 달러	Oct 2014	2009
Pinterest	8억 달러	50억 달러	May 2014	2008

호텔이 에어비앤비의 확대에 취약한 것으로 분석했다.[66] 또한 2012년 12만 개가 등록되었던 임대리스트도 현재 30만 개를 넘었으며, 이용자도 400만 명을 넘는 등 공급과 수요가 급속히 증가하고 있다.[67]

우버의 성장도 무섭다. 우버의 수익은 6개월마다 2배씩 증가하고 매월 2만 개의 새로운 일자리를 제공하며, 운전자 1명당 뉴욕에서는 평균 9만 달러, 샌프란시스코에서는 7만 4,000달러 수준의 수입을 올린다고 한다. 매년 약 28억 달러 규모를 미국 경제에 기여하고 있고 그 규모는 계속 증가하고 있다고 블로그를 통해 밝히고 있다.[68] 실제 샌프란시스코 택시업체인 데소토캡Desoto Cab 김한수 대표는 1년 반 내에 우버 등의 영향으로 샌프란시스코 택시업체들이 붕괴될 것으로 이야기하는 등,[69][70] 이들이 시장에 미치는 영향과 기존 시장을 차지하는 속도가 예상보다 빠르게 진행되고 있다.

공유경제 기업의 미래도 밝게 예측되고 있다. 장기적 공유경제 규모의 성장을 예측할 수는 없다. 하지만 포브스Forbes는 2013년 공유경제를 통한 공급자와 수요자의 직접 수입은 35억 달러 수준이며, 2014년에는 2013년 대비 25% 이상 성장할 것으로 전망했다. 이미 언급한 것과 같이 우버는 샤오미를 빼면 최고의 기업가치를 가진 스타트업 중 하나가 되었으며, 에어비앤비의 기업 규모도 힐튼호텔의 절반 수준까지 치솟았다.[71]

프라이스워터하우스쿠퍼스Pricewaterhousecoopers는 현재 대표적인 5개 렌털산업 분야인 장비Equipment Rental, 숙박B&B and Hostels, 도서Book Rental, 자동차Car Rental, DVDDVD Rental는 각각 개인 간 임대와 크라우드펀딩Peer-to-Peer Lending and Crowdfunding, 온라인 스태핑Online Staffing, 개인 간 숙소공유Peer-to-Peer Accommodation, 자동차 공유Car Sharing, 음악과 비디오 스트리밍Music and Video Streaming 등 공유경제산업으로 각각 진화하고 있다고 설명하고 있다. 또한 렌털산업과 공유경제산업 수익도 2013년 2,550억 달러 규모에서 2025년 6,700억 달러 규모로 약 2.6배 성장하고, 같은 기간 렌털산업이 차지하는 비율은 5.9%에서 약 50%로 약 8.5배 성장할 것으로 예측했다. 특히 공유경제 규모는 같은 기간 약 22.3배 성장해 공유경제의 장밋빛 미래를 제시하고 있으며, 개인 간 금융과 온라인 스태핑이 가장 빠르게 성장할 것으로 예측했다.[72]

그렇다면 우버, 에어비앤비 등 인터넷을 활용한 공유경제 플랫폼 기업들이 파괴적 혁신이라고 할 수 있을까? 프라이스워터하우스쿠퍼스는 공유경제도 'S커브' 패턴의 개발 경로를 가지고 있다고 보고 기존 렌털산업이 공유경제에 의해 파괴될 것이라고 예측한다. 초기에는 공유기업이 P2P 거래와 온라인 스태핑 등 틈새시장으로 진출한 후 차량과 숙소 등을 공유하는 시장파괴 단계, 장비와 호스텔 등의 안정화된 사업화 과정을 거쳐 도서와 자동차 렌털과 같은 성숙된 시장으로 안착한 후에는 DVD 렌털과 같은 업종은 사양사업화되거나 온라인 등으로 대체되는 재탄생 단계를 거친다는 것이다.

먼저 이들 기업이 파괴적 혁신을 유발한다고 보면 파괴적 혁신의 개념에도 변화가 있음을 알 수 있다. 기존의 점진적, 급진적 혁신이 기초연구 혹은 창의적 하이테크High-Tech 기술을 기반으로 발생했다면, 이들이 유발하는 파괴적 혁신은 앱과 웹이라는 하이테크가 아닌 로테크Low-Tech와 파괴적 비즈니스 모델이 결합되어 탄생한 '로테크 기반-비즈니스 모델의 파괴적 혁신'으로 볼 수 있다. 기술 중심의 혁신 논의에서 비즈니스 모델도 중요한 파괴적 혁신의 영역이라는 의미이다. 특히 이러한 파괴적 혁신은 기존의 혁신에서 다소 시간이 필요했던 후발주자들과는 달리 빠른 비즈니스 모델의 모방과 웹과 앱의 구축이 가능해 시장 진입장벽이 낮고 경쟁이 치열한 것이 특징이다. 따라서 무엇보다 중요한 것은 시장에 재빠르게 진입하여 시장점유율을 높이고 유지하는 것이 성공의 관건이다.

현재 우버와 에어비앤비로 대표되는 공유경제는 2000년대 미국발 경제위기 이후 협력적 소비의 조류와 함께 대중화된 스마트폰 앱과 인터넷의 보급 등과 맞물려 전 세계적으로 확대된 개념이다. 인터넷이란

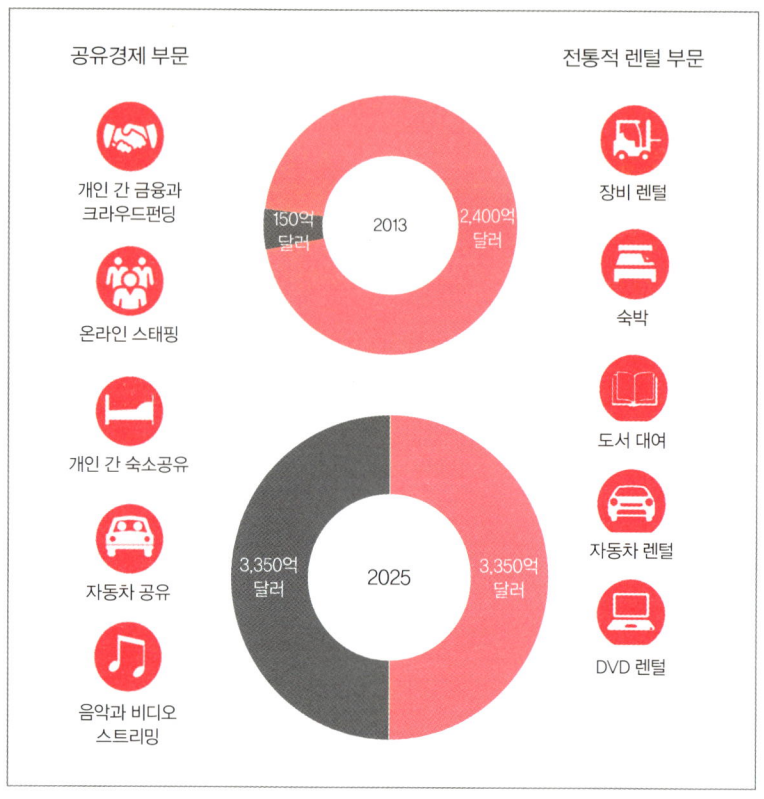

공간에서 서로 모르는 타인들 간의 평가가 받아들여지는 인터넷 문화도 현재 공유경제의 정착에 커다란 역할을 했다. 사실 대부분의 모델 역시 기존에 존재했던 것으로 그다지 새로울 것은 없지만. 앱과 웹을 공유 플랫폼으로 운용한다는 점에서 정보통신업체로 분류되면서 투자자들의 새로운 투자처로 떠오르고 있다.

물론 혁신적 사업을 추진할 때 모든 규제가 철폐될 것으로 가정하는 것이 필요하다고 스탠 데이비스Stan Davis와 크리스토퍼 메이어

● 공유경제 라이프 사이클[74]

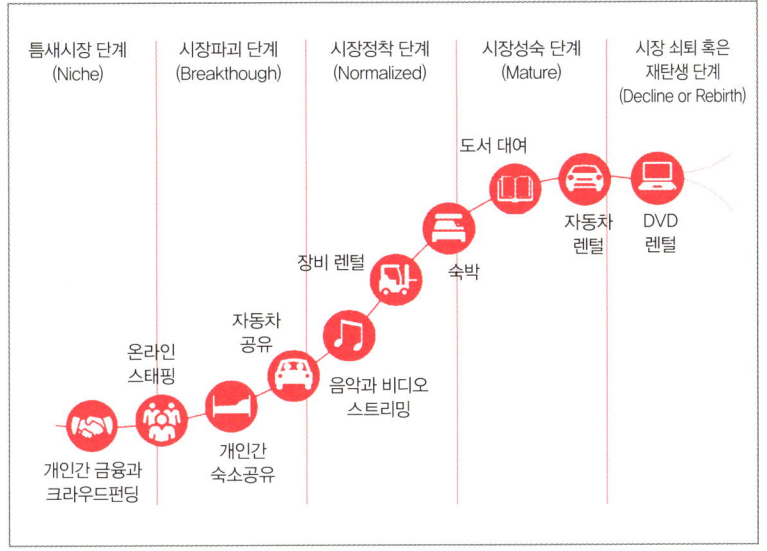

| 틈새시장 단계
(Niche) | 시장파괴 단계
(Breakthough) | 시장정착 단계
(Normalized) | 시장성숙 단계
(Mature) | 시장 쇠퇴 혹은
재탄생 단계
(Decline or Rebirth) |

도서 대여

자동차
렌털

DVD
렌털

장비 렌털

숙박

자동차
공유

온라인
스태핑

음악과 비디오
스트리밍

개인간
숙소공유

개인간 금융과
크라우드펀딩

Christopher Meyer는 말한다.[75] 정부도 변화에 대해 규제를 철폐하겠지만 기술의 진화는 정부의 변화보다 빨리 변한다는 것이다. 실제로 컴퓨터와 인터넷에 관한 모든 것은 정책결정자와 국회의원들이 아무리 현명하게 대처해도 기술발전의 속도를 따라잡지 못한다. 국회에서 찬반투표를 하고 행정부에서 공표를 하고 법률가들이 판결을 내릴 때에도 현실에는 그들이 해결하는 것보다 더 많은 딜레마가 존재한다. 필요한 규제도 때로는 시행 속도가 너무 느리다. 따라서 혁신은 규제의 법칙이 아니라 시장의 법칙에 의해 평가되어야 한다. 규제가 없는 세계를 가정하고 비즈니스 시나리오를 작성해야 한다는 것이다. 규제를 지레 짐작하고 출발선 뒤에서 기다리는 함정에 빠지지 말고 시장이 원하는 것을 확인하고 전진할 필요가 있다는 것이다.

우버 역시 전 세계 주요 도시에서 다양한 비즈니스 모델로 제도권과의 충돌을 두려워하지 않고 성장을 위한 노력을 하고 있다. 세계 주요 도시에서 가장 커다란 갈등을 일으키는 일반인을 택시기사로 고용하는 형태의 우버엑스의 확대와 낮은 비즈니스 진입장벽을 고려해 세계시장 선점을 위한 마케팅 노력 등은 독점적 지위를 유지하고 성장하기 위한 하나의 과정이다. 자의든 타의든 공유경제의 기본 철학인 협력적 소비라는 본질적 가치는 벗어나고 있지만, 어쨌든 우버와 에어비앤비 등 공유경제를 표방하는 기업들을 벤치마킹해 새롭게 설립하는 스타트업들이 증가하고 있다. 새로운 공유경제 스타트업들의 특징은 새로운 틈새시장을 대상으로 기존 제도권과의 충돌을 두려워하지 않고 시장 선점을 위해 현재 제도권에서 규정한 법의 테두리를 넘고 윤리적 문제도 무릅쓰고 사업을 시작하고 있다. 결국 우버와 에어비앤비의 향방에 이들의 미래가 달렸다.

이러한 우버의 도전적 행보가 투자자의 실적 압박 때문이라는 의견도 있다. 투자 의지가 있는 사람들을 모아 투자회사를 설립한 후 주식이나 채권, 선물옵션 등에 투자해 그 결과로 얻은 이익을 나누는 방식의 증권투자회사를 일컫는 뮤추얼펀드는 투자회사의 전문 펀드매니저가 대신 운용하는 간접투자로 이들은 배당 수익 혹은 차익 실현을 목표하는 등 우버의 빠른 상장(IPO)을 기대하고 있기 때문이다. 스타트업 기업이 막대한 규모의 기업가치를 평가받고 거금을 투자 유치하는 데 대해 또 다른 정보통신 분야의 버블이 아니냐는 논란과 함께 단편적으로 공유기업의 잠재적 미래가치를 의미하는지에 대한 판단도 아직은 유보적이다.

이들이 기존 제도권 등과의 충돌을 두려워하지 않으면서 사업을 확장하는 가장 커다란 이유는 실제 사업은 오프라인 세계에서 운영되고 있지만 자신들을 온라인 기업이라고 생각하기 때문이다. 이들은 실리콘밸리에서 종교처럼 받아들여지고 있는 세 가지 원칙을 적용하고 있다.[76] 첫 번째는 사용자와 공급자를 연결해주는 플랫폼 역할을 한다는 것이다. 이런 원칙은 구글과 트위터 등에서는 놀라울 정도로 작동했지만, 우버와 같이 사용자 요구에 따라 네트워크 플랫폼 서비스를 제공하는 온디맨드On-Demand 기업에서는 제대로 작동하고 있지 않다. 이들은 수요자와 공급자를 연결해주는 공유경제 플랫폼 역할을 하기 때문에 실제 플랫폼에서 일어나는 일에 대해서는 책임이 없다. 실제로 웹사이트를 이용해 플랫폼을 제공하는 기업에 대해서는 통신품위법 Communication Decency Act에 따라 웹상의 내용이나 오프라인에서 벌어지는 일에 대해서는 책임이 없다. 에어비앤비는 이러한 한계를 깨닫고 에어비앤비 사용자들이 공유한 집에 손상을 발생시키면, 24시간 운영되는 핫라인을 통해서 신고를 받고 손실이나 피해 정도에 따라 100만 달러까지 보상하는 정책을 가지고 있다.

두 번째 원칙은 직원을 최소화한다는 것이다. 기술기업들은 판매원이나 콜센터 직원을 고용한다는 생각보다 해당 알고리즘을 통해서 광고를 내보내거나, 사용자들끼리 서로 도울 수 있는 포럼 등을 인터넷 상에서 운영해왔다. 페이스북이 인스타그램을 인수했을 때 인스타그램 직원은 13명이었고, 코닥이 전성기에 고용한 직원은 14만 명이 넘는다.

결국 기술기업들이 계약직으로 직원들을 고용하여 직원 수를 줄여왔는데, 최근 매사추세츠 주와 캘리포니아 주 우버 운전기사들은 우버를 상대로 집단소송을 제기했고 노동자 권익 향상 단체들은 스타트업들이 노동자들에게 혜택과 신체상해 수당 등을 지급할 것을 요구하고 있다.

세 번째 원칙은 모든 것을 자동화한다는 것이지만 한계에 부딪히고 있다. 에어비앤비의 창업자인 브라이언 체스키Brian Chesky는 사용자들이 빌린 집에 피해를 준다는 불평에 대해서 알고리즘을 통해서 수상한 행동을 찾아낸다고 말을 했지만, 실제로는 충분하지 못하다. 실제 공유기업들이 특정 도시에서 사업을 시작하기 전에 해당 도시의 규제 담당자와 이해관계자들과 충분히 만나서 협의할 필요가 있다.

이러한 공유경제가 파괴적 혁신일지 거품일지를 판단하기에는 다소의 시간이 필요한 듯하다. 이들의 공통점은 특별한 기술을 보유하거나 자산을 보유하지 않고 웹 혹은 앱을 통한 중개서비스를 제공하고 수수료를 취득하는 스타트업 기업이라는 것이다. 해당 기업들은 자신들을 공유경제를 모토로 인터넷을 활용해 파괴적 혁신을 주도하는 정보통신 기업으로 얘기하는 반면, 기존 시장과 제도권의 반응은 기존 시장을 넘보는 또 다른 중개서비스 기업으로 여기고 그리 달가워하지 않는다. 그러나 무서운 속도의 성장세와 강력한 와해성 탓에 현재 강한 규제를 받고 있고, 또 더 강한 규제를 당할지 모를 우버와 에어비앤비 등이 제도권과 충돌하는 모습을 보면 어떤 형태로든 규제와의 타협은 불가피할 것으로 보인다. 이들이 성공하기 위해서는 기존 시장의 사업자들과 종사자들도 결국은 자신들의 플랫폼으로 끌어들여야 하기 때문이다. 이제는 더 늦기 전에 우리나라도 공유경제를 우리 사회에서 공개적으로 논의해야 한다. 공유경제가 혁신을 유발한다고는 단정할 수 없지만, 현재의 경제시스템과 함께 공존할 시스템임에는 틀림없기 때문이다. 우리 사회가 공유경제를 포함한 기술개발의 다양성과 혁신을 동반하는 새로운 사회 문제를 공개적으로 논의하고 포용할 수 있을 때 비로소 가치 있는 혁신이 탄생하고 사회에 안착할 수 있다.

참고문헌

1 Clayton M. Christensen, Erik A. Roth, Scott D. Anthony, Seeing What's Next : Using Theories of Innovation to Predict Industry Change, Harvard Business Review Press, 2001. 4.

2 Clayton Christensen Website, http://www.claytonchristensen.com/key-concepts

3 Clayton Christensen Website, http://www.claytonchristensen.com/key-concepts

4 The Imperative Disruptive Innovation, INNOSIGHT, 2012.

5 박범진, 존속적 혁신과 파괴적 혁신, 신한 FSB 리뷰 4월호, 2007. 4.

6 차두원, 김현철, 손병호, 주요국의 고위험 혁신적 연구지원 정책 동향 및 시사점, 한국과학기술기획평가원, 이슈페이퍼 2007-10, 2007년 10월

7 Foster R., Innovation : The Attacker's Advantage, Summit Books, 1986.

8 Philip Roussel, Kamal Saad, and Tamara Erickson, Third Generation R&D, Arthur D. Little, Inc., 1991 등의 재구성

9 지소철, 영국 산업혁명-세상을 바꾼 제2의 물결, 21세기북스, 2012. 10.

10 정헌경, 단숨에 읽는 세계사 이야기, 좋은날들, 2014. 4.

11 증기기관차의 발명, 사이언스올, http://www.scienceall.com

12 Albert Mroz, American Military Vehicles of World War I-An Illustrated History of Armored Cars, Staff Cars, Motorcycles, Ambulances, Trucks, Tractors and Tanks, McFarland & Company, Inc., 2009.

13 Lay, M. G., James, E., Vance, Jr., Ways of the World – A History of World's Roads and of the Vehicles That Used Them, Maxwell Gordon Lay, 1992.

14 History of Steam Road Vehicles, WIKIPEDIA, http://en.wikipedia.org/wiki/History_of_steam_road_vehicles

15 Lay, M. G., James, E., Vance, Jr., Ways of the World – A History of World's Roads and of the Vehicles That Used Them, Maxwell Gordon Lay, 1992.

16 Timeline History, London Road Safety Council. 2011. 11.

17 Hannah Kuchler, Google Swoops on Dronemaker Titan, Finantial Times, 2014. 4. 14.

18 Jack Nicas, FAA Gives Approval to BP to Use Commercial Drones, The Wall Street Journal, 2014. 6. 10.

19 차두원, 세계에서 가장 빠른 추격자, 머니투데이 기고문, 2014. 2. 7.

20 Matt Haldane, U.S. Slowly Opening up Commercial Drone Industry, The Boston Journal, 2013. 8. 8.

21 Fact Sheet – Unmanned Aircraft Systems (UAS), Federal Aircraft Administration, 2014. 1. 6.

22 Deepa Seetharaman, Amazon Seeks FAA Permission to Test Drones Outdoors Near Seattle, Reuters, 2014. 7. 11.

23 장길수, 드론-프라이버시 문제로 관련 법, 규정 제정 난항, 미디어잇, 2014. 7. 25.

24 DHL Will Begin Testing Drone Deliveries on Friday, Fastcompany, 2014. 9. 24

25 Three-Quarters of Vehicles Sold Worldwide by 2035 Will Have Autonomous Features,

NAVIGANT Research, 2013. 12. 10.

26 Look Mom, No Hands! Forging into Brave New(Driverless) World, Autofacts, 2013. 2.

27 Cha Doowon, Park Peom, Simulator-Based Human Factors Evaluation of Automated Highway System, International Journal of Automotive Technology, Vol.7 No.5, pp. 625-635, 2006. 8.

28 Doowon Cha, Design of Driver's Workloads Prediction Model through Virtual AHS Simulator Development, Ph. D. Dissertations, Ajou University, 2002. 2.

29 Tom Vanderbilt, Autonomous Cars Through the Ages, Wired, 2012. 2. 6.

30 Alistair Barr, Google Talking to Auto Makers about Self-Driving Car, Wall Street Journal, 2014. 5. 13.

31 UK to Allow Driverless Cars on Public Roads in January, BBC News, 2014. 1. 30.

32 2014년 상반기 창조경제 실현을 위한 과학기술 규제개선방안(안), 국가과학기술심의회, 2014. 7. 30.

33 Ameblo, 2013. 5. 6. 글로벌 보건산업동향(2013. 5. 10.)

34 Just Press Go : Designing a Self-Driving Vehicle, Google Offical Blog, http:// googleblog.blogspot.kr/2014/05/just-press-go-designing-self-driving.html

35 John Markoff, Google's Next Phase in Driverless Cars: No Steering Wheel or Brake Pedals, New York Times, 2014. 5. 27.

36 Alistair Barr, Google Talking to Auto Makers About Self-Driving Car, The Wall Street Journal, 2014. 5. 13.

37 Jake Lingeman, Lexus, Mercedes join Audi in California Autonomous Testing, AUTOWEEK, 2014. 9. 18.

38 Autonomous Vehicles In California, California Department of Motor Vehicles, https:// www.dmv.ca.gov/portal/dmv/detail/vr/autonomous/testing(Adopted Regulatory and Final Statement of Reasons)

39 Order to Adopt, Title 13, Division 1, Chapter 1, Article 3.7-Autonomous Vehicle, California Department of Motor Vehicles, 2014. 5. 19.

40 Alistair Barr, A Google Car Without a Steering Wheel? Not So Fast, California Says, Wall Street Journal, 2014. 8. 21.

41 New IHS Automotive Study Forecasts Nearly 12 Million Yearly Self-Driving Cars Sales and Almost 54 Million in Use on Global Highways by 2035, IHS Press Release, 2014. 1. 2.

42 Defense Advanced Research Projects Agency (DARPA), http://www.darpa.mil

43 DARPA Robotics Challenge Website, http://www.theroboticschallenge.org

44 Robots' New Challenge: Pentagon Boot Camp, Wall Street Journal, 2013. 12. 21.

45 UAV Forge: Crowdsourcing for UAV Innovation, http://www.uavforge.net

46 IcarusLabs, UAVForge Competition Website, http://www.icaruslabs.org/about-us/uavforge-competition/

47 Official UAV Forge Document,

http://www.evaforge.com/officialDocs/UAVForgeContent.PDF

48 Official UAV Forge Document,
http://www.evaforge.com/officialDocs/UAVForgeContent.PDF

49 Katie Drummond, Failure to Launch: DARPA's Dron Contest Ends Unconquered, Wired, 2012. 6. 29.

50 Josh Horwitz, Uber Brings Cheaper Rides to Singapore with Closed Beta Launch of UberX, Tech in Asia, 2014. 3. 7.

51 Uber Blog, http://blog.uber.com/seouluberxpilot#.U_6acBN1AP8.facebook

52 The Professionalization of Airbnb Hosts, Skift, 2014. 5. 30.

53 Sam Ro, Zipcar is Getting Acquired By Avis, Business Insider, 2013. 1. 2.

54 Geoffrey, A. Fowler, Evelyn. M. Rusli, Don't Talk to Strangers—Unless You Plan to Share Your Mac-and-Cheese, The Wall Street Journal, 2013. 1. 14.

55 UBER推出人民优步的拼车服务 Introducing People's Uber : Scalable Ridesharing, , Uber Blog, 2014. 8. 4.

56 J.T. Quigley, Wary of Regulatory Hurdles, Uber is Registered as a Travel Agency in Japan, Tech in Asia, 2014. 4. 22.

57 Colin Daileda, Battle of the Cabs : Taxi Drivers Attack Ubers in Violent Paris Protest, Mashable, 2014. 1. 14.

58 Giri Nathan, Colorado Welcomes Ridesharing Startups UberX, Lyft with New Law, TIME, 2014. 6. 6.

59 Laura Owsiany, DC Council Approves Pro-Uber Legislation, The Hoya, 2014. 11. 4.

60 Frankfurt Court Bans Uber Taxi Services across Germany, The Irish Times, 2014. 9. 2

61 Eric Auchard, Harro Ten World, German Judge lifts Temporary Ban on Uber Ride-Sharing, Reutre, 2014. 9. 16.

62 우버, 서울에서 우버택시(UberTAXI) 서비스 개시, 우버 보도자료, 2014. 10. 23.

63 조철희, 최일태, 김준하, 이은지, 택시의 적 우버, 불법논란에도 천문학적 자금 유치 비결은, 머니투데이, 2014. 7. 3.

64 Douglas MacMillan, Airbnb to Tax San Francisco Rentals in October, Wall Street Journal, 2014. 9. 17.

65 The Billion-Dollar Startup Club, The Wall Street Journal and Dow Jones Venture Source, 2014.

66 Keven Hartnett, Airbnb Takes a Bite Out of the Hotel Market, The Boston Globe, 2014. 1. 13.

67 Airbnb Website, https://www.airbnb.com/annual

68 An Uber Impact : 20,000 Jobs Created on the Uber Platform Every Month, Uber Blog.

69 Jessica Kwong, Head of SF Taxis to Retire, The Examiner, 2014. 5. 30.

70 Evelyn, M. Rusli, Uber CEO Travis Kalanick: We're Doubling Revenue Every Six Months, 2014. 6. 6.

71 Tomio Geron, Airbnb and the Unstoppable Rise of the Share Economy, Forbes, 2013. 2. 11.

72 The Sharing Economy – Sizing the Revenue Opportunity, Pricewaterhousecoopers UK, 2014.

73 The Sharing Economy – Sizing the Revenue Opportunity, Pricewaterhousecoopers UK, 2014.

74 The Sharing Economy – Sizing the Revenue Opportunity, Pricewaterhousecoopers UK, 2014.

75 Blur: The Speed of Change in the Connected Economy, Grand Central Publishing, 1999. 4.

76 Claire Cain Miller, When Uber and Airbnb Meet the Real World, The New York Times, 2014. 10. 17.

3

사물인터넷과 한계비용, 그리고 공유경제

Internet

of

Things

Internet of Things

제러미 리프킨의 사물인터넷과 공유경제

시스코CISCO는 사물인터넷을 인터넷 접속이 가능한 물리적 객체Physical Objects들의 네트워크로 설명하고 있다. 여기서 말하는 객체들은 내부 혹은 외부 환경과 상호작용을 위한 임베디드Embeded 기술들을 탑재하고 있으며, 센싱과 통신을 수행할 때 어떻게 어디에서 누가 의사 결정을 했는지를 알 수 있다.[1] 국제전기통신연합(ITU)은 시간, 장소, 접속 대상 등 일본 노무라 연구소가 내린 사물인터넷 정의를 채용해 "언제 어디서나 모든 것들과 접속이 가능한 것Any TIME Connection, Any PLACE Connection, Any THING Connection"으로 정의했다.[2]

제러미 리프킨이 2014년 4월 발간한 『The Zero Marginal Cost Society : The Internet of Things, the Collaborative Commons, and the Eclipse of Capitalism』을 통해 말했던 사물인터넷 기술이 자

● 사물인터넷의 새로운 정의

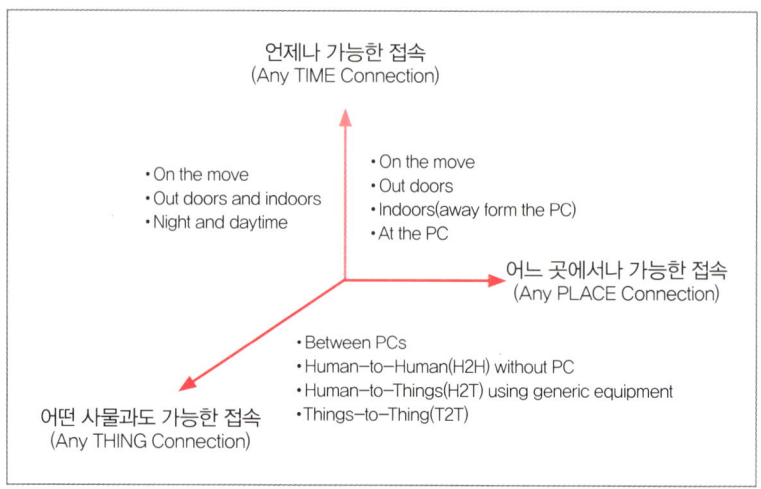

본주의 경제에서 공유경제로의 전환을 빠르게 진행시킨다는 주장이 많은 관심을 받고 있다.[3] 제러미 리프킨이 바라보는 사물인터넷의 정의를 살펴보자. 물론 모든 기계들, 비즈니스, 주택, 자동차 등이 개별 운영체제를 탑재한 커뮤니케이션 인터넷, 에너지 인터넷, 물류 인터넷 등의 개별 네트워크가 상호 연결된 지능형 네트워크에 연결된다는 개념은 CISCO 등이 말했던 기존의 개념과 다를 바 없다.[4]

제러미 리프킨은 2000년 『The Age of Access』를 통해 25년 후인 2025년에는 소유에 한계가 있고, 소유가 구태의연하다는 인식이 기업과 소비자 사이에서 일반화될 것으로 예측했다. 소유경제가 끝나고 인터넷 등을 활용한 공유경제 시대가 시작된다는 선언이다. 사람들은 물적 자산이나 재산을 일정 기간 이상 보유하는 것이 이롭다는 생각을 하기 때문에 소유를 한다. 그러나 과학기술이 급속히 발전하고 경

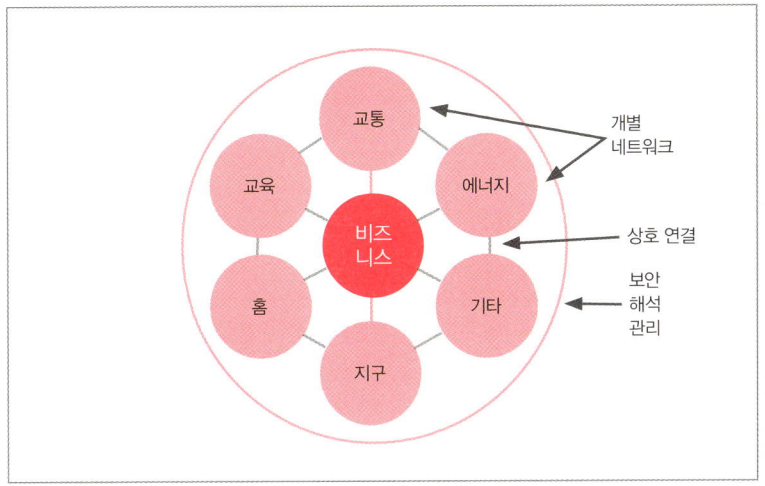

제활동이 정신없이 빠르게 진행되는 세상에서 소유에 집착하는 것은 곧 자멸하는 길로 들어가는 것이다. 주문생산이 일반화되고 끊임없는 혁신과 업그레이드가 이루어지며 제품의 수명이 점점 단축되는 세상에서는 모든 것이 하루아침에 구형이 되기 때문에 소유하고 보유하고 축적하는 태도는 점점 설득력을 잃어간다는 것이다.[5]

이어 제러미 리프킨은 2014년 4월 발간한 『The Zero Marginal Cost Society : The Internet of Things, the Collaborative Commons, and the Eclipse of Capitalism』에서 『The Age of Access』에서 설명한 공유경제 개념에 한계비용Marginal cost 개념을 포함한 사물인터넷 정의를 제시했다. 사물인터넷은 모든 사람과 사물들과의 연결을 통해 경제생활 대부분의 한계비용을 제로(0)로 만들 잠재력을 가진 엄청난 생산성 향상을 가능하게 하는 인류 역사상 최초의 가

공할 만한 스마트 기술 인프라스트럭처이자 새로운 기술 플랫폼이라는 것이다. 앞으로 기술혁신은 사물인터넷으로 집중되고, 사물인터넷이 인간의 생활을 혁신적으로 변화시켜 기업의 패권을 좌우할 뿐만 아니라 자본주의 경제시스템을 공유경제라는 새로운 경제시스템으로 전환하는 데 주도적인 역할을 한다는 것이다.

결론적으로 사물인터넷이 주도하는 한계비용 제로화를 통해 사람들이 사용하는 대부분의 재화들과 서비스를 거의 공짜로 서로 공유하며 살아갈 수 있는 협력적 공유사회Collaborative Commons로의 전환을 선언했다. 현재 자본주의가 내재하고 있는 고유의 역동성은 지속적으로 비용을 감소시키면서 많은 재화들과 서비스들을 거의 공짜로 만들고 있으며, 더 이상 시장의 힘에 지배를 받지 않는 등 자본주의가 스스로 자본주의의 미래를 위협하고 있다고 한다. 반면 경제학자들은 한계비용의 감소를 환영하지만, 한계비용을 거의 제로로 만들 수 있는 기술혁신의 가능성에 대해서는 예상하지 못했다고 말한다. 결국 자본주의는 소멸할 수밖에 없고 그렇게 되어야 인류가 지속적으로 성장하고 번영할 수 있다는 주장이다.

제러미 리프킨은 이러한 자본주의의 첫 번째 패러독스를 1999년 첫 서비스를 시작한 온라인 음악 파일 공유 기업인 냅스터Napster로 설명한다. 냅스터는 프로듀서나 아티스트에게 돈을 지불하지 않고 음악을 공유하는 네트워크를 개발해 기존 음반산업을 무차별적으로 파괴했다. 냅스터를 시작으로 유사한 현상이 신문과 출판업계도 파괴하는 등 비디오, 오디오, 텍스트 등의 정보와 오락을 우회로 공유하기 시작하면서 소비자들은 거의 무료로 활용하기에 이르렀다는 것이다. 또한 오픈소스 소프트웨어, 재생 플라스틱 등으로 3D 프린터를 활용해 개인 스스로 제품을 생산하고, 600만 명 이상이 무료로 참여하는 개방형 온라인 대학교육도 한계비용 제로에 근접하는 파괴적 혁신이 일어나고 있음을 공유경제 확산의 근거로 제시하고 있다.

제러미 리프킨이 말하는 최근의 한계비용 제도 사례들을 요약하면 아래와 같다. "한계비용 제로 현상은 이미 출판계와 통신업계, 엔터테인먼트 산업을 사정없이 파괴하고 있다. 점점 더 많은 정보가 수십억 인구에게 거의 공짜로 제공되기 때문이다. 오늘날 전 세계 인구의 3분의 1 이상이 상대적으로 저렴한 휴대전화와 컴퓨터를 이용해 제로에 가까운 한계비용으로 각자 정보를 생산하는 동시에 협력적으로 네트워크화된 세상에서 비디오나 오디오, 텍스트들을 공유하고 있다. 그리고 이제 이 한계비용 제로혁명은 재생에너지와 3D 프린팅, 온라인 고등교육을 포함하는 다른 산업에도 영향을 미치고 있다. 이미 전 세계 수백만에 달하는 프로슈머, 즉 생산에 참여하는 소비자들이 직접 자신이 사용할 녹색전기를 제로에 가까운 한계비용으로 생산하고 있다. 또한 10만 명에 달하는 취미생활자들이 3D프린팅을 이용해 자신들의 재화를 제로에 가까운 한계비용으로 만들어 사용하고 있다.

이뿐만 아니라 전 세계에 110억 개의 센서들이 천연자원, 생산라인, 전력 그리드, 물류 네트워크와 재활용 과정 등에 장착되어 있다. 시스코는 가정과 사무실, 상점과 자동차 등에서 빅데이터를 사물인터넷에 제공하는 등 2020년까지 최소한 500억 개의 센서들이 사물인터넷에 장착될 것으로 전망하고 있다.[6] 생활재, 제조업, 공공재 모두 사물인터넷이 한계비용을 제로로 만들어 경제시스템 전반을 공유경제 시스템으로 전환시키고 머지않은 미래 경제시스템에 영향을 미친다는 것이다. 특히 빅데이터 분석 및 알고리즘을 활용해 효율성을 향상시키고 생산의 한계비용을 낮춰 광범위한 제품과 서비스를 현재의 정보 제품들과 같이 한계비용 제로 상태에서 공유할 수 있다고 말한다.

에너지 분야를 구체적으로 살펴보자. 태양열과 풍력 에너지 생산을 위한 고정비용은 높지만 단위당 에너지 포집 비용은 낮다. 현재 미국 내 3,700만 채의 빌딩이 사물인터넷과 연결된 계량기들과 센서들을 갖추고 있으며, 트랜스미션 그리드를 통해 실시간 전력 사용과 요금 정보를 제공받고 있다. 이러한 장비들은 결국에는 가정과 기업들이 자체적인 태양열과 풍력에너지 생산설비를 설치해 그들이 가지고 있는 녹색전력을 현지에서 생산하고 저장을 가능하게 해서 전력요금이 폭등했을 때 전력 그리드에서 독립적으로 보유하고 있는 녹색전력을 사용해 장비를 운용하여 사용하고 남은 잉여전력을 거의 한계비용 제로 상태로 공유할 수 있다."

이러한 모든 사례들에 있어 물론 초기 투자비용은 여전히 상대적으로 높다. 하지만 제러미 리프킨은 이들 영역이 지난 수십 년 사이 컴퓨팅의 한계비용을 제로에 가깝게 떨어뜨렸던 것과 다르지 않은 기하급수적인 성장곡선을 타고 있다는 점에 주목하고 있다. 그는 앞으로 이삼십 년 내에 방대한 대륙 네트워크와 글로벌 네트워크에 참여하는 프로슈머들이 제로에 가까운 한계비용으로 물리적 재화와 서비스는 물론 녹색에너지까지 생산하고 공유할 것이며 온라인으로 가상의 교실에서 역시 제로에 가까운 한계비용으로 학습할 것이고 재화와 서비스를 거의 무료로 나누는 경제 시대에 접어들 것으로 예측한다. 또한 현재 다양한 산업계 관계자들은 서서히 한계비용 제로 경제시스템에 접어들고 있다는 현실을 인정하고 있지만, 공짜 제품 및 서비스들이 자본주의 시장을 지속적으로 성장시킬 수 있는 충분한 규모의 이윤을 창출할 수 있는 고급 제품들과 특별한 서비스들의 구매를 유인할 수 있는지에 대해서는 논란 중이며 부가적인 프리미엄 제품과 서비스의 구매를 위해 돈을 지불하는 사람의 수는 한정되어 있다고 주장한다. 즉 부가적 프리미엄과 서비스 시장을 제외한 일반 시장에서는 이미 한계비용 제로 경제시스템에 접어들었고, 사물인터넷 중심의 기술발전에 따라 20년 후에는 공유경제 시스템으로 전환된다는 것이 결론이다. 이미 2000년『The Age of Access』를 통해 네트워크, 즉 인터넷의 발전으로 소유로 대표되는 자본주의 속에서 공유경제가 시작되었다고 언급한 이후, 제러미 리프킨은 인터넷이 사물인터넷으로 발전되면서 공유경제가 보다 가속화되고 35년 후인 2050년을 한계비용이 제로가 되는 경제시스템으로 전환되는 시기라고 주장한다.

마지막으로 제러미 리프킨은 공유경제 실현의 핵심을 비영리 조직들로 구성된 커뮤니티 형태로 생활 속의 제품과 서비스들을 만들고 공유하는 데 참여하는 시민사회로 제시했다. 실제로 2000년부터 2010년까지 세계 국내총생산 성장률은 16.4%에 불과했지만, 비영리 단체 수익은 41%로 2배 이상 성장했다. 미국, 캐나다, 일본, 프랑스,

벨기에, 호주, 체코, 뉴질랜드 등 8개 국가의 설문조사 결과 비영리 단체의 규모는 전체 GDP의 5.5%를 차지했다. 그만큼 비영리 분야에서 성장 잠재력이 통계적으로 높은 것은 사실이다. 또한 한계비용 제로화 현상에 가장 큰 영향을 받는 것은 공장과 사무실 인력의 감소, 가상의 소매업과 물류와 교통 네트워크의 자동화 등이 점차 확대되고 있는 노동시장이라고 지목하고 있다. 당연히 이러한 변화에 따라 노동시장도 재편되고 있다고 한다. 기술발전으로 노동자 없이 기계로 대체된 공장과 사무실이 늘어나면서 새로운 고용 기회는 비영리단체나 사회 인프라 구조 강화 부문에서 발생하고 있다는 것이다.

당연히 새로운 고용의 기회들은 교육, 헬스케어, 빈민 구제와 노약자 지원, 예술과 레크레이션의 프로모션 등과 같이 비영리 분야와 사회적 인프라스트럭처를 강화하는 협력적 공유가 가능한 분야에 있다고 바라보고 있다. 미국의 예를 들면, 2001년에서 2011년 사이에 영리기업 수가 0.5% 증가한 반면, 비영리 단체 수는 130만 개에서 160만 개로 약 25% 증가했다. 미국, 캐나다, 영국의 비영리 부분의 고용은 노동력의 10%를 넘고 있다. 기술은 비영리 단체들이 필요한 사람들에게 서비스를 제공하는 방식으로 변화하고, 궁극적으로 비영리 단체들이 더 나은 결과와 큰 투자수익(ROI)을 만들기 위한 중요한 기회를 제공하며 새로운 완벽한 투자기회를 제안하는 등 비영리 분야의 성장 잠재력뿐만 아니라 고용 잠재력도 높게 평가하고 있다. 그러나 최근의 연구에 따르면 34개국의 비영리 부문의 총 매출의 약 50%가 수수료 수입이었다. 이에 비해 수익의 36%는 정부의 지원, 14%는 개인의 기부로 이와 같은 주목할 만한 성장에도 불구하고 많은 경제학자들은 비영리 부문이 자급자족이 가능한 분야가 아니라 정부 재정 지원과 개인의 자선 활동에 의지하는 기생적 존재라고 생각하며 잠재적 가치를 인지하지 못하고 있음을 제러미 리프킨은 문제점으로 지적하고 있다.

한계비용 이해하기

제러미 리프킨이 말하는 공유경제를 이해하기 위해서는 한계비용의 개념을 먼저 이해해야 한다. 간단히 말하면 한계비용은 '제품 한 단위를 추가적으로 생산할 때 필요한 투입되어야 하는 증가비용'을 말한다. 일반적으로 경제학에서는 비용에 관한 이론을 단기 비용이론, 장기 비용이론, 최장기 비용이론으로 나눈다. 단기 비용이론은 생산을 위해 모든 요소가 변하지 않고 고정된 기간 동안의 비용이론, 장기 비용이론은 모든 생산요소가 변할 수 있는 기간을 의미한다. 예를 들면 단기 비용이론은 공장시설이 고정되어 있어 생산요소가 변할 수 없는 기간 동안의 비용이론을 의미한다면, 장기 비용이론은 공장시설을 증설해 생산요소가 변할 수 있는 기간 동안의 비용이론이다. 최장기 비용이론은 혁신적 기술의 발전을 통해 생산요소가 획기적으로 변하는 기간의 비용이론을 의미한다.[7] 한계비용은 증분비용Increment Cost이라고도 말하며, 어느 정도 생산할지에 대한 생산물량의 의사결정, 어느 정도의 생산능력을 가지고 있는 기계나 설비를 구입해야 할지에 대한 의사결정에서도 고려해야 할 원가 개념이다.

경제학 혹은 산업공학의 핵심 분야인 작업분석Work Analysis 관점에서 가장 간단한 형태인 단기 비용이론으로부터 한계비용의 의미를 살펴보자.

총비용TC, Total Cost은 어떤 생산물을 만들기 위해 필요한 최저 비용을 말하며, 총고정비용TFC, Total Fixed Cost과 총가변비용TVC, Total Variable Cost을 합한 것이다. 여기서 고정비용은 생산물의 생산 개수와 상관없이 일정하게 투입되는 공장 임대료와 같은 비용을 말한다. 가변비용은 생산에 투입되는 인건비 등 생산물량Q, Quantity에 따라 변화하는 비용을 말한다.[8]

총비용(TC)=총고정비용(TFC)+총가변비용(TVC)

생산물 한 단위를 더 만들기 위해 필요한 증가비용을 의미하는 한계비용MC, Marginal Cost은 아래와 같이 표현할 수 있다.

$$\text{한계비용(MC)} = \frac{\Delta\text{총비용(TC)}}{\Delta\text{생산량(Q)}} = \frac{\Delta\text{총고정비용(TFC)}}{\Delta\text{생산량(Q)}} + \frac{\Delta\text{총가변비용(TVC)}}{\Delta\text{생산량(Q)}} = \frac{\Delta\text{총가변비용(TVC)}}{\Delta\text{생산량(Q)}}$$

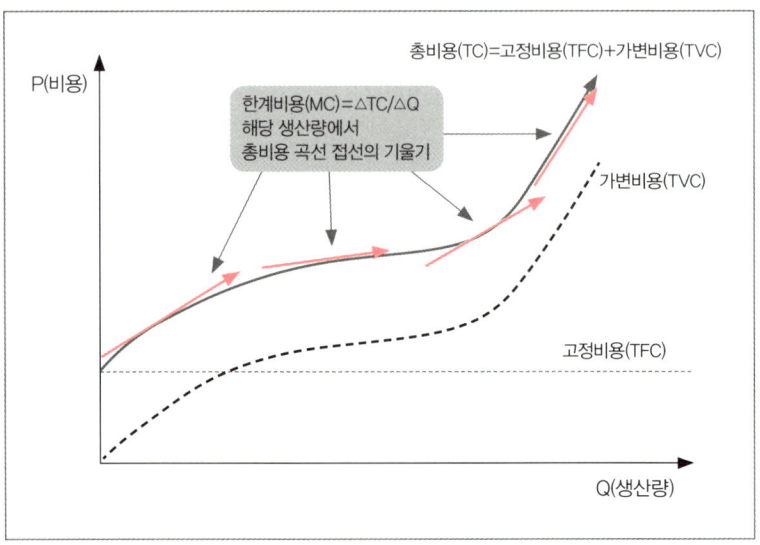

여기서 총고정비용은 생산물량과 상관없이 일정하므로 한계비용은 추가 생산물량에 따른 총가변비용의 변화로 설명할 수 있다. 일반적으로 생산물량에 따른 비용 곡선은 위 그림과 같다. x축은 생산량, y축은 비용을 의미한다.

예를 들어 광학센서를 생산하는 기업을 생각해보자. 센서 조립장비 1대를 구입하고 생산, 품질검사, 포장, 창고로의 이송작업 등 4개의 공정을 모두 담당하는 직원 1명을 시급 1만 원에 고용했다고 하자. 이 직원은 1시간에 센서 1개의 생산에서부터 품질검사, 포장, 창고로의 이송작업까지, 생산에서 출하까지 모든 공정을 담당한다. 여기서 조립장비는 고정비용이고 직원 임금은 가변비용이다.

해당 기업 생산제품의 수요가 높아져 밀려드는 주문량을 소화하기 위해 조립라인은 증설하지 않고 직원 1명을 추가로 고용했다고 가정하자. 새로 고용된 직원은 센서의 포장과 이송작업을 담당하고 기존 직원은 생산과 품질검사를 담당하는 형태로 작업이 분업화되고, 작업 효율이 높아져 1명의 작업자가 담당할 때보다 생산물량이 2개 늘어 총 3개(Q1)의 센서를 출하할 수 있게 되었다. 이럴 경우 한계비용은 아래의 계산에 따라 직원 0.5명의 시급인 5,000원이다.

$$MC1 = \frac{10,000원(증가한\ 가변비용,\ 신규\ 고용직원\ 임금)}{2(증가한\ 생산물량)} = 직원\ 0.5명의\ 시급$$

균일한 품질과 시장의 반응이 좋아 추가 물량 주문이 증가해 또 다른 직원 1명을 추가로 고용했다. 이제 작업이 더 세분화되어 각각의 직원이 생산, 품질검사, 포장과 이송을 분담하자 시간당 센서 출하량이 7개(Q2)로 늘어났고, 이러한 경우 한계비용은 아래의 계산에 따라 직원 0.25명의 시급인 2,500원이 되어 2명이 작업할 때보다 한계비용이 줄어든다. 한계비용 그래프에서 한계비용이 작아지는 영역이다.

$$MC2 = \frac{10,000원(증가한\ 가변비용,\ 신규\ 고용직원\ 임금)}{4(증가한\ 생산물량)} = 직원\ 0.25명의\ 시급$$

지속적으로 광학센서 수요가 증가해 기업의 대표는 포장과 이송 작업이 분업화되는 등 공정별 담당자 배치를 통한 생산성 향상을 위해 추가 고용을 했다. 그러나 예상치 못한 상황이 벌어졌다. 4개 공정 간 표준시간Standard Time 산정의 문제 등으로 직원 4명 간 분업이 효율적으로 운영되지 않고, 특정 작업에서 유휴시간Waste Time이 발생하는 등 센서 생산량은 3개가 늘어난 10개(Q3)가 되었다. 이때 한계비용은 3,300원으로 오히려 3명의 직원이 작업할 때보다 증가하는 상황이 되었다.

$$MC3 = \frac{10,000원(증가한\ 가변비용,\ 신규\ 고용직원\ 임금)}{3(증가한\ 생산물량)} = 직원\ 0.33명의\ 시급$$

어쨌든 끊임없이 증가하는 광학센서의 수요에 따라 고정비용을 투입하지 않고 다시 직원 1명을 늘리는 상황을 가정하면, 이제는 유휴시간뿐만 아니라 작업공간이 비좁아 직원 간 서로 작업에 방해를 받는 경우도 발생하게 된다. 생산물량은 1개밖에 증가하지 않은 11개(Q4)가 되고 한계비용은 1만 원에 이르게 된다.

$$MC4 = \frac{10,000원(증가한\ 가변비용,\ 신규\ 고용직원\ 임금)}{1(증가한\ 생산물량)} = 직원\ 1명의\ 시급$$

고정비용이 변하지 않는 상황에서 계산해본 간단한 예지만 이와 같이 생산물량이 증가하기 시작한 초기에는 투입에 대한 효율성이 높아져 한계비용이 작아지지만, 일정 수준 이상으로 생산량이 증가하

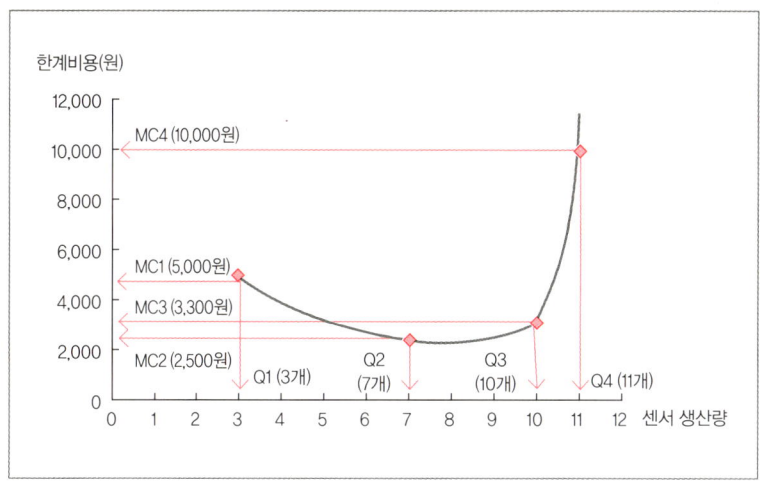

● 작업자 수 증가에 따른 광학센서 한계비용의 변화

면 생산기술의 적합성, 노동 효율성 등이 원인이 되어 특정 시점에서는 생산성 향상의 한계에 직면하고 오히려 한계비용이 증가하는 경우가 발생한다. 이러한 내용이 한계비용체증의 법칙Law of Increasing Marginal Cost이며, 한계비용 곡선이 U자 형태로 그려지는 이유이다.

극단적인 예시를 제시해 보았다. 그렇다면 한계비용이 제로인 경우는 어떤 상황에서 발생할까? 이론적으로 결국 생산물량이 늘어나도 고정비용을 늘릴 필요가 없거나 노동과 자원의 투입이 필요 없어 생산량에 따른 총비용이 일정할 때 비로소 한계비용이 제로가 될 수 있다.

03

새로운 접속의 시대
사물인터넷의 등장과 발전

사물인터넷 이전의 인터넷

1945년 당시 미국 대통령 루즈벨트의 과학기술 고문으로 맨해튼 프로젝트Manhatton Project를 주도했던 바니버 부시Vannevar Bush는 월간 『아틀란틱스Atlantics Monthly』의 'As We May Think'란 유명한 에세이를 통해 MEMEXMemory Extender라는 아마도 세계 최초의 개인용 인간−컴퓨터 인터페이스 개념을 제시했다. 기계식 타자기와 도서관에서는 마이크로 필름 스크린을 사용하던 시대에 매우 획기적인 이 장치는 하이퍼텍스트 형태로 정보가 디스플레이 되는 2개의 모니터, 새로운 링크를 생성, 자동 검색 기능과 다른 MEMEX 시스템으로 전송 가능한 기능 등을 갖춘 버튼 박스, 사용자가 노트나 메모 등을 남길 수 있는 패드, 마이크로 필름에 문자나 이미지 형태로 저장 가능한 저장장치와 기타 구동장치 등으로 구성되어 있다. MEMEX는 개인의 모든 책과 기록, 그리고 커뮤니케이션 등을 저장한 메커니즘으로 사람의 메모리를 확장한 빠르고 유연한 개념적 시스템이다.[9] 물론 그의 개념과 같이 컴퓨터는 발전하지 않았지만, 마치 현재 노트북을 이용해 인터넷 검색을 하는 듯한 하이퍼텍스트 형태를 통해 작동되는 MEMEX는 인터넷을 개발한 많은 사람들에게 기술을 통해 정보를 어떻게 활용할 수 있는지에 대해 큰 영감을 제시했다.

현재 우리가 사용하는 인터넷의 기원은 미국의 고위험 혁신적 연구

● MEMEX 구성도

MEMEX in the form of a desk would instantly bring files and material on any subject to the operator's fingertips. Slanting translucent viewing screens magnify supermicro-film filed by code numbers. At left is a mechanism which automatically photographs longhand notes, pictures and letters, then files them in the desk for future reference.

를 담당하는 연구기관인 DARPA에서 시작된다. DARPA는 1962년 정보 분야 지원부서인 IPTO_{Information Processing Techniques Office}를 설립하고 컴퓨터과학을 지원하기 시작했다. 1966년 IPTO 책임자인 로버트 테일러는 ARPA와 계약을 맺은 연구소들을 연결하는 새로운 네트워크인 ARPANET 개발 계획을 수립한다.

당시 ARPANET 개발 목적은 핵전쟁 등 위급한 상황에 대비해 여러 컴퓨터 통신망 가운데 하나가 적의 공격으로 파괴되더라도 전체 통신 시스템에서 안정적으로 데이터를 전송할 수 있는 통신체제의 구축이었다. 즉 중앙통제가 필요 없는 컴퓨터 네트워크를 개발하여 다양한 경로를 통한 메시지 전달이 가능하도록 하는 것으로 1964년 RAND사의 폴 바란_{Paul Baran}이 저서 『On Distributed Communications』에서 제시한 분산형 통신이 ARPANET의 기반으로 활용되었다. 기존 전화에서 많이 사용하던 회로 교환_{Circuit Switching} 방식은 부적합한 것으로 드러났고, 이에 따라 패킷 교환_{Packet Switching}이라는 새로운 통신 방식이 채택된 것이다.

1968년 로버트 테일러 후임인 로렌스 로버츠는 로버트 테일러의 계획을 보다 구체화시켜 나갔고, 1969년 ARPANET 사이에서 최초의 패킷 교환이 시작되었다. 1971년에는 모두 15대의 호스트 컴퓨터로 네트워크가 구축되어 마침내 1972년 10월 워싱턴디시_{Washington D. C.}에서 개최된 제1회 국제 컴퓨터통신회의에서 공식적으로 ARPANET이 소개되었다.

인터넷의 보편화에는 스위스에 위치한 유럽핵입자물리연구소_{CERN,}

Conseil Européen pour la Recherche Nucléaire의 팀 버너스 리Tim Berners-Lee의 역할이 컸다. 세계 최대 연구소인 유럽핵입자물리연구소는 제2차 세계대전 후인 1954년 유럽 12개국이 참여한 국제 공동연구소로 현재 회원국은 20개국, 전체 참여국은 66개국 수준으로 약 1조 2,000억 달러 규모의 예산을 회원국들이 GDP에 비례해 분담금을 갹출하는 형태로 운영되고 있다. 우주탄생의 신비를 연구하는 길이 27km의 강입자가속기(LHC)를 갖춘 세계 최대 입자물리학 연구소로 현재 빅뱅 재현을 통한 우주 초기상태 연구를 중점적으로 하는 앨리스ALICE 검출기, 힉스입자 등 입자의 표준모델 입증을 주로 하는 아틀라스ATLAS, CMS 검출기, 그리고 제네바 공항쪽에 위치한 LHCb 검출기 등 4대의 대형 검출기와 2개의 소형 검출기 등 모두 6대의 검출기를 운용하고 있다. 세계 물리학자의 약 50%인 8,000여 명이 연간 30% 이상을 CERN에 머물고 있고 직원 수만 2,500여 명 수준이다.[10]

팀 버너스리는 유럽핵입자물리연구소에 근무하면서 WWWWorld Wide Web의 기반인 인콰이어Enquire를 개발하는 등 방대한 연구소의 데이터 처리 및 전송을 위해 인터넷을 기획했다. 그는 자신의 생각을 구체화해 하이퍼텍스트를 이용한 인터넷을 도입하려 했지만, 그의 기획은 채택되지 않았다. 1990년 벨기에의 컴퓨터 공학자 로버트 카죠의 도움을 받아 프로젝트를 다시 발전시켰다. 그는 NeXT사의 컴퓨터에서 직접 웹 코드를 작성하였고, 그해 12월에는 첫 번째 웹 사이트가 탄생하였다. 1991년 미국과학재단National Science Foundation은 인터넷의 사업적 이용을 제한하는 규정을 삭제했고, 같은 해 CERN은 WWW

```
                                                    CERN Welcome
                              C.E.R.N.

    European Laboratory for Particle Physics,  Geneva, Switzerland

    Help[1]                   on W3 programs. Also: about the World-Wide Web[2]

    About CERN[3]             Also phone numbers, offices and e-mail for People[4],
                              Yellow Pages[5], or french Pages Jaunes[6].

    News[7]                   Public news, e.g. User's Office[8], student news[9].
                              Also private groups[10] and Internet news[11].

    Computer center           Documentation and newsletter index[12], computing
                              news[13] , VMS Help[14].

    Systems/Projects[15]      Systems available from CERN, and related projects.

    Experiments[16]           and collaborations at CERN.

    H E P[17]                 Other High-Energy Physics institutes.

    See also:                 Type of service[18], and OTHER SUBJECTS[19]
    1-19, Back, Up, <RETURN> for more, Quit, or Help:
```

를 공개했다. 1993년에는 일반인들이 자유롭게 그래픽 사용자인터페이스를 통해 접근할 수 있는 모자이크 알파버전이 발표되면서 인터넷은 전 세계 일반인들에게 본격적으로 보급되기 시작했다. 그 이후 WWW는 인터넷 주소체계인 URL 등으로 발전하기 시작했다.[11]

인터넷이 대중화될 수 있었던 기반을 팀 버너스리가 닦았다면, 일반인들이 인터넷을 친숙하게 접하고 성공궤도에 올려놓은 소프트웨어적 기반을 닦은 사람은 넷스케이프 네비게이터를 개발한 마크 앤드리센Marc Andreessen이다. 1994년 10월 공개된 넷스케이프 네비게이터 첫 버전은 공개 후 단 3개월 만에 200만 건이 넘게 다운로드 되었고, 1년 뒤 나스닥 상장에 도전할 만큼 큰 주목을 받았다. 비록 마이크로소프트사의 익스플로러 끼워 팔기로 전성기를 길게 누리지 못한 채 시장에서 사라졌지만 컴퓨터를 자신이 가진 정보를 쉽게 처리하기 위한 사무기기에서 인터넷에 연결하여 다른 사람이 가진 정보를 서핑하는 도구로 바꾸었고, 이러한 인식의 변화는 현재 우리가 누리고 있는 인터넷 세상의 초석이 되었다.[12]

인터넷 서핑을 위한 소프트웨어뿐 아니라, '정보의 바다'에서 길라잡이 역할을 하는 검색 서비스가 속속 등장했다. 1994년 4월 사업을 시작한 야후를 필두로, 알타비스타, 라이코스와 같은 검색 서비스가 등장하여 엄청난 미래가치를 평가받으며 인터넷 관련 기업들이 호황을 누리기 시작하였다.

2000년 들어 닷컴 버블이 꺼져갈 때, 최후의 승자로 남을 수 있었던 구글은 스탠포드 대학원에 재학 중이던 래리 페이지Larry Page와 세르게이 브린Sergey Brin에 의해 1996년 이전 이미 연구가 진행되고 있었다. 당시 래리 페이지는 인용이 많이 된 논문이 좋은 논문이라는 학계의 정설을 웹 페이지에 적용한 웹 페이지 링크 정보에 기반한 웹사이트 랭킹 기법 아이디어를 가지고 있었고, 세르게이 브린은 이 아이디어의 구현에 도움을 주며 공동 프로젝트를 진행시켰다. 구글 검색 서비스는 관련 논문을 발표하기로 합의한 1998년 1월 이후에 공식적으로 알려졌지만, 그전에 이미 스탠포드 대학의 내부에서 큰 인기를 끌고 있었다. 이후 구글은 썬 마이크로시스템스 창업자인 앤디 벡톨샤임Andy Bechtolsheim, 엔젤투자자 람 슈리람Ram Shriram, 두 사람의 지도교수였던 데이비드 체리톤David Cheriton, 아마존 창업자인 제프 베조스Jeffrey Bezos의 투자를 받아 회사의 모습을 갖춰가기 시작한다. 1999년 같은 회사에 투자하지 않기로 유명한 실리콘밸리의 양대 벤처캐피털인 KPCB

와 세콰이어 캐피털Sequoia Capital 모두로부터 사상 최초 동시 투자를 받음으로써 구글은 가장 주목받는 벤처기업 중 하나가 되었다. 2004년 8월, 구글은 성공적인 기업공개를 통해 명실상부한 대표 IT 기업으로 자리 잡게 되었다.

한편 전기전자기술자협회IEEE, Institute of Electrical and Electronics Engineers 의 802 위원회[13]는 1980년 2월부터 근거리 통신망과 도시권 통신망을 관할하는 표준 규칙들을 개발해오고 있었다. 개발한 표준 가운데 IEEE 802.3은 동축케이블 혹은 광케이블 등 다양한 형태의 케이블을 통해 유선으로 네트워크를 구축하는 기술로 2000년대 초반까지 인터넷 트래픽의 대부분을 담당하는 거의 유일한 인터넷 접속 방법이었다. 1990년대 말 IEEE 802 위원회의 워킹그룹 11에서 인터넷 접속에 자유로운 이동성을 부여하려는 움직임이 일기 시작했고, 유선 네트워크를 대체하여 무선으로 인터넷에 접속하기 위한 새로운 기술표준을 발표했다. 이것이 현재 우리가 사용하는 와이파이Wi-Fi의 기본이 되는 IEEE 802.11 프로토콜이다.[14] 1997년 1월 발표된 IEEE 802.11 프로토콜은 통신 주파수로 2.4GHz를 사용하였고 최대 속도는 2Mbps였다. 이런 속도는 현재 기준으로 메시지 하나를 보내는 데에도 몇 초를 기다려야 하는 속도이고, 당시 기준으로도 유선 네트워크에 비할 수 없이 느린 속도였다. 또한 기술표준이 정해져 있기는 했지만, 엄격하지 않았던 탓에 무선통신 장비와 기기의 제조사별로 호환성이 떨어져 널리 사용되지는 못했다. 그러던 중 1999년 9월 미국 무선랜협회Wireless Ethernet Capability Association[15]가 발족되어 무선 인터넷은 새로운 도약의 기회를 맞이한다. 1999년 9월 미국 무선랜협회는 새로운 기술표준인 802.11b와 802.11a를 발표했다. 802.11b는 최고 전송 속도가 11Mbps로 802.11에 비해 6배 가까이 빨라졌고, 802.11a는 5GHz 주파수 대역을 사용하여 전송속도를 54Mbps까지 지원하는 등 이전 규격에 비해 획기적으로 인터넷 속도를 향상시켜 무선인터넷의 초기 보급에 큰 영향을 미친다. 그러나 여전히 유선랜에 비해 느린 속도와 5GHz 대역을 사용하는 802.11a의 경우 장애물이나 주위 환경이 접속에 큰 영향을 미쳤기 때문에 일반인이 사용하기에는 여전히 걸림돌이 많았다.

2002년 와이파이 얼라이언스Wi-Fi Alliance로 명칭을 변경한 미국 무선랜협회는 무선랜의 대중화에 큰 역할을 한 802.11g 프로토콜을 발표한다. 802.11g 프로토콜은 802.11a와 마찬가지로 54Mbps까지 전송 속도를 지원하면서도 2.4GHz 주파수 대역을 사용해 장애물이나 주위 환경 영향 문제를 크게 개선할 수 있었다. 802.11g 발표 이후 저렴한 무선접속장치AP, Access Point가 널리 보급되고 우리나라의 070 전화로 대표되는 무선인터넷전화 서비스를 비롯한 소니Sony의 PSP, 닌텐도Nintendo의 Wii 등 무선접속을 지원하는 디바이스들이 시장에 본격적으로 출시되면서 무선인터넷은 빠른 속도로 유선 네트워크를 대체하게 되었다.

웹 브라우저와 검색 서비스, 그리고 2000년대 중반 등장한 페이스북 등과 같은 소셜네트워크 서비스로 인터넷이 발전하면서, 2007년에는 또 하나의 중대한 전환점을 맞이한다. 인터넷 대중화 이후 혁신의 대상이 소프트웨어와 서비스였다면, 2007년 1월 9일 맥월드에서 발표된 아이폰은, 그 자체는 하드웨어이면서도 소프트웨어와 서비스의 혁신을 주도할 만한 파워를 보여줬다. 맥월드 프레젠테이션[16]에서 스티브 잡스 Steve Jobs는 아이폰을 "손으로 조작할 수 있는 커다란 화면을 가진 아이 팟이자, 새로운 휴대폰이며, 인터넷을 이용해서 소통할 수 있는 디바이스"로 소개했다. 아이폰은 시판 1년 만에 약 610만 대가 팔려 PC 중심의 컴퓨팅 환경을 모바일 중심으로 옮겨 놓는 데 성공했다. 아이폰의 판매량은 여전히 증가하고 있는데, 2014년 회계연도(2013년 10월 ~ 2014년 9월) 판매량은 1억 6,920만 대로, 2013년의 1억 5,026만 대에 비해 12.6%나 증가했다.[17] 애플만이 모바일혁명을 읽어낸 것은 아니다. 안드로이드 운영체제로 대표될 수 있는 구글도 이미 2005년 벤처기업이었던 안드로이드를 인수하며 스마트폰을 통한 혁신을 준비해왔고 현재 모바일 운영체제 세계시장을 양분하고 있다.

구글과 애플이 인터넷에 접속이 가능한 스마트폰에 관심을 가지고 있었던 이유는 인터넷에 연결할 수 있는 또 다른 종류의 하드웨어가 추가된다는 사실만은 아니었다. 애플과 달리 구글은 정작 하드웨어의 제조에는 큰 관심이 없었다. 이들이 주목한 것은 언제 어디서나 연결이 가능한 소비자 중심의 컴퓨팅 환경이었으며, 모바일 환경에서 열리게 될 새로운 시장과 수익모델에 관심을 가졌다. 애플은 이미 아이팟의 발매와 아이튠즈 서비스를 통한 음반판매에서 그 가능성을 확인한 상태였다. 이러한 예상은 점차 현실화되어 애플과 구글의 모바일 수익모델이자, 공유경제의 중개자 역할을 하는 앱 시장 규모가 빠르게 성장하고 있다. 가트너에 따르면 2013년 전 세계 앱 시장 규모는 약

● 전 세계 모바일 앱 시장 규모 및 다운로드 수 전망[18]

연도	2012	2013	2014	2015	2016	2017
매출(억 달러)	186	267	350	454	582	765
다운로드 (억 회)	640	1,020	1,388	1,796	2,248	2,687
무료 다운로드(억 회)	573	929	1,277	1,671	2,113	2,539
무료 다운로드 비율(%)	89.6	91.0	92.0	93.0	94.0	94.5

267억 달러로 2012년 186억 달러에 비해 44%가 증가했으며, 2017년
에는 765억 달러 규모로 성장할 전망이다. 다운로드 수는 2013년 기
준 약 1,020억 회로 2012년의 640억 회에서 60%가량 증가하였으며,
2017년에는 2,700억 회에 육박할 전망이다.[19][20]

사물인터넷의 등장

사실 사물인터넷이 최근에 등장한 새로운 개념과 기술은 아니다.
앞서 살펴본 인터넷의 발전 과정과 RFIDRadio Frequency Identification, 유비
쿼터스 네트워크Ubiquitous Network, 스마트폰과 스마트패드 등 스마트 디
바이스 활용 중심의 무선인터넷 시대를 거쳐 최근 사물인터넷 개념으
로 수렴되고 있다.

닐 거센펠드Neil Gershenfeld는 1999년 『When Things Start to Think』
를 통해 컴퓨터 개발 과정에서 잊혀진 목표를 제시했다.[21] 현재의 정보
기술은 컴퓨터나 다른 사람들이 필요로 하는 것은 잘 알고 있지만, 정

작 사용자가 필요로 하는 것은 알지 못한다는 것이다. 그는 이러한 문제를 해결하기 위해 가능한 모든 기술들을 사람들과 친밀하게 만들어 기술이 겉으로 드러나지 않게 하는 것을 제안했다. 즉 필요한 모든 것에 컴퓨터가 존재하는 것을 넘어 컴퓨터가 겉으로 드러나지 않으면서 그 역할을 수행해야 한다는 것이다. 컴퓨터의 사용은 걸어 다니면서도 사용할 수 있고, 만든 사람이나 사용되는 장소에 관계없이 서로 연결되어야 하며 정보는 화면과 소리, 내용과 문맥을 인위적으로 분리하지 않고 전달이 가능해야 하는 등 컴퓨터와 사람은 항상 연결되고 사용자 관점에서 언제 어디서나 사물들과 통신이 가능한 상태의 사물인터넷을 설명했다. 이뿐만 아니라 마틴 루터Martin Luther의 중세 로마 가톨릭 교회의 강제적인 면죄부 판매에 반대하는 95개조 논제를 마틴 루터 킹Martin Luther King이 10개 수정항목으로 줄였듯이 사물 사용자의 권리장전Bill of Things Users' Right과 사물의 권리장전Bill of Things' Rights을 제시해 사물인터넷의 초기 개념을 고안했다.

　최초로 사물인터넷Internet of Things이란 용어를 사용한 사람은 현재 버킨Berkin의 청정기술 부문 총책임자인 케빈 애쉬튼Kevin Ashton이다. 사물인터넷은 1999년 P&GProcter & Gamble에서 새로운 RFID 아이디어와 공급망 관리Supply Chain를 연계시키기 위한 발표 자료의 제목이었다. 케빈 애쉬튼은 사람의 도움 없이 사물들이 자신의 데이터를 수집하고 필요한 사물들의 데이터를 알 수 있는 컴퓨터가 있다면 사물들을 추적하고 수량 등의 정보를 파악할 수 있어 낭비와 손실, 비용을 줄일 수 있으며, 교체와 수리, 원상복구 등의 시점을 알 수 있다는 개념으로

사물 사용자 권리장전

원하는 시간에, 원하는 장소에서, 원하는 형태로 정보를 이용할 수 있다.

Have information available when you want it, where you want it, and in the form that you want it.

원하지 않는 정보의 송수신으로부터 보호된다.

Be protected from sending or receiving information that you don't want.

기술의 요구에 따르지 않고 기술을 사용한다.

Use technology without attending to its needs.

사물의 권리장전

정체성을 갖는다. Have an identity.

다른 대상을 이용한다. Access other objects.

환경 특성을 인식한다. Detect the nature of their environment.

사물인터넷 초기 개념을 설명했다.[22]

초기 사물인터넷 용어와 개념은 이와 같이 닐 거센펠드의 Things to Think와 UPC 바코드를 대체하기 위해 RFID 센서류의 국제표준을 처음으로 만들고 데이비드 브록David Brock과 산자이 사르마Sanjay Sarma와 함께 MIT AUTO-ID Center를 설립한 케빈 애쉬튼 등 MIT 멤버들을 중심으로 퍼져나가기 시작했다.[23] 당시에는 RFID가 사물인터넷 실현을 위한 필수 장치로 인식되었으며, 근거리무선통신NFC, Near Field Communication, 바코드, QR코드, 디지털 워터마킹 등과 함께 현재

● 닐 거센펠드 　　　　　　　　　　　● 캐빈 애쉬튼

는 비콘Beacon등이 주요 통신 수단으로 사용되고 있다.[24]

　본격적인 사물인터넷 시대의 시작은 세계 인구당 1개 이상의 디바이스가 연결된 2008~2009년 즈음으로, 시스코는 설명한다.[25] 포레스터 리서치Forrester Research사의 추정 결과를 인용해 2003년에는 세계인구 63억 명과 약 5억 개의 사물들이 인터넷을 통해 연결되어 1인당 연결이 0.08개에 불과했으나, 2010년에는 125억 개의 사물들이 인터넷을 통해 68억 명의 세계 인구와 연결되어 1인당 연결된 사물의 개수가

● 세계인구와 인터넷에 연결된 사물의 개수 변화 추이[26]

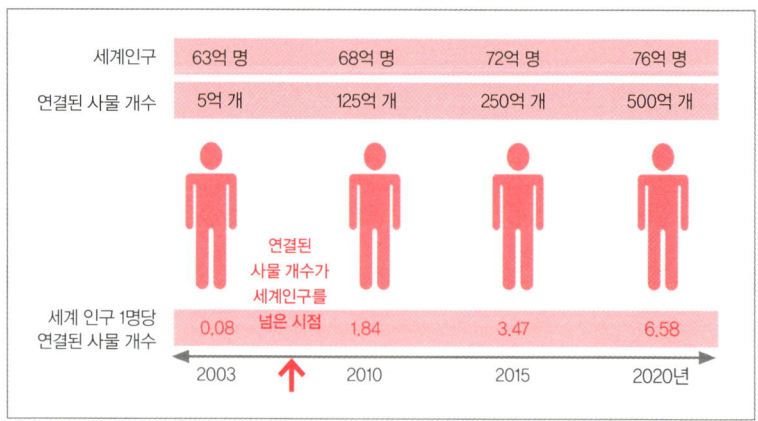

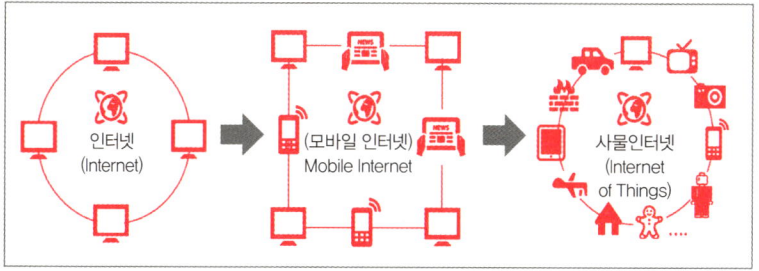

드디어 1대를 넘어선 것이다.

최근 들어서는 사물인터넷의 범위가 다양한 무선통신에서 인터넷, 임베디드 시스템Embedded System, 초소형전자기계시스템Micro-ElectroMechanical Systems 등 다수의 기술들을 포괄하는 등 그 개념과 범위는 지속적으로 확대되고 있다.[28] 이러한 사물인터넷 범위의 확장은 전통적인 임베디드 시스템, 무선 센서 네트워크, 컨트롤 시스템과 홈 자동화, 빌딩자동화를 포함한 다양한 자동화 등이 사물인터넷의 핵심 시스템으로 사물인터넷의 실현을 가능하게 함을 의미한다.

사물인터넷은 인간이 아니라 가전제품, 자동차, 건물, 도로와 같은 사물이 인터넷을 통해 주고받는 정보를 생산하거나 활용하는 주체가 된다. 인간의 참여나 간섭을 최소화시키고 정보의 생산, 교환, 활용의 모든 과정을 자동화한다는 의미이다. 최근에는 기존 와이파이Wi-Fi의 기술적 한계를 극복하고 본격적 사물인터넷 활용의 확장을 위해 비콘과 NFC 등 근거리 무선통신 기술이 많은 관심을 받고 있다. 그 이유는 사물인터넷이 컴퓨터, 냉장고, TV와 같은 가전제품은 물론, 이미 인터넷에 연결되어 있는 휴대폰을 포함한 소형 모바일과 웨어러블 디바이스, 그리고 지금까지 상상하지 못했던 "눈으로 보기 힘든 작은 사물"까지도 포함하기 때문이다.[29] 크기가 작은 사물을 인터넷에 연결할 때 해결해야 하는 문제점 중 하나는 바로 전력 소모다. 크기가 작다는 것은 에너지를 저장할 공간도 그만큼 작다는 것을 의미하기 때문에 사물들이 소모하는 전력을 최소화해야 한다. 그렇지 않으면 현재 일반적으로 사용하는 스마트폰뿐만 아니라 다양한 사물들을 매일 밤 충전하거나, 이동 중 차나 커피숍에 들려 계속 모두 함께 충전해야 하는 사태가 벌어질 수도 있다. 그러나 아쉽게도 현재 사물과 인터넷을 연결하는 와이파이는 빠른 속도를 자랑하지만 전력소비가 커서 모든 디바이스들에 적용하는 데는 한계가 있다. 이를 해결하기 위해 최근 부상하고 있는 기술이 저전력 블루투스 기술을 이용한 비콘과 RFID 기술을 이용한 NFC이다.

비콘과 NFC는 고정되어 있는 엑세스 포인트Access Point에 이동형 사물 혹은 디바이스가 일정거리 안으로 들어오면 통신이 가능하다는 점은 동일하지만 그 용도는 크게 다르다. 비콘은 2013년 애플이 iOS7을 발표하면서 아이비콘iBeacons이라는 이름으로 선을 보여 크게 주목을 받았다. 저전력 블루투스 기술Bluetooth Low Energy 혹은 Bluetooth 4.0을 사용하는데, 이 기술은 동전 크기의 전지로 1년 이상 사물 혹은 디바이스를 작동시킬 수 있을 만큼 소비전력이 적고 최대 50m까지 통신할 수 있는 장점이 있다.[30] 이러한 점은 기기와 엑세스 포인트 간의 정보를 주고받는 1:1 통신뿐 아니라, 여러 엑세스 포인트를 이용할 경우 위성을 이용한 GPS와 같이 실내 위치 추적Indoor Positioning System에도 사용할 수 있다. 물론 실내 위치 추적에 와이파이를 적용하는 것도 가능하지만 블루투스에 비해 정확도가 떨어진다. 이러한 비콘을 이용한 실내 위치 추적 기능은 사람의 위치를 파악한 냉난방기 작동, 조명 조정, 스마트 영상과 음향기기에 적용하는 등 스마트홈 구현을 위한 핵심기술로 매력이 높다.

실제로 애플은 아이비콘을 이용한 스마트홈 시스템인 아이홈iHome 개발을 위해 다양한 디바이스업체들과 아이폰용 스마트홈 앱 개발을 논의해왔다고 보도되기도 했다. 2012년에 창업한 에스티모트Estimote 는 쇼핑몰에 비콘을 적용한 위치 기반 스마트 서비스 시스템을 개발하고 있다.[31] 쇼핑몰에서 사용자는 지나가고 있는 근처 매장의 상품 정보뿐만 아니라 할인상품과 할인쿠폰, 이벤트 내역 등을 스마트폰으로 받아볼 수 있으며, 매장 주인은 주변 고객의 과거 구매 내역 등을 확인하여 보다 특화된 서비스를 제공할 수 있다.

반면 NFC는 주로 20cm 이내의 단거리 통신에 사용된다. 비콘에 비해 통신거리가 너무 짧기 때문에 위치 기반 서비스에 사용하기는 불가능하지만, 비콘의 취약점인 보안 측면에서는 커다란 장점을 가지고 있다. 이러한 장점 때문에 지불 수단 등과 같이 개인 식별이 필요한 서비스에 적용이 가능하다. 2014년 9월 애플이 발표한 애플페이Apple Pay도 NFC를 이용한 서비스이다. 사실 애플은 2013년 아이비콘을 내놓을 때도 결제 기능을 포함시켜 일부 애플 스토어에서 아이비콘 앱을 통해 물건을 구매할 수 있었다. 이때 제기된 보안 문제에 대해서는 아이폰 최신 기종의 경우 지문인식을 통해 최종 결제가 이루어지기 때문에

구분	비콘	NFC
사용기술	저전력 블루투스(BLE)	RFID
적용사례	아이비콘	애플 페이
통신거리	5cm~50m	20cm 이하
보안성	다소 취약	다소 안전
특성	능동 위치 기반 서비스 가능	수동 결제 서비스 가능

보안상 문제는 거의 없다고 언급했지만 다시 NFC를 적용한 것을 보면 아이비콘 보안이 완벽하지는 않았던 것으로 보인다.

두 기술의 장단점이 극명히 갈리기 때문에, 향후 사물인터넷 시장에서는 두 기술이 경쟁하기보다는 보완적으로 사용될 것으로 예상된다. 실제로 월트디즈니는 디즈니랜드 고객 서비스 향상을 위해 마이매직플러스MyMagic+라는 서비스를 도입하였는데, 여기에 사용되는 것이 저전력 블루투스와 RFID가 함께 내장된 매직밴드다. 매직밴드는 디즈니랜드에서 입장권, 호텔 열쇠, 지불 수단, 위치 추적 장치로 사용되어, 개인의 식별은 물론 위치 추적과 소비 행태와 취향 정보를 수집하고, 이에 기반한 맞춤형 서비스를 가능하게 하고 있다.[32]

사물인터넷의 발전과 경제적 가치

사물인터넷 기술로드맵을 살펴보자. 물론 기술로드맵에서 제시하는 기술의 실현 시기나 기술의 연계 발전의 정확성을 장담할 수는 없다. 아마도 현존하는 수많은 기술별 로드맵에서 제시된 수많은 기술들이 실제로 소리 소문 없이 사라지기도 하고 예상하지 못한 기술이 새롭게 등장하기도 하는 등 기술과 그 실현 시기는 정확하지 않을 수도 있다. 특히 최근 들어 기술 발전과 변화의 속도가 점차 빨라지고 사물인터넷과 같이 전 세계 수많은 기업들이 관심을 가지고 개발하고 있는 분야에서는 더욱더 정확하지 않을 가능성이 있다. 기술로드맵에 집착할 필요는 없지만, 한 번쯤 기존 기술로드맵을 살펴보는 일은 대략적인 핵심기술과 실현 시기 파악에 있어 도움은 될 수 있다.

2008년 미국 국가정보위원회National Intelligence Council에서 발간한 '파괴적 민간 기술: 2025년까지 국가 경쟁력에 영향을 미칠 6대 기술 Disruptive Civil Technologies: Six Technologies with Potential Impact on US Interests out to 2025' 보고서는 사물인터넷을 6대 파괴적 혁신 기술의 하나로 선정하고 SRI 컨설팅 비즈니스 인텔리전스SRI Consulting Business Intelligence 사와 함께 예측한 기술로드맵을 제시했다. 로드맵 작성 당시 이미 물류 수송 분야에서는 RFID의 사용이 시작되었으며, 2010년에 각 상품별로 RFID를 사용할 수 있을 것으로 기술했다. 2015년에는 휴대폰마다 RFID 리더가 내장되어 일상생활에서 사용하는 물건들과 통신이 가능하고 2017년에는 유비쿼터스 센서 네트워크를 사용한 실내 위치 추적이 가능할 것으로 내다보았다. 이러한 위치 추적 서비스는 인터넷 연결을 통해 원거리에서 조작 및 감시가 가능한 도난 방지시스템 활용을 가능하게 할 것으로 보고 있다. 게다가 2020년 이후에는 인터넷에 연

● 사물인터넷 기술발전 로드맵[33]

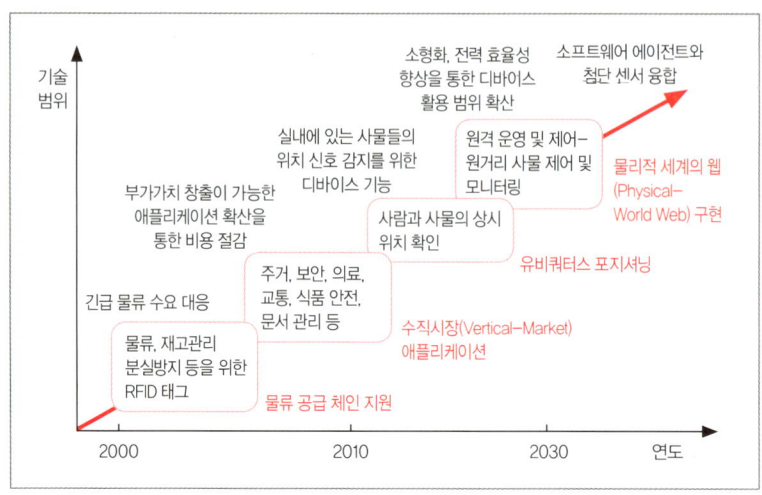

결된 사물로부터 데이터를 수집해 사람과 같은 사고가 가능한 지능형 소프트웨어가 출현하고, 2025년 이후에는 이러한 소프트웨어가 사람의 결정을 대신할 수 있을 것으로 로드맵을 마무리했다.[34]

2012년 실리콘랩Silicon Labs에서 발표한 로드맵에는 사물인터넷은 이미 스마트 계량기에서 시작되었다고 보고 있다. 스마트 계량기는 단순히 전력 소모를 측정하는 기능을 넘어 개별 가정의 전력사용을 모니터링하는 등 전력부하가 많이 걸리는 시간대에는 고부하 가전제품의 사용을 사전에 제한하는 서비스를 가능하게 한다. 소비자 입장에서는 전기료를 아낄 수 있고, 전력회사는 예상되는 예비전력 셧다운을 고려한 전력수요 예측을 위한 추가 투자를 줄 일 수 있다. 스마트 계량기는 실리콘랩에서 예상하는 스마트홈(실리콘랩 로드맵에서는 Connected Home으로 표현)의 일부에 지나지 않는다. 스마트홈은 컴퓨터 파일이나

● 사물인터넷과 연결 가능한 산업 분야[35]

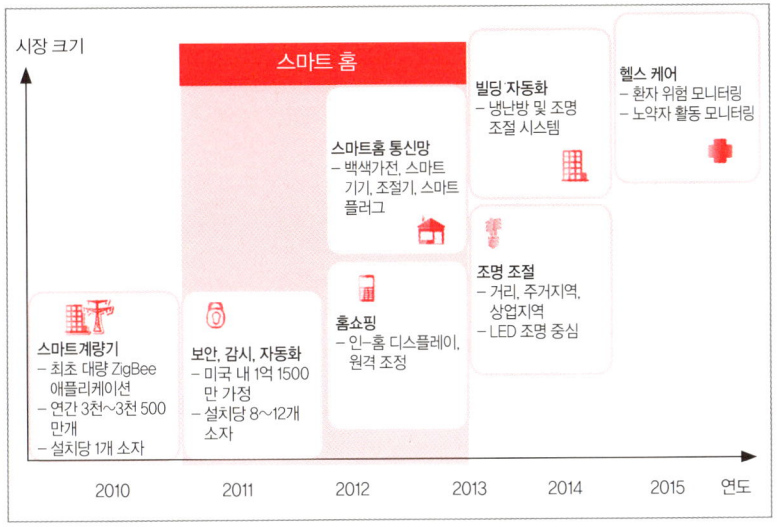

영화와 같은 멀티미디어 파일의 공유와 온도, 운동감지, 습도, 빛, 유리창 깨짐 감지, 지능화된 조명, 스마트 가전제품 등 폭넓은 영역에서의 보안과 감시, 거주자 중심의 자동화 시스템을 2013년까지 가능할 것으로 예상했다. 2013년 이후에는 이와 같은 시스템이 사무실과 공공 분야에 적용되어, 건물은 물론 거리의 조명도 지능적으로 조절할 수 있을 것으로 예상했으며, 냉난방 및 공조시스템 자동화를 통해 스마트 빌딩 또한 실현 가능할 것으로 내다봤다. 2015년 즈음에는 환자의 위험상태를 감시 하거나 노약자의 활동을 모니터링 하여 환자치료와 노인복지에 활용 가능한 헬스케어 시스템 또한 개발될 것으로 예측했다.

두 로드맵은 예측기간이 30년과 5년으로 차이가 크고, 대상 기술의 범위 또한 차이가 있어 직접 비교는 어렵지만, 국가정보위원회에 비해 실리콘랩 로드맵이 기술의 실현 시기를 앞당겨 예측하고 있다. 또한 현재 기술개발 현황과도 차이를 보이고 있는데, 예를 들면 국가정보위원회에서 중요한 통신수단으로 예측한 RFID는 현재 비콘과 NFC가 대신해 발전하고 있다.

이러한 기술로드맵과 달리 가장 많은 관심을 받고 있는 것은 가트너Gartner가 매년 정보통신 관련 기술 성장 모습을 예측하기 위해 발표하는 하이프 사이클Hype Cycle이다. 하이프 사이클은 기술이나 트렌드가 성숙되어 시장에서 성과를 거두기까지 얼마나 오래 걸릴지를 평가하고 그 기술을 기업 등에서 수용할지를 결정하는 데 도움을 주기 위해 개발한 것으로, 그 가운데 '신생 기술 하이프 사이클The Hype Cycle for Emerging Technologies'은 가트너의 하이프 사이클 보고서 중 가장 역사가

● 가트너 하이프 사이클의 기술 성장주기 설명

기술 성장 단계	설명
혁신 유발 단계	상용화된 제품도 없고 상업적 가치도 증명되지 않았지만 잠재적 기술의 초기 개념이 미디어와 대중의 관심을 받는 단계
기술 거품 단계	개념 단계 기술의 일부 성공 사례와 다수의 실패 사례가 발생하며, 일부 기업들은 실제 사업에 착수하지만 대부분의 기업들은 관망하는 단계
일시적 침체기	상용화를 시도한 업체들이 해당 기술의 사용화를 위한 실험과 구현에서 결과물을 양산하는 데 실패 혹은 포기함에 따라 관심도가 낮아지며, 살아 남은 업체들은 소비자를 만족시킬 만한 제품 개발에 성공한 기업들만 지속적으로 투자하는 단계
기술 개화기	해당 기술을 이용한 수익모델이 성공하는 사례가 늘어나고, 2~3세대 제품들이 출시되어 더 많은 기업들이 사업 투자를 시작하는 단계(보수적 기업은 여전히 유보적 입장)
생산성 안정기	해당 기술이 시장을 주도하기 시작하는 등 사업자의 생존 가능성을 평가하기 위한 기준이 명확해지고 시장에서 성공을 거두기 시작하는 단계

오래되었다. 하이프 사이클은 기술 성장주기를 혁신 유발 단계, 기술 거품 단계, 일시적 침체기, 기술 개화기, 생산성 안정기의 5단계로 나눈다.[36]

사물인터넷이 신생기술 하이프 사이클에 등장한 것은 2011년이 처음이다. 당시 사물인터넷은 혁신 유발 단계와 기술 거품 단계의 경계상에 위치하며 최종 단계에 이르기까지 5~10년이 소요될 것으로 예측되는 등 처음 하이프 사이클에 등장한 기술임을 고려하면 상당히 기대감이 높았던 것을 알 수 있다. 2012년도를 거쳐 2013년도에는 개념 기술 단계를 넘어 기술 거품 단계로 진입했지만, 곡선의 정점에는 이르지 못했고 최종 단계에 이르는 예상 시간이 오히려 10년 이상이 될 것으로 예측되었다. 즉 기술에 대한 기대는 점점 커지고 있으나, 기술의 발전 속도나 시장의 수용이 2년 전 예상에 미치지 못하였던 것이다. 그러나 2014년에는 상황이 달라졌다. 하이프 사이클의 정점에 올라 최근 높아진 사물인터넷에 대한 관심도를 반영하고 있으며, 최종 기술 단계에 도달하기 위한 예상 시간도 다시 5~10년으로 줄어들어 사물인터넷 산업의 본격화에 따른 기술개발의 가시적 성과들을 반영하고 있음을 알 수 있다.[37]

물론 가트너의 하이프 사이클이 기술 개발과 상용화를 예측하는 절대적 지표는 아니다. 주관적인 용어로 기술되어 기술의 객관적인 위치를 알기 어렵고, 과학적이지 못하며, 기술 자체의 특성을 반영하지 못한다는 비판도 있다. 그러나 주기적으로 발표되는 하이퍼 사이클 상에서 사물인터넷 기술의 위치 변화를 지속적으로 모니터링 하면 점차 가

● 신생기술 하이프 사이클 상의 사물인터넷 기술 위치 변화

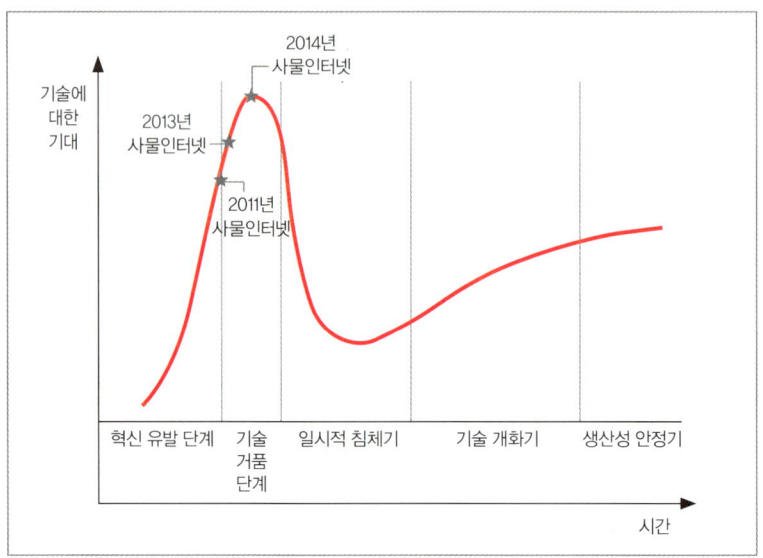

속화되는 사물인터넷 기술개발과 이에 따른 조기 시장 성숙이라는 장 밋빛 전망과 더불어 머지않아 다가올 일시적 침체기를 얼마나 빠르게 건너 시장에서 성공을 거둘수 있을지에 대한 변화 트렌드를 파악할 수 있다.

사물들의 인터넷 연결을 가속시키게 될 요인은 크게 관련 기술의 발전과 사물의 연결이 가져올 비즈니스 환경의 변화에 있다. 먼저 기술적 측면에서는 보다 저렴한 가격으로 더 많은 데이터를 저장하고 빠르게 처리하는 컴퓨팅 및 네트워킹 기술의 발전이다. 이러한 기술은 연결된 사물들이 생성하는 빅데이터Big Data를 활용해 경제적 가치를 만드는 것이 가능하고, 이러한 빅데이터의 활용은 다시 사물인터넷의 연결을 촉진하기 때문이다. 현재 사용하고 있는 인터넷 주소체계

인 IPv4가 할당할 수 있는 주소는 약 40억 개(정확히는 4,294,967,296개)로 2012년 1월 30일 기준 약 6.9%인 296,148,832개만이 미할당 상태로 남아 있다. IPv4는 앞으로 인터넷과 연결될 것으로 예측되는 사물의 수와 비교하면 턱없이 부족한 숫자지만, 현재 사용이 시작된 IPv6 주소체계는 340,282,366,920,938,463,463,374,607,431,768,211,456개 주소 사용이 가능해 거의 무한대의 사물들을 연결할 수 있다. 이와 같은 사물인터넷 시대 진입에 제약을 주던 기술 요소들이 해결되어 사물들의 인터넷 연결이 가속될 전망이다.[38]

또 다른 기술적 촉진 요인은 초소형 전자기계 시스템MEMS, Micro-Electro-Mechanical Systems을 활용해 초소형 디바이스의 제작이 가능해졌다는 것이다. 초소형 전자기계 시스템은 저렴한 제조단가로 초소형 구조물 제작이 가능한 반도체 제조공정을 사용해 기존 전자 소자만을 만들던 것을 넘어서, 기계(가속도 센서 등), 광학(CCD 카메라, 이미지 센서 등), 화학(박막형 배터리 등) 소자들을 하나의 칩에 집적하여 제작하는 기술이다. 이 기술로 눈으로 보기도 힘들 정도의 작은 사물들도 인터넷에 연결해 환경 변화 감지, 군사용 미션 수행 등 다양한 용도로의 활용이 가능할 것으로 예상된다.

시스코는 향후 10년간 민간 부문에서 사물인터넷이 가져올 경제적 가치를 14조 4,000억 달러로 추정하고, 제너럴 일렉트릭은 사물인터넷에서의 생산성의 발전은 2025년까지 세계경제의 약 50%에 영향을 미칠 수 있다고 추정하고 있다.[39] 이러한 규모는 사물인터넷을 통해 발생하는 매출 증가와 비용 감소를 포함하는 것으로 기업 활동을 통해 새

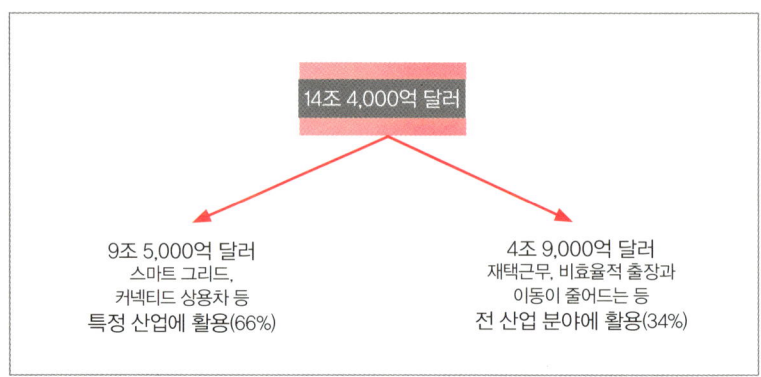

롭게 창출될 수도 있고 혹은 사물인터넷 도입으로 경쟁사의 시장점유율을 차지하는 등 기업 간 이동하는 가치일 수도 있다. 그 가운데 66%인 9조 5,000억 달러는 스마트 그리드, 인터넷이 연결된 커넥티드 상용차와 같이 특정 산업에 사물인터넷이 적용됨에 따라 창출될 것으로 전망하고 있다. 나머지 34%인 4조 9,000억 달러의 가치 창출은 전 산업분야에 걸쳐 사물인터넷 적용으로 줄어들게 될 비효율적인 출장과 이동 등에 따른 업무 형태의 변화에서 오는 절감비용 등이 해당된다.

주요한 사물인터넷 활용을 통한 경제적 가치 창출의 요인으로는, 기업 자산 활용의 효율성 향상(2조 5,000억 달러), 고용인력의 생산성 증가(2조 5,000억 달러), 공급망 및 물류 관리효율 향상(2조 7,000억 달러), 고객서비스 향상을 통한 시장점유율 확보(3조 7,000억 달러), 마지막으로 기술 혁신을 통한 시장진입 시기 단축 및 신시장 창출(3조 달러)이다. 주목해야 하는 점은 다섯 가지 요인이 각각 거의 비슷한 수준의 가치를 창출한다는 점이다. 산업 분야별로 보면 제조업, 소매업, 금융 및 보험,

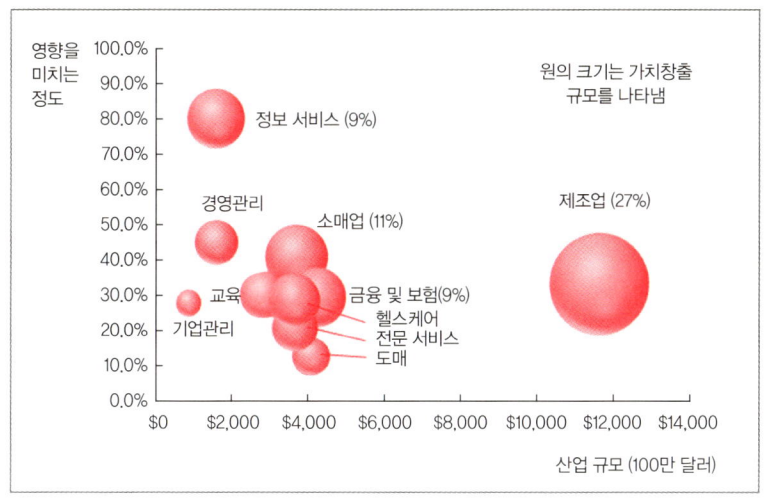

● 향후 10년간 사물인터넷의 경제적 가치

정보서비스업 등 네 부문이 전체 가치 창출의 절반 이상을 차지할 것으로 예상된다. 정보서비스와 경영관리, 소매업은 다른 산업에 미치는 영향이 커서 효과성 측면에서 주목할 만하다.

2014년 8월 MIT Technology Review에서는 사물인터넷에 기반한 네트워크 경제를 의심할 수 없는 차세대 경제 혁명No Question about It! The Networked Economy is the Next Economic Revolution으로 정의하고, 머지않은 미래에 네트워크 경제는 비즈니스와 인류에게 전례 없는 엄청난 기회들을 제공할 것으로 단정 지었다. 그리고 SAP을 인용해 앞으로 10~15년 후에는 전 세계 생산 규모를 2배로 증가시킬 잠재력을 가지고 있으며, 최소 90조 달러의 경제적 가치를 가지고 있다고 제시했다.[40]

제러미 리프킨의 한계

일반화의 오류

제러미 리프킨의 주장은 간단하다. 기술이 혁명적으로 발전하면서 오히려 자본주의 체제가 위협을 받는 모순이 발생하고 있으며, 시장경쟁 체제 틀에서 기술의 발전으로 생산비용은 떨어져 많은 재화와 서비스의 구매가격은 거의 공짜 수준으로 하락했지만 이 때문에 오히려 시장경쟁 체제가 위협을 받는 상황에 직면했다는 것이다. 사물인터넷의 발전으로 세계경제가 급속히 공유경제 시스템으로 진입하면서 반자본주의Anti-Capitalism 시대가 도래하기 시작했다는 것이 그의 주장의 핵심이다. 모든 사람과 사물이 연결될 2050년 즈음에는 사람들의 일하는 방식이 재정의되며, 직업의 유형과 노동시장이 가장 커다란 영향을 받는 등 공유경제가 세계 경제시스템의 주요한 결정자로 자리 잡는다는 것이다.[41]

고정비용을 무시한 한계비용

제러미 리프킨이 범하고 있는 오류로 가장 많이 지적되고 있는 것은 사물인터넷, 3D 프린터, 재화와 서비스의 공유가 도입된다고 해도 실제로 한계비용은 '제로'가 될 수 없으며, '거의 제로'에 가깝다고 해도 여전히 무시될 수 없는 한계비용이 존재한다는 것이다. 이를 소프트웨어 오픈소스운동으로 잘 알려진 에릭 레이먼드Eric Steven Raymond는 "원자도 무겁다Atoms are Heavy, 아무리 작은 값이라도 완벽하게 0이 아니라면 무시될 수 없다는 의미"라고 표현했다.[42] 먼저 3D 프린터를 생각해보자. 리프킨은 현재에도 추가생산비용이 거의 들지 않는 정보재화 외에 하드웨어적인 제품 생산은 3D 프린터를 통해 한계비용 없이 생산될 것으로 전망하고 있다. 하지만 3D 프린팅을 위해서는 ABS와 같은 재료 물질을 생산해야 하며, 프린터가 있는 곳으로 옮겨와야 하고, 누군가는 만들고자 하는 제품을 모델링하여 프린터를 작동시켜야 한다. 그리고 생산된 제품이 실제 사용 장소로 옮겨질 필요도 있다. 분명 3D 프린터는 기존의 생산체계에 비해 효율을 향상시킬 여지가 있지만, 한계비용을 제로로 수렴시킬 수는 없다.

리프킨은 또 태양광 발전의 예를 통해 공동체가 에너지를 비용투입 없이 생산하고 나눠 쓰는 상황을 한계비용이 없는 것으로 설명한다. 하지만 이는 태양광 발전 시스템을 마치 무한동력기관으로 생각하는 것과 같은 발상이다. 태양광 발전 시스템 설치 직후에야 효율도 좋고 별다른 문제가 생기지 않겠지만, 시간이 가면 갈수록 부품의 내구성 문제나 자연으로부터 오는 물리적 손상 등으로 인해 효율이 떨어지고 일정 시간 뒤에는 작동을 하지 못하게 될 것이다. 어떠한 물리적 손상이나 기타 부품의 고장을 배제하더라도, 태양전지패널은 사용 기간 10년 후 초기 성능의 최대 10%, 25년 후에는 20% 정도의 성능 저하가 올 수 있음을 제조사가 인정하고 있다.[43] 이는 태양전지 패널의 열화에 따른 것으로 피할 수 있는 방법이 없다. 또한 적절한 유지관리가 되지 않는다면, 먼지나 꽃가루 등으로 인한 표면 오염으로 30%까지 효율이 떨어질 수 있다고 알려져 있다.[44] 이럴 경우, 다시 태양광 발전 시스템을 설치하거나, 유지보수를 할 수밖에 없고, 이러한 비용을 고정비용으로 치부해 한계비용이 없다고 할 수 있을까?

제러미 리프킨은 사물인터넷 등을 통해 한계비용이 제로가 되고, 이로 인해 자본주의가 끝날 것으로 예견하고 있지만, 정작 중요한 점은 한계비용을 제로로 만들어줄 인프라스트럭처를 자본 없이는 만들어낼 수 없다는 점이다. 이는 인터넷과 컴퓨터가 보편화되면 종이가 필요 없는 사무실Paperless Office이 실현된다던 수십 년 전의 예측과 비슷해 보인다.

제러미 리프킨의 주장에서 간과되고 있는 부분 중 또 하나는 공장 자동화 등을 통한 생산성의 혁신에도 불구하고 여전히 무시할 수 없는 인건비 문제다. 인건비는 생산이론에서 한계비용을 발생시키는 대표적인 가변비용 중 하나고, 아직까지 재화의 총생산비용에서 차지하는 부분이 상당하다. 한국은행 통계에 따르면 1998년 이후 우리나라 제조업의 영업총비용 중 인건비가 차지하는 비중은 평균적으로 10%

를 넘어서고 있다.[45] 시계열적으로 보면 2011년까지 조금씩 줄어드는 것처럼 보였으나, 2012년에 다시 반등하고 있어 지난 10년 넘게 진행되어온 생산성의 혁신에도 불구하고 인건비는 여전히 영업총비용에서 상당한 부분을 차지하고 있는 것을 알 수 있다. 이러한 인건비 비중은 사물인터넷, 3D 프린터를 통해 상당 부분 줄어들 수 있을 것이다. 하지만 모든 것을 자급자족하고, 사회 인프라를 하나도 쓰지 않고, 자신의 인건비를 계산하지 않는 이상 완벽하게 제로가 될 수는 없다. 만약 생산비용에 인건비가 포함된 재화의 한계비용이 제로라고 한다면, 노동시간이 증가해도 임금의 변화가 없는 이해할 수 없는 상황이 발생한다. 즉 인간의 노동력이 조금이라도 투입된 재화나 서비스에 대해서는 한계비용이 제로가 될 수 없으며, 자기 스스로 물건이나 서비스를 생산하는 경우라도 사회의 인프라스트럭처를 사용하게 되면 나도 모르는 사이에 인건비가 반영되고, 따라서 이 경우도 한계비용이 제로가 될 수 없는 것이다. 사실 이러한 한계비용 제로와 자본주의 종식을 말하는 제러미 리프킨의 주장은 조금은 극단적이다.

마르크스나 슘페터가 말한 의미의 자본주의가 사라진 지는 오래다. 아돌프 벌리Adolf Berle와 가드너 민즈Gardner Means가 1930년대에 자본주의 기업에서 이미 소유와 경영의 분리 현상이 시작되었음을 지적했고, 1970년대 피터 드러커Peter Drucker는 개인 자본가가 아닌 기관 투자자가 중심이 되는 연기금 자본주의Personal Fund Socialism가 실현되었다고 말한 바 있다. 소유권과 지배구조가 아니라 경영자가 가장 중요한 역할을 하는 시대가 되었다는 의미다. 피터 드러커는 경영자의 주요 과제로 거래를 제대로 분석하고 그에 수반하는 비용을 최대한 줄이는 작업을 들었다. 비용을 투입한 곳에서 성과가 나오는 것이 아니라, 성과가 나올 곳에 적합한 비용을 투입해야 한다는 접근이다. 이 과정에서 원자재 매입, 시설 투자, 인력 고용, 고객 파악, 매출과 매입 비용의 환수 관리 등의 활동이 거래비용을 발생시킨다. 만일 거래비용이 없다면 기업이 존재할 필요는 없다. 역사적으로 기업이 거래비용을 감소시키려 했던 노력을 보면 한결같이 고정비용을 유동비용으로 바꾸려는 시도였다. 현재 매출의 발생 여부와 관계없이 인건비, 재고비, 투자와 감가상각비, 기타 고정수수료 등은 반드시 발생할 수밖에 없다.[46]

디지털시장의 변화
– 플랫폼 기업의 독점과 프리미엄 시장 확대

전 세계 디지털시장은 급격히 확장하고 있다. 디지털배급, 온라인게임, 모바일게임, 디지털음원, 전자책, 디지털잡지 광고, 디지털잡지 구독, 디지털신문 광고, 디지털신문 구독, 디지털만화, 디지털 디렉토리 광고, 디지털 전문서적, 디지털산업 잡지 구독, 인터넷 광고 등이 포함되는 디지털콘텐츠는 2012년 전년 대비 19% 성장한 2,194억 1,700만 달러를 기록했다. 향후에도 스마트 디바이스 사용자 확대 등에 따라 2017년 시장 규모는 연평균 13.6% 수준의 고성장세를 유지하며 4,150억 1,200만 달러 규모로 성장할 것으로 예상된다. 오프라인 등 전체 콘텐츠 시장에서 차지하는 비중도 2012년 9.9%에서 2017년 14.5%로 가파르게 확대될 전망이다.

세계 전자책 시장도 연평균 21%의 고성장을 유지하며 2012년 86억 5,500만 달러에서 2017년 227억 900만 달러로 2.6배 성장하며, 전체 도서시장에서 차지하는 비중도 2012년 8.5%에서 2017년 21.8%로 가파르게 높아질 전망이다. 또한 신문도 인쇄물 시장의 축소에 따른 경영악화를 타개하기 위해 디지털로의 전환을 서두르면서 디지털신문 시장은 2012년 87억 2,900만 달러에서 2017년 176억 5,500만 달러로 2배가량 성장하는 등 디지털신문이 신문시장에서 차지하는 비중도 2012년 5%에서 2017년 11% 등 고성장할 것으로 예상된다.[47]

디지털 콘텐츠 가운데 제러미 리프킨과 그 외 공유경제를 말하는 전문가들이 자주 언급하는 음원시장에서 디지털음원 공유 서비스를 최초로 실시했던 냅스터를 중심으로 살펴보자. P2P_{Peer to Peer} 온라인

● 세계 디지털시장에서 디지털 콘텐츠시장 비중 전망(2008~2017년)

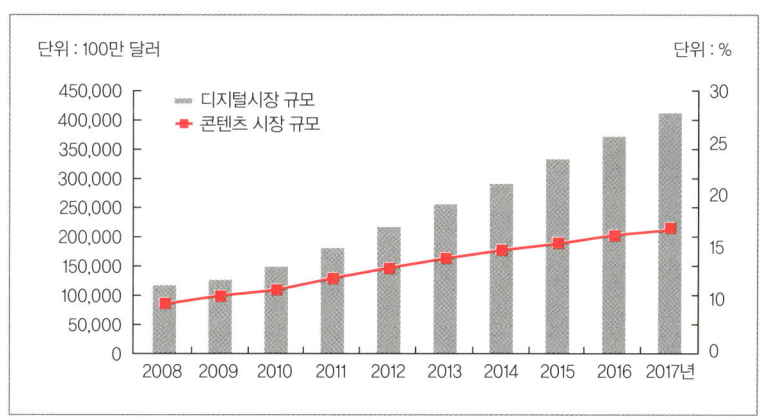

음악 교환 서비스인 냅스터를 기점으로 개인 간 파일공유가 시작되고, 이러한 현상이 신문, 출판, 제조업, 대학교육 등으로 확대되는 등 무료로 활용하며 공유경제가 시작되었다는 것이다. 인터넷이 연결된 컴퓨터로 냅스터 프로그램을 통해 원하는 음원을 검색하면 해당 음원을 가지고 있는 불특정 다수의 사람들을 연결해 음원을 공짜로 다운받을 수 있는 온라인 음악 교환 서비스는 혁신 그 자체였다. 과연 냅스터로 시작된 음악 공유로 소비자들이 음악을 거의 무료로 활용하게 되었을까?

대학생이었던 숀 패닝Shawn Fanning이 창업해 1999년 6월부터 2001년 7월까지 미국 대학생들을 중심으로 선풍적 인기를 끌었던 냅스터는 구매 혹은 녹음과 CD 복사 등 하드웨어를 거쳐 유통되던 음악의 전파문화를 바꾸면서 워크맨과 카세트테이프, CD플레이어와 CD 시장을 파괴했다. 전성기 때는 사용자 3,800만 명을 돌파했고, 한번 냅스터를 다운받아 설치한 사람의 80%가 반복해서 사용하는 등 고객 충성도도 대단했다. 그 당시는 제러미 리프킨의 주장처럼 인터넷을 통한 공유경제의 신호탄이라고도 볼 수 있다.

그러나 유니버설뮤직그룹, EMI, BMG, 소니 등 초대형 음반사들을 대변해 미국음반산업협회(RIAA)는 음반 판매가 현저히 줄어 3억 달러 이상의 손해를 보았다며 1999년 12월 냅스터 서비스를 중지해 달라는 소송을 제기했다. 이뿐만 아니라 2000년 4월 당시 최고의 인기를 누리고 있던 헤비메탈 그룹인 메탈리카Metalica의 드러머 라스 울리히Lars Ulrich도 미국 음악계를 대표해 음악을 불법적으로 약탈하고 있다며 냅스터를 고발하는 등 본격적인 법정공방이 시작되었다.[48] 결국 샌프란시스코 연방지법은 2000년 7월 27일 냅스터에게 주요 음반업체와 일부 음악 출판사가 저작권을 가진 음악파일을 교환하는 이용자들의 행위 중단을 명령했다. 냅스터는 네티즌들의 음악공유를 가능케 한 통로였을 뿐 이용중지 명령을 받은 저작권보호 대상 파일과 아무 이용자나 내려받을 수 있는 비非저작권보호 파일을 구분하는 일은 현실적으로 불가능하다고 반박했지만 결국 냅스터는 바로 모든 서비스를 중단했다.[49] 냅스터는 2000년 11월 저작권 침해로 고소한 메이저 음반사 가운데 하나인 BMG와 함께 서비스를 유료화하고 BMG에 수익을 나눠주는 방식으로 서비스를 전환했으며, 2011년 리얼네트웍스에서 분사되어 나온 랩소디Rhapsody가 냅스터 브랜드를 구입해 냅스터를 자체 서비스에 편입하여 운영하고 있다.

냅스터는 인터넷을 통한 파일 교환과 공유라는 새로운 표준을 처음으로 만들었지만, 음반산업 더 나아가 음악산업에 혁명을 몰고 왔던 한 벤처기업은 그렇게 사라졌다. 우리나라에도 2000년 5월 소리바다가 유사한 비즈니스 모델로 등장해 음반업계에 유사한 논쟁이 발생했지만, 소리바다도 포인트 개념을 도입한 음원 다운로드, 이후 유료화까지 '음원 구매'의 시대로 또 한 번 변화를 맞게 됐다.

공유경제의 최초 모델을 얘기하기 위해서는 이러한 시기를 거쳐 현재 음악시장이 어떻게 변화하고 있는지를 살펴볼 필요가 있다. 일반적으로 음악시장은 크게 음반, 음원, 콘서트 시장으로 구분된다. 2012년 세계 음악시장은 디지털음원의 빠른 성장에도 불구하고, CD

등 오프라인 음반 수요가 지속적으로 감소하면서 2011년 대비 0.4%
하락한 499억 3,200만 달러 규모로 집계되었다. 2017년에는 안정적
으로 성장하고 있는 공연음악과 급성장하고 있는 디지털음원 시장의
확대로 연평균 1.5% 이상 성장해 글로벌 시장 규모가 538억 2,800만
달러에 달할 것으로 전망된다. 2008년 238억 1,700만 달러 규모였
던 오프라인 음반시장은 2014~2015년을 기점으로 절반으로 감소하
는 등 2012~2017년 연평균 7%씩 시장이 급격히 축소될 것으로 예상
된다. 반면 디지털 음원시장은 2012~2017년 오프라인 음반시장 축
소 규모를 넘는 7.5% 수준의 폭발적인 성장이 계속되면서 2016년에
는 2008년의 2배가 넘는 129억 달러 규모로 성장하고 2016년에는 드
디어 오프라인 음반 시장 규모를 디지털음원이 추월할 것으로 예상된
다.[50][51]

오프라인에서 온라인 시장으로 이동하는 원인은 무엇보다 모바일
인터넷 환경과 스마트 디바이스 보급률과 이용자 확대에 따른 스트리

● 세계 음악시장 규모 및 전망(2008~2017년)   (단위: 100만 달러)

구분	2008	2009	2010	2011	2012	2013	2014	2015	2016	2017	2012-17 연평균 성장률
오프라인 음반	23,817	20,302	17,491	15,967	14,389	13,227	12,326	11,494	10,713	9,996	-7.0%
디지털 음원	6,329	6,853	7,295	8,174	9,015	9,844	10,627	11,410	12,178	12,930	7.5%
공연음악	24,973	26,101	25,200	25,967	26,528	27,409	28,339	29,214	30,035	30,902	3.1%
합계	55,119	53,256	49,986	50,108	49,932	50,480	51,292	52,118	52,926	53,828	1.5%

밍 서비스의 확대, 멀티 플랫폼을 활용한 클라우드 기술의 발달, 그리고 음원을 소유Download하는 방식에서 접근Streaming하는 방식으로 소비자들의 이용 행태가 변하고 있는 데 주요한 원인이 있다. 특히 냅스터 등 파일공유 사이트 불법 논란 등을 거친 2000년대 이후에는 음원에 대한 저작권 보호가 강화되고, 저작권 징수규정이 마련되면서 디지털음악 유통시장이 본격적으로 형성되었다. 그러나 불법 다운로드 사이트를 막는다고 해서 불법으로 소비되는 음악의 대부분이 합법적인 음원 구매로 이어지지 않는 등 불법 음악파일 다운로드가 디지털음원 판매에 미치는 영향은 극히 미미하다는 조사결과도 있다. 연구조사를 수행한 유럽연합의 JRCJoint Research Centre는 유럽인 1만 6,000명의 인터넷 사용 행태를 분석한 결과 음원의 온라인 불법유통이 디지털음악 매출에 악영향을 주지 않을 뿐만 아니라, 다른 합법적인 음원 구매를 유도하는 긍정적인 영향도 있는 것으로 나타났다.[52]

현재 디지털음원 시장에서는 다운로드와 스트리밍 서비스 플랫폼이 주축을 이루고 있다. 현재 디지털음악 유통에서 가장 큰 비중을 차지하고 있는 것은 다운로드 서비스로 대표적인 글로벌 오디오 다운로드 플랫폼은 2008년 등장한 애플의 아이튠즈 뮤직 스토어iTunes Music Store다. 시장조사 기관 NPD Group에 따르면, 2012년 2분기 미국 디지털 음악시장에서 1위는 아이튠즈로 64%, 2위는 아마존Amazon MP3으로 16%, 그 외 구글플레이Google Play, 이뮤직eMusic, 준뮤직패스Zune Music Pass 등이 5% 이하의 점유율을 보였다.

그러나 최근 미국의 음악 스트리밍 및 가입Subscription 매출이 급증하는 등 관련 시장점유율이 점차 증가하고 있다. 이미 다운로드 중심의 주요 음악 스토어들이 자사 클라우드 서비스와 연계한 음악 스트리밍 서비스(아이튠즈, 구글플레이, 아마존 클라우드 플레이어 등)를 출시했으며, 기존 뮤직 비디오 스트리밍 사업자들은 라이브 음악 공연 스트리밍 사업(YouTube, VEVO 등)으로 혁신을 추구하는 경향을 보이고 있다.[53]

특히 곡당 다운로드 비용이 부담스러워 불법으로 무료 음원을 이용하던 사람들이 계속적인 캠페인과 불법 음원 유통 단속이 강화되면서 유료 스트리밍 서비스를 이용하여 그 수요가 확대된 것으로 분석된다. 유럽을 중심으로 빠른 성장세를 보이고 있는 스웨덴의 스포티파이 Spotify, 프랑스의 디져Deezer, 노르웨이의 윔프WiMP 등이 대표적인 가입형 스트리밍 서비스이다. 이들은 광고와 함께 제한적으로 음악 서비스를 제공하거나, 월 4.99달러(PC만 이용) 혹은 월 9.99달러(PC, 모바일에서 이용)로 서비스를 제공하고 있다.

가장 두드러진 성장세를 보이고 있는 스포티파이는 유무료 서비스 이용자가 2011년 1,000만 명에서 2012년 5월에는 2,300만 명으로 늘어났으며, 40억 달러의 자산가치를 인정받고 현재까지 2억 2,000만 달러의 투자 유치와 함께 골드만삭스에서 1억 달러의 추가 투자를 받았다. 또한 미국, 영국, 프랑스, 독일, 스페인, 스위스, 호주 등 16개국에서 서비스를 제공하는 등 시장을 빠르게 확대하고 있다.[54] 이러한 스포티파이의 빠른 성장은 음악업계에서도 크게 주목받고 있지만 스포티파이가 향후 애플과 경쟁할 수 있는 사업자로 성장할 것이라는 예측이

있는 반면, 현재 비즈니스 모델의 수익성에 대한 의구심과 기업가치의 거품에 대한 논란도 있다.[55]

오프라인 음반시장이 사양길에 접어들고 디지털시장이 급속히 성장하면서 뮤지션들의 수입은 감소했었다. 아이튠즈를 통해 음원이 유통되면 애플은 곡당 30%를 로열티로 가져가는 등 결국 플랫폼을 통한 디지털음원 유통의 증가는 음악시장의 비즈니스 구조도 변화시켰다. 뮤지션과 음반회사 사이가 음반판매 수익을 일정한 비율로 나누는 전통적인 계약 형태가 점차 사라지고 음반판매가 급감하면서, 음반회사들은 기존 비즈니스 모델을 바꾸며 '360 계약360 Deals' 이라는 다면권리계약Multiple-Rights Contract을 도입하기 시작한 것이다. '360 계약'은 음반회사가 뮤지션과 음반계약뿐만 아니라 퍼블리싱, 매니지먼트 등 기타 커리어와 관련된 일체Every Aspects of Artist's Careers를 하나의 계약으로 체결하는 형태다. 뮤지션의 연예활동 전반에 걸친 서비스를 제공하고 음반판매 수입뿐만 아니라, 전통적으로 뮤지션의 몫으로 남겨 놓은 공연수입, 상품 라이센싱 수입 등도 음반회사가 분배받을 수 있는 길이 생긴 것이다. 뮤지션들은 공연이나 퍼블리싱 수입 등을 일부 포기하는 대신 전통적인 음반계약보다 더 많은 수입을 얻고 있으며, 투어링에 보다 많은 편의를 제공받고 음반제작 비용도 충분히 지원받는다.[56]

이러한 계약 환경과 더불어 2010년을 시작으로 오프라인 음반과 디지털 음원시장을 합한 시장 규모를 넘기 시작한 공연 음악시장이 연평균 3.1% 규모로 성장하며 음악시장의 성장을 주도하고 있다. 이제 사람들은 직접 뮤지션의 노래를 들으며 상호작용할 수 있는 고가의 프리미엄 경험 서비스인 라이브 공연을 즐기고 있는데 특히 전 세계적으로 페스티벌 유행을 중심으로 그 수요가 점차 증가하고 있다. 국내 음악계도 콘서트 등 공연 매출은 2012년 1,839억 원으로 2010년 761억 원에 비해 2배 이상 급증했다. 티켓 예매 사이트 인터파크에 따르면 그 가운데 국내 페스티벌 티켓 판매액은 2011년 72억 원에서 2013년 253억 원으로 3배 이상 초고속으로 성장하고 있다. 해외 페스티벌 시장도 마찬가지다. 매년 4월에 개최되는 미국 최대 페스티벌인 코첼라 밸리 뮤직 앤드 아트 페스티벌Coachella Valley Music and Arts Festival은 15년 전 관객이 2만 5,000여 명에 불과했으나, 올해 2주 공연 가운데 첫 주말에만 40만 명이 모이는 기염을 토했다.[57] 당연히 음반회사에서는 오프라인, 온라인 음원보다는 수익이 높은 공연시장으로 뮤지션들을 활용하면서 콘서트 시장이 전 세계적으로 활성화된 것이다.[58] 뉴욕에서 영화 및 음악 관련 업무를 맡고 있는 프리랜서 홍수경 씨는 "2002년 도입된 '360 계약'을 참고할 필요가 있다. 메이저 음반사가 공연 및 머천다이징 수익을 관리하는 조건이 일반화되면서 밴드나 뮤지션들은 정말 미친 듯이 공연을 다닌다"고 했다. 20세기의 음악산업이 음반판매 중심이었다면, 21세기의 음악산업은 머천다이징 수익으로 움직이고 있는 것이다.[59]

유튜브를 통해서도 적지 않은 뮤직비디오 등 동영상이 공유되고 있다. 구글은 유튜브의 미래를 보고 2006년 16억 5,000만 달러에 인수했지만, 폭발적 방문객 숫자에 비해 유튜브의 최대 단점은 수익이 낮다는 것이다.[60] 최근 구글은 무료로 음악 등 동영상 시청이 가능한 유튜브 중심으로 온라인 음악 서비스를 개편하고 관련 시장을 적극 공략할 것으로 알려졌다. IT매체인 벤처비트, 안드로이드폴리스 등은 구글이 머지않은 시점에 프리미엄 음악 서비스인 '유튜브 뮤직키Youtube Music Key'를 선보일 예정이며 구글 플레이Google Play 명칭도 '구글플레이 뮤직키Google Play Music Key'로 바꿀 것으로 알려졌다.

구글은 그동안 동영상 공유 사이트인 유튜브를 음악 등 콘텐츠 플랫폼으로 활용하는 방안을 고민해왔지만, 유튜브 이용자는 음악만 듣고 싶어도 동영상 플랫폼을 그대로 실행해야 했기 때문에 매우 불편했다. 보도에 따르면 구글 유튜브 뮤직키는 이런 불편함을 없앤 프리미엄 음악 서비스로 월 9.99달러만 내면 약 2,000만 곡을 맘껏 들을 수 있게 할 예정이다. 유튜브 뮤직키는 또한 동영상 플랫폼이 아닌 오디오 전용 플랫폼으로 음악을 감상할 수 있도록 설계하여 이용자들의 불편을 최소화시켰다. 구글은 유튜브 뮤직키의 단순하고 편리한 기능을 내세워 음악 스트리밍 시장에서 스포티파이, 판도라 등과 대등하게 경쟁을 할 수 있을 것으로 기대하고 있다. 유튜브 뮤직키 서비스가 본격적으로 제공되면 플레이 뮤직과 유튜브로 이원화됐던 구글의 플랫폼도 일원화될 수 있을 것으로 기대되고 있다. 구글은 콘텐츠 정책을 유튜브 중심으로 집중시켜 이전보다 더욱 강력해진 영향력을 행사할 것이란 전망이다.[61]

그간 컴퓨터와 인터넷의 발전은 음악시장의 기본을 흔들었다. 전설적인 뉴웨이브 록 밴드 토킹 헤즈Talking Heads의 리더로 자체 레이블을 경영했던 뮤지션인 데이빗 번David Byrne은 최근 음악시장 변화의 원인을 크게 세 가지로 잘 설명했다. 첫 번째로 과거에는 음반 녹음을 위해 전문적인 스튜디오와 엔지니어, 프로듀서를 활용하기 위한 비용이 필요했지만, 최근에는 일반 가정에서 사용하는 컴퓨터를 가지고도 녹음이 가능해져 레코딩 비용이 제로화가 되었다. 두 번째, 레코딩 비용뿐만 아니라 음반 제조와 배포 비용도 거의 제로화가 되었다. CD나 LP 등은 제작비, 프린팅, 물류 등의 비용이 필요했지만, 인터넷을 통한 디지털 배포 비용은 배포 물량과 관계없이 비용이 거의 들지 않는다. 마지막 변화는 라이브 공연이 더 이상 새로운 음반 등의 프로모션을 위한 행사가 아니라, 새로운 수익 창출 수단으로 등장했다는 것이다.[62]

오프라인 음반시장이 디지털 음원시장으로 급격히 전환된 주요한 이유는 유무선 인터넷과 스마트 디바이스의 보급률 확대에 따라 관련 콘텐츠의 접근성이 용이해진 데 가장 커다란 원인이 있다. 물론 음악뿐만 아니라 신문, 만화, 도서 등이 디지털로 제작되어 온라인을 통한 이용이 편리해지면서 이러한 변화는 더욱 가속되고 있다. 그러나 제러미 리프킨 등이 말하는 공짜 활용은 갈수록 어려워질 수밖에 없다. 공짜로 활용하기보다는 음원 파일을 유료화시켜 중개하는 거대 플랫폼의 등장과 이들의 높은 수수료는 기존 거대 인터넷 플랫폼을 가진 기업들과 새롭게 진입한 전문 플랫폼 기업들을 중심으로 음악시장을 재편하고 있다.

특히 애플과 구글 등 이미 전 세계적으로 막대한 사용자를 확보한 기업들은 풍부한 자금력과 콘텐츠 수급 능력을 기반으로 또 다른 시장을 재편할 수도 있을 것이다. 또한 다시 한 번 생각해야 할 것은 제작과 유통비용이 급격히 낮아졌다 해도 컴퓨터 등 고정비용은 분명히 존재한다는 것이다.

P2P를 통한 음원 등의 다운로드는 불법이지만, 오히려 불법 다운로드를 활용한 사람들에 의해 스트리밍 서비스가 활성화되고 있다. 유럽연합의 연구에 따르면 불법 다운로드는 오히려 음원시장의 활성화에도 기여하는 것으로 나타났다. 음악에 대한 관심이 있는가와 상관없이 불법 다운로드 사이트 접속이 10% 늘어나면 합법적인 음원 판매 사이트 접속이 0.2% 늘어나며, 불법 다운로드 사이트가 없어질 경우 합법적인 구매 사이트 방문이 2% 줄어들 수 있다는 연구결과가 있다. 특히 스포티파이와 같은 합법적인 스트리밍 서비스 홈페이지 클릭이 10% 늘어날 때마다 0.7%의 합법적인 디지털음원 홈페이지의 클릭이 증가하는 것도 밝혔다.[63]

제러미 리프킨은 고급 제품과 프리미엄 서비스 등을 위해 돈을 지불하는 사람의 수는 한정되었다고 주장하지만, 디지털음원으로 파괴된 음악시장에 대응하기 위한 '360 계약' 등 음악산업의 계약시스템의 변경과 공연이 제공하는 프리미엄 경험은 고가의 프리미엄 공연산업을 전 세계적으로 활성화시키고 있다. 파일공유를 통해 개인과 개인이 따로 돈을 지불하지 않고 원하는 음악을 얻을 수 있다는 것을 공유경제의 첫 사례로 삼았다. 그러나 실제로 이러한 상황에서 생존하기 위한 기업들의 대응은 오히려 애플 아이튠즈 등 독점 플랫폼 기업과 스포티파이 등 전문 플랫폼 기업으로 중개 기능이 집중되고 있으며, 구글 등 대규모 기업의 신규 시장 진입을 촉진하고 있다. 이렇게 시장은 끊임없

이 변화에 대응하며 진화하고 있다. 리프킨이 말한 한계비용 제로와
공짜로 사용이 가능한 '공유의 가치'는 어디에 있을까?

커먼즈와 공유경제

커먼즈의 의미

웹스터 사전Merriam-Webster에 커먼즈Commons는 '2명 이상의 개인 혹은 그룹에 소속되거나 공유되는 사물들Belonging to or Shared by Two or More Individuals or Things or by All Members of a Group', '목초지나 지방자치 조직이 개방하는 용지A Piece of Land Subject to Common Use, Undivided Land Used Especially for Pasture, a Public Open Area in a Municipality' 등으로 설명하고 있다.[64] 인류사에 항상 존재한 커먼즈에 대한 전통적 의미지만, 근래에 들어 커먼즈는 점차 다양화되고 있다.

데이비드 볼리어David Bollier는 2014년 4월 발간한 『Think Like a Commoner—A Short Introduction to the Life of the Commons』

를 통해 커먼즈에 대해 보다 광범위하고 근본적인 의견을 제시했다.[65] 커먼즈 유형은 생계형 커먼즈Subsistence Commons, 토착민의 커먼즈 Indigenous People's Commons, 사회와 시민의 커먼즈Social and Civic Commons, 국 가수탁 커먼즈State Trustee Commons, 글로벌 커먼즈Global Commons 등으로 구분할 수 있다.

생계형 커먼즈는 수자원, 산림, 어장, 경작지 등 인간의 생존을 위해 필요한 자연자원을 기반으로 이들의 관리와 활용 등을 위한 사회적 관계로 형성된 가장 전통적 형태의 커먼즈로 현재에도 세계적으로 20억 명의 사람들에게 매우 중요한 역할을 하고 있다. 토착민 커먼즈는 주로 외부의 기업들이 획득하려는 자연자원, 특정 공동체의 문화와 전통, 관행 등을 지키려는 행동이다. 예를 들면 바이오회사들이 안데스 부족들이 수천 년에 걸쳐 개발해온 900여 종의 감자 변종 유전자에 대한 특허 획득 시도에 대항해 포테이토 파크Potato Park를 풍경보존 커먼즈Landscape Conservation Commons로 만들어 다양한 감자와 변종들의 관리를 위한 권리Stewardship Rights를 획득한 것이 대표적 사례다.

사회와 시민의 커먼즈는 인간이 협동하려 하는 특성에 기반해 특정 공동체 사람들끼리 잔디깎기, 육아, 가사, 간호 등 서비스를 제공하고 시간크레딧Time Credit을 발행하는 등 상호 여분의 시간을 활용해 각자의 재능을 교환하는 시간은행제가 대표적이다. 이외에도 혈액 및 장기 기증 제도, 대가를 지불하지 않는 공간 교환인 카우치서핑Couch Surfing 등 공유경제의 기본 철학인 협력적 소비 철학에 기초하는 유형의 커먼즈다. 최근 이러한 형태의 커먼즈가 인터넷을 통해 확산되고 있는 이유는 시장에서 요구하는 거래와 광고비용, 법적 한계, 관리비용 등을 낮출 수 있기 때문이다.

국가 수탁 커먼즈는 국가가 소유한 대규모 공유재를 관리하는 한 방법이다. 정부가 대여한 자산을 감독하는 등 예를 들면 정부연구개발 투자금을 미국연구재단National Science Foundation 등에 위탁해 프로그램 설계와 연구자 선정, 연구비 관리 등을 담당하도록 하는 것을 대표적이라고 할 수 있다. 글로벌 커먼즈는 고전적 커먼즈 개념의 확대로 인간들이 공유한 생태자원들을 보존하기 위한 커먼즈이다. 예를 들면 북대서양조약기구(NATO)는 모든 사람들이 접근할 수 있는 해양Marine, 대기Air, 공간Space과 사이버 도메인Cyber Domains 등을 글로벌 커먼즈 Global Commons로 분류하고 있으며[66] 그 외 극지방Polar Regions, 우주Outer Space, 사이버 스페이스 등도 글로벌 커먼즈로 말할 수 있다.[67]

이러한 다양한 형태의 커먼즈를 보면 사실 커먼즈의 정의를 내리기는 쉽지 않다. 일반적으로 경제학자들은 커먼즈를 '공공재Public Goods'와 혼동해 물리적 사물들이 커먼즈의 전체인 것처럼 여기면서 사회적 실천과 관계들을 무시하는 경향이 있다. 데이비드 볼리어는 커먼즈를 모든 유무형 공유재Common-Pool Resource 자체뿐만 아니라, 해당 자원을 활용하는 공동체, 자원들을 관리하기 위해 공동체가 고안한 프로토콜과 가치, 모든 규범들을 포함하는 등 '잘 살기Living Well' 위한 패러다임으로 정의했다.

번스 웨스턴Burns H. Weston과 데이비드 볼리어는 인류에게 가장 큰 재앙을 가져다줄 기후변화에 대한 대응도 국가나 시장, 국제기구, 정부

기관 등 다른 정책적 접근이 불가능한 경제성장 등에 지나치게 치우쳐져 있어 무기력한 규제프로그램을 가지고 추진하는 해결책은 실패한다고 공언했다. 이러한 생태적 위기들을 해결할 수 있는 가장 설득력 있는 장기적 전략 가운데 하나는 물자조달과 거버넌스의 대안 시스템을 만들고 법적으로 인정받는 것이라고 말하며 이러한 대안의 일반적 패러다임을 커먼즈라고 정의하기도 한다.[68] 즉 커먼즈를 창출할 때 가장 핵심적인 것은 공동체가 모두의 이익을 위해 자원을 관리하는 사회적 관행에 참여하는 것을 커머닝Commoning이라고 하며, 커먼즈에 있어 공유된 자원만이 핵심가치가 아니라 그것을 관리하는 사회적 관행과 가치들이 주된 핵심임을 강조한 것이다.

특히 자본주의 시장에서는 엄밀한 등가교환이 기준인 금전관계를 중심으로 이익을 분리한다. 그러나 루이스 하이드Lewis Hyde가 『The Gift : Imagination and the Erotic Life of Property』에서 말한 것과 같이 선물경제에서는 사회적 경계가 희미해지거나 선물을 통해 사라지기도 하는 등 주고받은 가치의 득실에 대해서는 계산이 존재하지 않으며, 사회적 관계와 공감대를 형성하는 데 그 가치가 있다.[69] 즉 전통경제학에서는 재화와 서비스를 통해 개인 사이의 사회적 관계가 형성되고 개인도 상품화가 될 수 있지만, 커먼즈 기반 경제시스템에서의 가치는 개인들과 커먼즈를 구성하는 자원들 사이에서 발생한다. 당연히 자본주의 산업과 같은 표준 템플릿이 없으며 공유되는 패턴과 원칙들이 있을 뿐, 커머닝의 형태도 커먼즈마다 다르며 규범들은 쉽게 일반화되거나 보편화할 수 없다. 그렇기 때문에 커먼즈를 파괴하지 않고서는 상품화를 하기 힘들며 그 가치는 쉽게 금전적 가치로 전환할 수 없다. 결국 커먼즈를 화폐로 전환한다는 것은 커먼즈를 공유하는 사회적 관계를 파괴할 수 있기 때문이다.

최근에는 인터넷의 발전 등에 따라 디지털 커먼즈Digital Commons에 대한 관심이 높다. 무료 프로그램Free Software, 오픈소스 소프트웨어 Open Source Software, CC 라인센스Creative Commons License, 학술지를 인터넷에 공개하는 오픈 액세스Open Access, MOOC 등의 오픈 교육 리소스Open Educational Resources, 오픈 디자인운동Open Design Movement, 재난 재해에 공동으로 신속하게 대응하는 위기 커먼즈Crisis Commons, 인터넷을 활용해 환경을 감시하고 관리하는 에코 디지털 커먼즈Eco-Digital Commons 등이 있다. 디지털 기술과 인터넷 기반의 커먼즈들은 지식의 공유와 커뮤니케이션 시스템을 통해 넓고 다양한 방법론이 적용되고 있다.

커먼즈에 참여하는 개인들인 커머너는 자본주의에서 선택할 수 있는 피고용자, 소비자, 기업가, 투자자 등을 넘어 삶의 주인공이 되어 자신의 재능과 야심, 책임감을 실제 삶에 활용해 인류의 삶에 중요한 다양한 자원들을 관리하는 데 참여할 권리와 능력을 가지고 있는 사람들이다. 특히 기술혁신, 경제성장, 소비주의가 인간의 삶을 개선할 것이라는 생각을 거부한다. 또한 정상적 경제활동이 부를 산출하는 만큼 가치 없는 일용품들도 만들어낸다며 자유주의와 자본주의, 자유민주주의의 기본 전제에 대한 문제를 제기한다. 특히 커머너들은 권위를 존중해야 하는 일단의 고정된 지식의 존재를 인정하지 않으며 자신들의 고유한 지식을 커먼즈와의 관계를 통해 새롭게 창조하고 자신에 의해 특수한 상황에서 집단지성—예를 들면 오픈 소스 소프트웨어 그룹 등—을 통해 구축되는 새로운 유형의 지식을 존중하는 특성이 있다.

앞으로 이러한 커먼즈의 발전을 위해서 중요한 것은 무엇일까? 중앙 혹은 지방정부들의 커먼즈의 법적 인정에 대한 문제다. 커먼즈는 국가와 같이 공적이익을 위해 노력하고 있기 때문에 정부는 커먼즈가 어떤 기능을 국가나 시장보다 더 효과적으로 정당하고 공정하게 수행할 수 있도록 관료적인 제도들과 커먼즈가 협력할 새로운 방식을 찾아야 할 것이다.

공유경제의 3가지 유형

우리나라 말로 공유경제라고 불리는 영어단어는 일반적으로 쓰이는 Sharing Economy와 Collaborative Commons가 있다. 우버와 에어비앤비 등 현재 회자되고 있는 공유경제의 의미는 1장에서 언급한 Sharing Economy의 개념이며, 제러미 리프킨이 언급하는 공유경제인 Collaborative Commons는 커먼즈와 Sharing Economy 개념을 포함하는 다소 포괄적인 개념이다. 우리나라에서는 『The Zero Marginal Cost Society : The Internet of Things, the Collaborative Commons, and the Eclipse of Capitalism』을 '한계비용 제로 사

회−사물인터넷과 공유경제의 부상'으로 번역했고, Collaborative Commons를 '협력적 공유사회'로 번역했다. 물론 제러미 리프킨은 Collaborative Commons를 일반적인 공유경제인 Sharing Economy 와 유사한 개념으로도 설명하고 있으나 2개의 단어 간에는 미묘한 차이가 있다.

우버와 에어비앤비가 언급하는 공유경제는 2000년대 미국에서 시작된 세계 경제위기 과정에서 스마트폰과 SNS 등의 대중화에 따른 손쉬운 재화의 공유와 접근, 수요자와 공급자의 신뢰 및 평판 조회가 가능해지면서 기존의 공유문화가 소규모 커뮤니티 중심에서 전 세계 대상으로 시장이 확대되고 본격적 비즈니스로 진화한 것이다. 특히 현재의 소비자들이 기업보다는 동료 소비자를 신뢰하는 등 소셜네트워크 등이 확대됨에 따라 소비자의 신뢰는 기업과의 수직적 관계보다 소비자들 간의 수평적 관계가 매우 중요하다.[70] 비즈니스의 대상도 개인의 일상에 필요한 소비재 중심이다. 반면 제러미 리프킨의 공유경제는 기존의 커먼즈 개념을 기반으로 Collaborative Commons 개념을 활용해 전통적 커먼즈의 핵심 철학인 협력적 소비 개념을 답습하고 확산수단을 사물인터넷으로 확신했다. 차이가 있다면 기존 커먼즈는 금전이 중요하지 않는 등 인간관계 중심의 공동체 개념을 강조한 반면, 제러미 리프킨의 공유경제는 일반적인 전 세계 시민들을 대상으로 다양한 대안을 제시했다. 커먼즈가 기존 제도권과의 공존에 고민한다면 제러미 리프킨은 2050년을 공유경제가 자본주의를 대신할 경제시스템으로 부상할 것을 예상하고 있다.

공유경제를 구분해보자. 먼저 전통적 공유경제는 데이비드 볼리어가 제시한 생계형 커먼즈, 사회와 시민의 커먼즈 등 전통적 커먼즈와 우리나라의 품앗이와 두레, 특정 지역 공동체의 공동육아, 공동교육, 카풀 등의 형태를 예로 들 수 있으며, 최근 들어 인터넷을 통한 확산이 빠르게 자발적 진행 중이다. 특히 금전적 가치보다는 구성원들 간의 신뢰 등 관계를 중요시한다는 특징이 있다.

상업적 공유경제는 2000년대 미국에서 시작된 경제위기를 기점으로 확대된 협력적 소비와 인터넷과 스마트 디바이스의 보편화가 세계 시장을 대상으로 한 소비재 중심의 비즈니스 확대에 큰 몫을 했다. 현재 세계 스타트업 기업가치 2위가 우버, 3위가 에어비앤비이며, 실리콘밸리 최대의 투자 대상이 공유경제 기업으로, 수많은 스타트업들이 다양한 분야에서 웹과 앱을 이용한 공유경제 기업 설립을 추진하는 등 공유경제 모델을 내세워 이윤을 추구하는데 이를 상업적 공유경제라 말할 수 있다.

마지막으로 협력적 공유경제는 사물인터넷의 발전에 따라 예상되는 공유경제 시스템으로 현재 P2P 등의 비즈니스 모델을 넘어 미래에는 T2P 형태의 비즈니스가 가능한 시대로 접어들 것으로 예상된다. 본격적인 진입은 시스코가 언급한 모든 사물이 인터넷과 연결되는 만물인터넷Internet of Everything의 실현이 예상되는 2050년이다. 물론 현재 소비재 중심의 거래도 지속적으로 유지되는 등 공유경제가 새로운 플랫폼과 대상으로 진화된다고 해도 이전 형태의 공유경제가 단절되는 것이 아니라 지속적으로 유지될 것으로 판단된다.

명확히 구분하기는 쉽지 않지만 로렌스 레식 교수의 공유경제 구분에 따르면,[71] 스타트업에서 주로 내세우는 공유경제의 개념은 개인을 위한 얇은 공유경제에 가깝고, 전통적 커먼즈 개념과 제러미 리프킨의 공유경제는 개인과 공동체의 두꺼운 공유경제에 가깝다고 할 수 있다. 커먼즈에서 충실한 협력적 소비라는 공유경제 철학도 현재 회자되는 공유경제보다 제러미 리프킨의 공유경제가 오히려 충실하게 고민한 개념이다.

　　이러한 공유경제 개념들에 있어 공통적으로 가장 중요한 확산 수단은 인터넷이다. 커먼즈뿐만 아니라 현재 회자되는 공유경제가 웹, 앱 등을 플랫폼으로 작동되고 있다면 제러미 리프킨의 플랫폼은 사물인터넷이다. 또 다른 차이는 공유경제를 실현하는 주체의 차이다. 이미

● 공유경제의 진화

구분	전통적 커먼즈	상업적 공유경제	협력적 커먼즈
본격적 출현 시기	인류 역사와 공존	2000년대 이후 (세계 경제위기 이후)	2050년 이후 (모든 사물이 인터넷과 연결되는 시점)
시장 범위	커뮤니티(공동체) 혹은 지역 중심	전 세계	전 세계
핵심 가치	사람들과의 관계	플랫폼 기업의 이익 사용자 경험	한계비용 제로화
거래대상	공공재 (커먼즈)	소비재	소비재+공공재
플랫폼	물리적 공간(공동의 공간) 중심 + 인터넷	인터넷 중심 (앱, 웹 등)	네트워크 (사물인터넷)
중심 비즈니스 유형	커먼즈 경제	P2P	P2P+T2P
주체	독립적 커뮤니티 멤버들	스타트업	비영리조직

살펴보았듯이 현재 우버, 에어비앤비 등으로 대표되는 공유경제의 실현 주체는 앱과 웹 등을 공유경제 플랫폼으로 활용하는 정보통신 기반 혹은 스타트업 기업들이 주류를 이루고 있다. 반면 커먼즈는 특정 목적을 가진 공동체를 의미하기도 하고, 제러미 리프킨은 공유경제의 핵심 실현 주체로 비영리 조직을 제시하고 있다.

마지막으로 유의해야 할 것은 제러미 리프킨이 주장하는 공유경제 시스템이 자본주의를 대체한다는 의미는 아니라는 것이다. 제러미 리프킨은 뉴욕타임스 기고를 통해 '자본주의는 주로 네트워크 서비스와 솔루션들의 어그리게이터Aggregator 등의 보다 간소화된 역할을 수행할 것으로 예상하지만 보다 강력한 니치 플레이어로 미래에도 남아 있을 것이다. 부분적으로 시장 시스템을 넘어 상호 의존성과 협력, 글로벌 차원의 공유재가 증가하고 있는 세상에 어떻게 함께 살아야 할지에 대한 것을 배워야 하는 세상에 접어들고 있다'라고 말했다.[72] 또한 『The Zero Marginal Cost Society : The Internet of Things, the Collaborative Commons, and the Eclipse of Capitalism』 서문에서도 자본주의와 공유경제가 공존하는 하이브리드를 언급하는 등 신중한 입장을 취하고 있다. 책 도입부에서는 공유경제와 자본주의가 혼합된 하이브리드 경제시스템을 현재의 경제시스템으로 얘기한다. 공유경제와 자본주의 형태가 변화는 하지만 공유경제와 공존한다는 것이다. 이 두 개의 경제시스템은 종종 제휴도 하고 경쟁도 하지만, 주로 주변에서 상대에게 가치를 부가해줄 수 있는 시너지를 모색하며 스스로도 이익을 얻지만 때론 깊은 대립 관계를 형성하며 상대를 흡수하거나 대체하려 하는 속성이 있다. 제러미 리프킨의 의견은 이러한 과정에서 미래의 자본주의 시스템은 이미 정점을 지나 서서히 쇠퇴하고 있으며, 미래 어느 시점까지 사회구조의 일부로 남겠지만 21세기 이후에도 지배적 경제 패러다임으로 군림하지는 못한다는 것이다. 그는 자본주의의 경쟁과정이 극단적 생산성 향상으로 이어지고 경제학자들이 얘기하는 '전반적인 최적의 복지'가 이루어지고, 이러한 종반전에 이르면 치열한 경쟁으로 기술은 계속 발전하고 그에 따라 생산성이 최고점에 달해 판매를 위해 생산하는 각각의 추가단위가 제로에 가까운 한계비용으로 생산하는 상황이 발생한다고 단언한다.

결국 2050년에는 공유사회가 부상하고 세계 대부분 경제생활에서 주된 결정권을 행사할 것이란 의견이다. 제러미 리프킨이 생각하는 공유경제는 기본철학인 협력적 소비에 보다 근접한 개념으로 특히 비영리 부문의 매출과 고용확대가 가능하며, 이러한 유형의 비즈니스가 새로운 경제주체로 전면에 나설 수 있는 시점임을 강조한 것이다. 이미 살펴보았듯 공유경제와 자본주의가 병행한다는 이러한 견해는 로렌스 레식의 의견과도 일치한다.

2008년 로렌스 레식은 『Remix : Making Art and Commerce Thrive in the Hybrid Economy』에서 기존 경제시스템인 상업경제와 공유경제가 공유하는 병행경제Parallel Economy가 가능하다고 주장했다. 상업경제에서 성공적으로 허가를 받은 비즈니스들은 공유경제에서도 운영이 가능하다는 주장으로 파일공유의 전쟁에도 불구하고 모든 상업적으로 구매 가능한 음원들 대부분이 P2P 네트워크에서 구할 수 있다는 것이다. 만약 이렇지 못했다면 음원산업은 존재하지 않을 것이라고 말한다. 자발적 병행경제는 수익을 발생시키기도 한다.

세계 50개국에 걸쳐 누구나 자신이 만든 창작물을 원하는 만큼 나눠주고 다른 뮤지션의 창작물을 적법하게 가져다 쓸 수 있도록 하는 자유 라이선스 시스템인 CCL_{Creative Commons License}을 운영하는 CCI_{Creative Commons International}는 ccMixer에서 레이블이 마음에 드는 아티스트를 발견해 계약을 하면 아티스트는 계속 무료 라이센스를 유지할 수 있으며, 가끔은 동일한 음악이 상업적 혹은 비상업적으로 공유되기도 한다. 이는 공유경제가 상업경제를 돕는 자발적 병행경제의 한 예이다.

참고문헌

1 Internet of Things, CISCO Website, http://www.cisco.com/web/solutions/trends/iot/overview.html, 2014. 9.

2 International Telecommunication Union, The Internet of Things—ITU Internet Reports 2005, 10.

3 Jeremy Rifkin , The Zero Marginal Cost Society : The Internet of Things, the Collaborative Commons, and the Eclipse of Capitalism, Palgrave MacMillan, 2014. 4.

4 Dave Evance, The Internet of Things—How the Next Evolution of the Internet is Changing Everyting, CISCO Internet Business Solution Group, 2011. 4.

5 Jeremy Rifkin, The Age of Access : The New Culture of Hypercapitalism, Where all of Life is a Paid—For Experience, Penguin Putnam Inc., 2000.

6 Jeremy Rifkin, The Rise of Anti—Capitalism, New York Times, 2014. 3. 15.

7 정창영, 경제학원론, 법문사, 2009.

8 한효준, 경제성공학, 박영사, 1993.

9 Vannevar Bush, As We May Think—a Top U.S. Scientist Foresees a Possible Future World in which Man—Made Machines Will Start to Think, Atlantic Monthly, 1945. 7.

10 류현성, '신의 입자' 힉스 입증한 현대물리학 최고봉 CERN, 연합뉴스, 2013. 8. 23.

11 The Emerging Digital Economy, Secretariat for Electronic Commerce, U.S. Department of Commerce, 1988.

12 정지훈, 거의 모든 IT의 역사, 메디치미디어, 2010.

13 IEEE 802, Wikipedia, http://en.wikipedia.org/wiki/IEEE_802

14 IEEE 802.11, Wikipedia, http://en.wikipedia.org/wiki/IEEE_802.11

15 Wi—Fi Alliance Website, http://www.wi-fi.org/who—we—are

16 스티브 잡스의 2007년 맥월드 프레젠테이션 동영상, http://www.youtube.com/watch?v=VQKMoT—6XSg

17 김유리, "애플, 1년간 아이폰 1억 6,920만 대 팔았다", 아시아경제, 2014.10.21.

18 Press Release, Gartner Says Mobile App Stores Will See Annual Downloads Reach 102 Billion in 2013, 2013. 9. 19. 수성

19 Press Release, Gartner Says Mobile App Stores Will See Annual Downloads Reach 102 Billion in 2013, 2013. 9. 19.

20 Ingrid Lunden, Gartner: 102B App Store Downloads Globally in 2013, $26B in Sales, 17% from in—App Purchases, TechCrunch, 2013. 9. 19.

21 Neil Gershenfeld, When Things Start to Think, Henry Holt and Company, 1999. 1.

22 Kevin Ashton, That 'Internet of Things' Thing, RFID Journal, 2009. 6. 22.

23 Josh McHugh, Attention, Shoppers: You Can Now Speed Straight Through Checkout Lines!, WIRED, 2004. 7.

24 Techvibes From M2M to the Internet of Things: Viewpoints from Europe, 2011. 7.

25 Dave Evance, The Internet of Things—How the Next Evolution of the Internet is

Changing Everything, CISCO Internet Business Solution Group, 2011. 4.

26 Dave Evance, The Internet of Things—How the Next Evolution of the Internet is Changing Everything, CISCO Internet Business Solution Group, 2011. 4., p3에서 수정

27 차두원, 사물인터넷과 연결경제(Internt of Things and Connected Economy), 2014 서울포럼 발표자료, 2014. 5. 22.

28 Wigmore, Internet of Things, TechTarget, 2014, 6.

29 Joseph Bradley, Joel Barbier, Doug Handler, Embracing the Internet of Everything To Capture Your Share of $14.4 Trillion, Cisco, 2013.

30 Bluetooth Wikipedia, http://en.wikipedia.org/wiki/Bluetooth

31 Estimote Website, http://estimote.com

32 도강호, "생일 축하해" 매직밴드로 맞춤 서비스 척척, Tech&Beyond, 2014. 7.

33 NIC Conference Report, Disruptive Civil Technologies: Six Technologies with Potential Impacts on US Interests Out to 2025, Appendix F: The Internet of Things, 2008.

34 NIC Conference Report, Disruptive Civil Technologies: Six Technologies with Potential Impacts on US Interests Out to 2025, Appendix F: The Internet of Things, 2008.

35 Silicon Laboratories, Inc, Overcoming Challenges of Connecting Intelligent Nodes to the Internet of Things, 2012

36 Gartner Hype Cycle Website, http://www.gartner.com/technology/research/methodologies/hype-cycle.jsp

37 Press Release, Gartner's 2014 Hype Cycle for Emerging Technologies Maps the Journey to Digital Business, Gartner, 2014. 8. 11.

38 Stephen Shankland, Moving to IPv6: Now for the Hard Part (FAQ), CNET, 2011. 2. 3.

39 Dave Evance, The Internet of Things—How the Next Evolution of the Internet is Changing Everything, CISCO Internet Business Solution Group, 2011. 4.

40 Revolution in Progress : The Networked Economy, MIT Technology Reviews, MIT Technology Custom in Partnership with SAP, 2014. 8. 27.

41 Jeremy Rifkin , The Zero Marginal Cost Society : The Internet of Things, the Collaborative Commons, and the Eclipse of Capitalism, Palgrave MacMillan, 2014. 4.

42 Eric Raymond Blog, Zero Marginal Thinking: Jeremy Rifkin Gets It All Wrong, 2014. 4. 3.

43 CTI Solar Sales Brochure, cti-solar.com

44 Self-Cleaning Solar Panels Maximize Energy Efficiency, by Mark Crawford, ASME (2012)

45 한국은행 경제통계시스템(ECOS) 기업경영분석지표, 2014

46 송경모, 한계비용 제로는 오지 않는다, Tech & Beyond, Vol. 20, 2014. 12.

47 2013 해외 콘텐츠시장 동향조사, 총괄편, 한국콘텐츠진흥원, 2013. 12. 31.

48 Interview with Lars Ulich, Macworld,

49 김상현, 냅스터의 패배, 소수만의 승리, 주간동아 제246호 2000. 8. 10.

50 2013 해외콘텐츠시장 동향조사 총괄편, KOCCA 연구보고서 13-48, 한국콘텐츠진흥원, 2013. 12.

51 Federal Register의 "Copyright Royalty Board(2009. 1. 26) 37 CFR Part 385 규정" 참조, 한국콘텐츠진흥원, 2012.

52 Luis Aguiar, Bertin Martens, Digital Music Consumption on the Internet : Evidence from Clickstream Data, JRC Technical Institute for Prospective Technological Studies Digital Economy Working Paper, 2013. 4.

53 박현우, 디지털 음악시장-국경없는 디지털 콘텐츠의 가능성, KISTI Market Report, Vol. 3, Issue 6, 2013.

54 이은민, 디지털 음악시장의 동향과 주요 이슈, 방송통신정책, 제25권 4호 통권549호, 2013. 3. 2.

55 STRABASE, "Spotify의 기업가치 논란 증폭…" 음반사 수익배분 감안할 때 35억 달러는 어불성설, 2012. 3. 29.

56 정원일 블로그, 360 Deals - 뮤직 비지니스의 새로운 모델, http://wiclaw.com, 2008. 6. 5

57 고경석, 음반·콘서트에서 음원·페스트벌로 '환승', 한국일보, 2014. 6. 18.

58 Jeff Leeds, The New Deal : Band as Brand, The New York Times, 2007. 11. 11.

59 차우진, [칼럼] 한국의 음악 페스티벌 붐과 21세기 미국 음악산업의 동요, 15th WIEV, 2013. 7. 22.

60 이원진, 5년간 돈 안되던 유튜브, 수익모델로 변한 까닭은?, 매일경제, 2010. 4. 9.

61 Sarah Perez, Google's New Music Subscription Service, YouTube Music Key, Revealed, TechCrunch, 2014. 8. 19.

62 David Byrne, David Byrne's Survival Strategies for Emerging Artists — and Megastars, Wired Magazine, 2007. 12. 18.

63 Digital Music Consumption on the Internet : Evidence from Clickstream Data, Institute for Prospective Technological Studies Digital Economy Working Paper, European Commission, 2013. 4.

64 Merriam-Webster, http://www.merriam-webster.com/dictionary/commons

65 David Bollier, Think Like a Commoner-A Short Introduction to the Life of the Commons, New Society Publisher, 2014. 4.

66 Mark Barrett, Managing Change-NATO's Partnerships and Deterrence in Globalised World, Villa Guastavillani, Bologna, Italy, 21-22 June 2011

67 Wikipedia, http://en.wikipedia.org/wiki/Global_commons

68 Burns H. Weston, David Bollier, Green Governance : Ecological Survival, Human Rights and the Law of the Commons, Cambridge University Press, 2014. 2.

69 Lewis Hyde, The Gift : Imagination and the Erotic Life of Property, Random House, 1983. 2.

70 Philip Kotler, Hermawan Kartajaya, Iwan Setiawan, Marketing 3.0-From Products to Customers to the Human Spirit, Wiley, 2010. 5.

71 Lawrence Lessig, Remix : Making Art and Commerce Thrive in the Hybrid Economy, New York, Penguin Press, 2008.

72 Jeremy Rifkin, The Rise of Anti-Caplitalism, New York Times, 2014. 3. 15.

4

초연결경제와
민첩한 혁신

Internet
of
Things

Internet of Things

다가오는
초연결경제 시대

증가하는 모든 것들

그레고리 클라크Gregory Clark는 『맬서스, 산업혁명 그리고 이해할 수 없는 신세계A Farewell to Alms』에서 세계의 역사를 맬서스의 덫Malthusian Trap을 중심으로 구분했다.[1] 산업혁명 전까지 8,000년 동안 이른바 맬서스의 덫에 갇혀 있던 인류는 인구 증가라는 한계에 부딪혀 극소수의 지배자들을 제외한 일반인들의 삶의 질은 구석기나 중세 심지어 산업혁명 초기까지도 별 차이가 없었다. 기술적 진보를 통한 소득 증가는 인구 증가 때문에 그 효력이 상쇄돼버렸기 때문이다. 그러나 맬서스의 인구론과 "세상의 인구가 기하급수적으로 늘어나는 반면, 식량자원은 산술급수적으로 늘어나기 때문에 인류는 빈곤해진다"는 예측은

틀린 것으로 판명되었다.

그레고리 클라크는 맬서스의 덫 핵심을 기술의 발전 속도로 얘기한다. 발전한 기술이 누적되어 결과적으로 매우 강력한 영향력을 발휘하더라도 발전의 속도가 너무 느리면 인류의 물질적 생활 수준을 획기적으로 향상시킬 수 없다는 것이다. 맬서스 경제 범위 내에 있는 기술의 발전은 인구 증가라는 복병의 방해를 받는다는 것이다. 즉 기술의 발전에 의한 성장이 인구 증가를 능가해야 개인 소득이 증가할 수 있다는 이야기다. 결국 맬서스의 덫은 산업혁명으로 풀렸다. 산업혁명 시기에 노동투입이 증가하고 물질 생산량이 증가하면서 단기적으로 출생률이 사망률을 초과해 인구가 증가하는 현상이 시작된다.

당시 산업혁명으로 인구가 도시로 집중되었지만 노동자들의 생활과 노동 조건은 개선되지 못했다. 1800년경 영국인의 평균수명은 40세 정도로 상하수도 모두 매우 비위생적이었으며, 1831년 유럽대륙에 콜레라가 크게 유행했음에도 당시에는 아무런 과학적 대응을 하지 못했다. 결국 산업혁명 이후 인구의 도시 집중과 전염병 창궐에 대한 연구가 시작되고 파스퇴르는 전염병에 걸리거나 상처가 곪는 것이 세균의 작용임을 알아내어 질병을 치료하고 예방할 수 있게 되었다. 본격적인 인구의 증가는 코흐가 1882년 결핵균을 발견하고, 1885년 콜레라균을 발견하는 등 산업혁명에 이어 1880년 즈음 일어난 의학혁명 후에야 가능하였다.

전 세계 인구가 BC 13만 년 10만여 명에서 1800년 7억 7,000명으로 증가하는 데 무려 25만 년이 걸린 반면, 1950년 25억 2,900만 명에서 2011년 70억 명으로 약 2.8배 증가하는 데는 61년밖에 걸리지 않았다. 10억 명씩 증가하는 기간도 점점 짧아지고 있다. 10억 명이 된 1804년에서 20억 명이 된 1927년은 843년, 20억 명에서 30억 명이 된 1960년까지는 33년, 30억에서 40억 명이 된 1974년까지는 14년, 40억 명에서 50억 명이 된 1987년까지는 13년, 50억 명에서 60억 명이 된 1999년까지는 12년, 드디어 70억 명이 된 2011년까지는 불과 12년밖에 걸리지 않았다.

UN에 따르면 2013년 기준으로 약 72억 명의 세계 인구는 12년 후인 2025년에는 약 10억 명이 증가한 81억 명, 2050년에는 96억 명, 2100년에는 100억 9,000만 명이 될 것으로 예상하고 있다.[2] 이러한 예측은 중간 변형 프로젝션Medium-Variant Projection에 기반해 대가족이 아직도 성행하는 국가들의 인구 감소뿐만 아니라, 가임여성 1인당 2명 이하의 자녀를 생산하는 국가의 인구 감소를 가정해 예측한 내용이다. 기존 예측보다 무려 3억이 증가한 숫자인데, 나이지리아와 에티오피아 등 사하라 이남 아프리카에서 예상보다 출산률이 높아져 2050년까지 증가한 24억 인구 중 절반은 아프리카인이며, 인도는 2028년에 중국의 인구를 넘는 16억 인구를 가진 국가가 되지만, 중국은 2030년, 인도는 2063년에 정점을 찍고 인구가 감소할 것으로 내다봤다.[3]

1990년대에서야 상용화된 인터넷은 2014년 30억 사용자를 넘었다.[4] 인터넷 초기인 1990년대는 전년 대비 50~70% 수준으로 사용자가 증가했으나, 2000년대 들어서는 10% 수준으로 사용자가 증가하고 최근에는 10% 이하로 성장을 하고 있다. 세계 인구 대비 사용자의

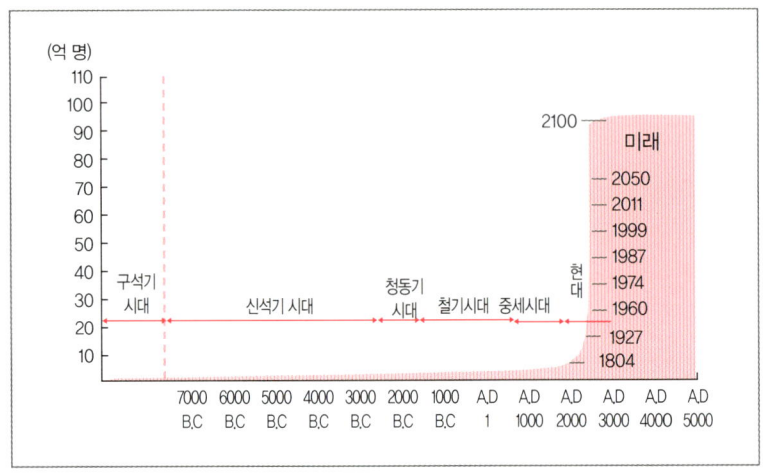

비율도 2014년 40%를 넘어서는 등 급속한 증가 기간을 거쳐 이제는 그 성장 단계가 완만하다. 시스코CISCO는 2017년에는 36억 명, 즉 전 세계 예상 인구 76억 명 중 48% 이상이 인터넷을 이용할 것으로 전망하고 있으며,[6] 네트워크 월드Network World는 미국과학재단의 통계를 빌어 2020년 인터넷 사용자는 50억 명으로 늘어날 것으로 예측하고 있다.[7]

소셜네트워크 사용자도 계속 증가하고 있다. 페이스북은 약 13억 2,000여 만 명의 실제 활용하는 사용자를 보유하고 있다.[8] 2014년도 사용자 수는 2013년 eMarketer에서 예상한 12억 6,580만 명을 넘는 숫자로 2017년에는 약 18억 명의 사용자(세계 인구의 24% 정도)가 활용할 것으로 예상된다. 현재 13억을 넘는 중국 인구에 근접하고 있으며, 2017년에는 중국 인구를 넘는 규모다.

● 인터넷 사용자 증가 추이[9]

연도	사용자 수 (명)	전년 대비 증가율	세계 인구(명)	전년 대비 증가율	세계 인구 대비 인터넷 사용자 비율
2014*	2,925,249,355	7.9%	7,243,784,121	1.14%	40.4%
2013	2,712,239,573	8.0%	7,162,119,430	1.16%	37.9%
2012	2,511,615,523	10.5%	7,080,072,420	1.17%	35.5%
2011	2,272,463,038	11.7%	6,997,998,760	1.18%	32.5%
2010	2,034,259,368	16.1%	6,916,183,480	1.19%	29.4%
2009	1,752,333,178	12.2%	6,834,721,930	1.20%	25.6%
2008	1,562,067,594	13.8%	6,753,649,230	1.21%	23.1%
2007	1,373,040,542	18.6%	6,673,105,940	1.21%	20.6%
2006	1,157,500,065	12.4%	6,593,227,980	1.21%	17.6%
2005	1,029,717,906	13.1%	6,514,094,610	1.22%	15.8%
2004	910,060,180	16.9%	6,435,705,600	1.22%	14.1%
2003	778,555,680	17.5%	6,357,991,750	1.23%	12.2%
2002	662,663,600	32.4%	6,280,853,820	1.24%	10.6%
2001	500,609,240	21.1%	6,204,147,030	1.25%	8.1%
2000	413,425,190	47.2%	6,127,700,430	1.26%	6.7%
1999	280,866,670	49.4%	6,051,478,010	1.27%	4.6%
1998	188,023,930	55.7%	5,975,303,660	1.30%	3.1%
1997	120,758,310	56.0%	5,898,688,340	1.33%	2.0%
1996	77,433,860	72.7%	5,821,016,750	1.38%	1.3%
1995	44,833,900	76.2%	5,741,822,410	1.43%	0.8%
1994	25,454,590	79.7%	5,661,086,350	1.47%	0.4%
1993	14,161,570		5,578,865,110		0.3%

페이스북 이외에 Qzone, Google+, Linkedin, Twitter, UMBLR, Tencent Weib 등의 사용자 수는 약 20억 800만 명으로 페이스북 사용자 수와 합치면 33억 2,800만 명의 전 세계 인터넷 사용자가 1개 이상의 소셜네트워크를 활용하고 있으며, 세계 인구의 46%를 넘는 규모로 성장했다.

● 페이스북 사용자의 증가

연도	페이스북 사용자 수 (억 명)	소셜 네트워크 사용자 가운데 비율	인터넷 사용자 비중	세계 인구 비중
2011	6.852	56.2%	32.7%	9.9%
2012	8.893	60.6%	38.2%	12.7%
2013	10.913	63.0%	42.6%	15.4%
2014	12.658	64.4%	45.8%	17.7%
2015	14.437	66.3%	49.1%	19.9%
2016	16.099	67.9%	52.0%	22.0%
2017	17.716	69.5%	54.7%	23.9%

　이러한 소셜네트워크의 성장은 주변 사람이 가입하고 게임, 자선모금, 각종 모임 등 플랫폼을 제공함에 따라 신규 사용자 유치가 가능한 네트워크 효과가 확대되었으며, 기존 사용자에게는 가치가 더해지고 스마트폰의 확대 또한 소셜네트워크 사용자 증가에 커다란 영향을 미쳤다. 이러한 변화는 과거 이메일이나 전화 등을 통해 해결했던 문제 해결 의사결정 패턴에서 소셜네트워크 친구들의 영향력이 확대되고, 특정 개인의 평판 평가 등도 활용하는 추세로 변화된 것이다. 답을 얻고자 하는 질문을 소셜네트워크에 올려 서로 상호작용이 가능하고, 다른 웹사이트에서 소셜네트워크와 상호작용이 가능한 소셜 플러그인이 만들어져 있다. 또한 매스 커뮤니케이션과 정보공유를 단순화해 거의 실시간으로 특정한 생각이나 사건 사고, 정치, 경제사회 이슈 등에 대한 정보에 접근이 가능해졌고, 신문과 텔레비전 등과 같은 매스미디어에 의존하지 않고 확산할 수 있게 되었다.

　2050년에는 우리가 어디에 있든 인터넷상의 친구들과 연결되어 소셜네트워크화된 상태로 살 것으로 예상되며, 이러한 삶의 변화는 평범한 일상의 일부가 될 것이다. 현재 페이스북 회원별 평균 친구 수는 130명으로 인류학자 로빈 던바Robin Dunbar가 주장한 사람이 유지할 수 있는 최대 안정적 관계 수 148명을 크게 벗어나지 않지만, 징가Zynga 회장 마크 핀커스Mark Pincus는 다가오는 수십 년 안에 그 수가 500명에 달할 수 있다고도 예측한다. 특히 클라우드 컴퓨팅의 성장은 기술혁신에 따른 비용의 감소로 이동 중에 소셜네트워크에 접속하는 것을 쉽고 저렴하게 해준다. 인공지능의 발전과 함께 비용의 감소로 사용자의 소셜네트워크에 관련 정보와 연락처 등을 자동으로 저장하게 하는 슈퍼 클라우드 서비스가 조만간 가능해져 소셜네트워크는 앞으로 더욱 확장될 전망이다. 이를 통해 인터넷은 증가하는 세계 인구들을 점점 가깝게 하나의 조직으로 묶고 있다.[10]

현재 전 세계에는 약 1조 5,000억 개의 사물들이 존재하고 있지만 이 가운데 0.6%인 100억 개의 사물들만이 인터넷에 연결되어 있다. 시스코는 2020년에는 전 세계 인구의 약 6배인 500억 개의 사물들이 인터넷에 연결될 것으로 예측하고 있으며,[11] PTC Inc. 대표인 짐 헤플만Jim Heppelmann은 2014 PTC Live Global 기조연설에서 2030년에는 1조 개의 객체가 인터넷에 연결되고 2025년 사물인터넷이 가져올 경제 규모는 6조 2,000억 달러를 넘어설 것으로 전망했다.[12]

시스코는 100억 개의 사물이 연결되어 있는 현재를 사물인터넷의 시대로 규정하고, 앞으로는 사물을 비롯해, 사람, 업무 혹은 공정 프로세스, 데이터 간의 통합적 연결을 통해 만물인터넷이 실현될 것으로 예측하고 있다. 현재 통용되는 사물인터넷의 미래를 만물인터넷으로 바라보고 있는 것이다.

물론 마이크로칩 혁명에 의해 정보 저장과 처리 비용의 감소, 인터넷이 보유한 정보량의 증가와 함께 앞으로 사물인터넷 등에 의해 증가할 것으로 예상되는 추가적인 정보로 정보과잉 시대가 계속될 수밖에 없을 것 같다. 인터넷 조사기관인 IDC에 따르면 전 세계에 저장된 정보는 2년마다 2배로 증가하고 2011년 전 세계 정보의 양은 1.8 제타바이트(1제타바이트는 10의 20승)로 늘어났지만, 2005년에 비해 정보를 생성하고 저장하는 비용은 1/6 수준으로 떨어졌다. 1기가바이트의 메모리를 만드는 비용이 2005년 19달러가 소요되었던 데 반해 2015년에는 66센트로 떨어질 것으로 예상한다. 이러한 추세는 보다 가속화되어 2020년 즈음에는 적극적으로 관리해야 할 정보의 양이 지금보다 50배로 늘어날 것으로 예상된다.

● 인터넷에 연결되는 사물들의 급속한 증가[13]

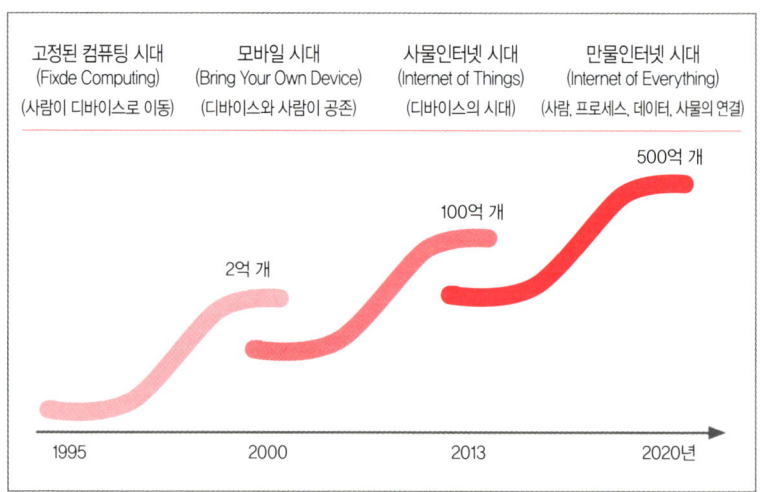

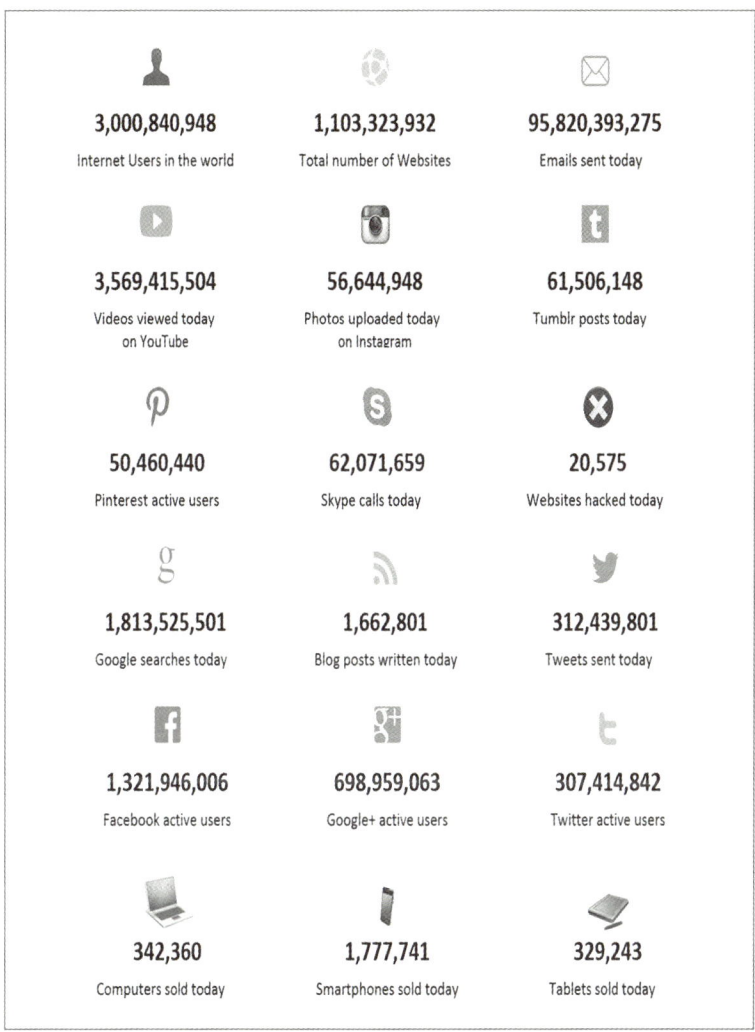

2100년까지 예상되는 꾸준한 세계 인구 증가, 2020년이면 세계 인구의 절반이 접속하는 인터넷 사용자의 증가와 소셜네트워크 사용자의 증가와 확대되는 영향력, 유용한 정보량의 증가는 당연히 지리적

경계를 허물어 국가의 영향력과 온·오프라인의 경계를 약화시킬 것이다. 이러한 변화와 함께 폭발적으로 늘어날 사물인터넷 연결 객체들의 증가는 인간의 모든 생활과 일상, 생산과 서비스, 연구개발 등 다양한 업무 환경과 작업장으로 파고들어 일하는 방식과 직업의 유형, 노동시장에 적지 않은 영향을 줄 것이다. 이미 2014년 스마트폰 사용자 수는 45억 5,000만 명까지 증가하는 등 2017년에는 전 세계 인구의 69.4%인 51억 3,000만 대까지 꾸준히 증가할 것으로 예상하고 있다.[15] 이제는 인터넷 사용자가 증가하는 관점이 아니라 반대로 인터넷에 연결될 사물들이 무궁무진하다는 관점에서 세상의 변화를 고민할 시점이다.

초연결성과 초연결사회

초연결성Hyper Connectivity은 캐나다 사회과학자 아나벨 퀴안-하세 Anabel Quan-Hasse와 베리 웰만Barry Wellman이 처음으로 정의했다.[16] 네트워크로 연결된 조직과 사회에서 이메일, 메신저, 휴대폰, 페이스 투 페이스 접촉 등 다양한 방법을 통해 인간과 인간의 상호 소통이 다차원적으로 확장되는 현상을 설명하기 위한 용어다.

최근에는 스마트 기기와 소셜네트워크, 사물인터넷의 등장과 활용으로 사람과 사람의 초연결은 사람과 사물, 사물과 사물의 초연결로 그 의미가 확대되고 있다. 이러한 초연결성은 인간의 행동을 제약하고 있던 시간과 공간이라는 개념을 '연결'을 통해 제거해 나감을 의미한다. 인터넷 연결을 통해 사물과 공간이 각각 증강사물Augmented Things 과 증강공간Augmented Space이 되고, 이 둘은 다시 가상공간에서 결합되어 증강현실Augmented Reality이 된다. 인터넷은 현실과 가상을 연결함으로써 시공간의 개념적 구분을 파괴하며 우리의 생활 세계로 파고든다.[17][18] 증강현실은 1960년대 후반 이반 에드워드 수더랜드Ivan Edward Sutherland의 헤드 마운트 3차원 디스플레이Head Mounted 3D display 연구를 기반으로 발전해왔다. 최근에는 무선 인터넷의 속도 증가와 GPS를 활용한 위치 추적 기능, 각종 센서들을 활용한 자세 인식 및 이미지 인식 기능의 발달로 실용화 단계에 들어섰다. 2014년 5월 일반인 대상 판매가 시작된 구글 글라스[19]는 아직까지 기대에 못 미친다는 실사용자의 평에도 불구하고 무궁무진한 가능성을 인정받고 있다.[20]

거시적 측면에서 초연결 시대를 이끄는 요인은 인간의 욕구 변화와 기술의 발달이다. 미국의 교육학자 마크 프렌스키Marc Prensky는 현재 대학이나 직장생활을 하며 연결을 통한 소비 생활을 주도하고 있는 세대를 "디지털 네이티브Digital Native"로 명명했고,[21] 부즈 앤드 컴퍼니Booz & Company는 향후 10년 내에 주류 시장으로 성장할 세대를 가리켜 "C세대Generation C"라 지칭했다.[22] 두 용어가 가리키는 세대는 나이대가 완벽히 일치하는 것은 아니지만, 현재와 미래에 경제사회의 주류를 형성할 세대라는 점과 현실과 가상 세계를 넘나들며 정보를 생산하고 소비하는 주체라는 점에서 공통점을 가지고 있다.

이러한 세대는 언제 어디서나 '연결'을 지향하고 모바일 기기를 활용한 콘텐츠 소비가 일상화되어 있다. C 세대와 디지털 네이티브가 추구하는 생활 방식은 주위의 모든 것을 연결의 대상으로 바라본다. 이러한 생활 방식은 IT 관련 기기와 정보서비스 소비는 물론, 의료, 유통, 여행 등 타 산업·서비스에도 영향을 미치며 생활 자체를 "연결된 생활Connected Life" 로 바꾸고 초연결사회를 향한 강력한 모멘텀으로 작용한다.

연결된 생활은 언제 어디서나 네트워크에 연결할 수 있는 기기와 이를 이용한 서비스를 통해 구현되며 가정과 직장, 실외 등 인간이 생활하는 모든 공간에 새로운 가치를 부여한다. 가정은 연결된 생활의 허브로써 IT 기술과 에너지, 의료, 교육, 건설 등 다양한 융합 기술 및 서비스가 총체적으로 집약된 공간으로 탈바꿈한다. 직장은 모바일 오피스, 스마트 워크의 구현을 통해 생산성 및 효율성이 극대화되고 새로운 가치를 창출할 수 있는 기회의 영역으로 거듭난다. 그리고 이 두 공간을 이어주는 이동은 스마트카, 무인자동차, 지능형 교통 통제 시스템이 등장함으로써 안전성과 편리성이 한층 강화된 즐거움을 추구할 수 있는 영역으로 변모한다. 이러한 변화의 중심에는 사람과 사물, 사물과 사물의 초연결을 가능하게 하는 기술이 자리한다.

초연결사회를 가능하게 하는 기술적 기반은 감소하는 연결비용과 증가하는 연결속도로 설명할 수 있다. 통신망 접속에 관한 통계를 제공하는 DrPeering International에 따르면, 1 Mbps당 인터넷 연결비용은 1998년 1,200달러에서 2010년 5달러로 떨어졌으며, 2014년에는 1달러 이하가 될 것으로 전망했다.[23] 연결비용의 감소는 개인과 기업, 그리고 사회 전체에서 네트워크에 연결해 사용할 수 있는 기기의 수와 서비스의 양을 증대시킴으로써 초연결사회 진입 문턱을 낮춘다. 무선

네트워크의 연결속도 증가도 초연결사회로의 변화를 촉진하고 있다. 시스코가 2014년 2월 발표한 자료에 따르면, 2013년에서 2018년 사이 모바일 연결속도는 평균적으로 약 2배가량 증가하고, 2017년에는 스마트폰 연결속도가 약 7Mbps에 이를 것으로 예측했다.[24] 최근 4세대 LTE_{Long Term Evolution}를 거쳐 5G로 진화하는 모바일 네트워크 환경은 고성능 기기와 이를 기반으로 하는 고화질 동영상 등 대용량 트래픽 서비스를 가능하게 하며 IT 산업이 모바일 중심으로 변화하는 데 기여하고 있다. 이러한 기술의 발달은 우리의 삶 각 영역에 새로운 가치를 부여하고 C 세대, 디지털 네이티브가 바라는 연결생활을 구현함으로써 충분한 욕구 충족의 기회를 제공한다.

● 인터넷 전송 가격(미국 기준)[25]

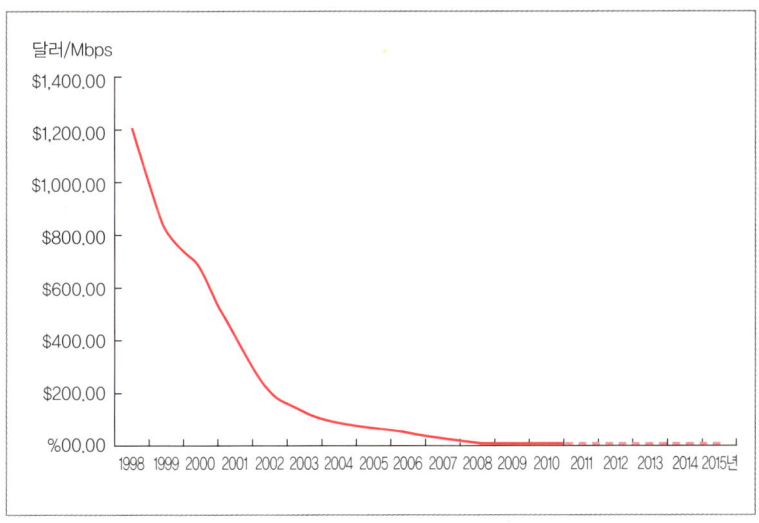

● 전 세계 평균 모바일 및 스마트폰 연결속도[26]

(kbps)	평균 모바일 연결 속도	평균 스마트폰 연결 속도
2012	1.387	3.983
2013	1.676	4.864
2014	1.908	5.504
2015	2.147	6.132
2016	2.396	6.756
2017	2.509	7.044

사람-사물-공간의 초연결화는 현재의 경제사회 시스템을 파괴적으로 혁신할 것이다. 현실공간과 사이버공간이 실시간으로 연계된 사이버-물리 시스템Cyber-Physical System의 등장은 사회를 구성하는 사람-사물-공간을 최적화한다. 앨빈 토플러Alvin Toffler는 『부의 미래 Revolutionary Wealth』에서 사회 전체의 비동기화De-Synchronization Effect가 부의 창출을 방해한다고 지적했다.[27] 초연결 시대에는 시간과 공간의 제약을 제거함으로써 다양한 경제주체, 산업, 학문, 문화, 계층, 국가가 보유하고 있는 유무형 자원을 보다 효율적으로 연결하게 되고, 여기에서 새로운 가치 및 성장 기회가 창출된다.

에릭슨Ericsson 사는 2011년도 보고서에서 2020년까지 5~10개의 인터넷에 연결된 기기를 지니고 24시간 정보서비스를 구매하게 될 30억 명의 소비자와 15억 대의 자동차, 30억 개의 유틸리티(전기, 수도, 가스 등) 계량기 등을 예상하며, 초연결 시대에 다가올 새로운 성장 기회를 3단계로 구분하여 설명하였다.[28]

그중 첫 단계는 사물인터넷 기술을 이용한 스마트홈으로, 2014년

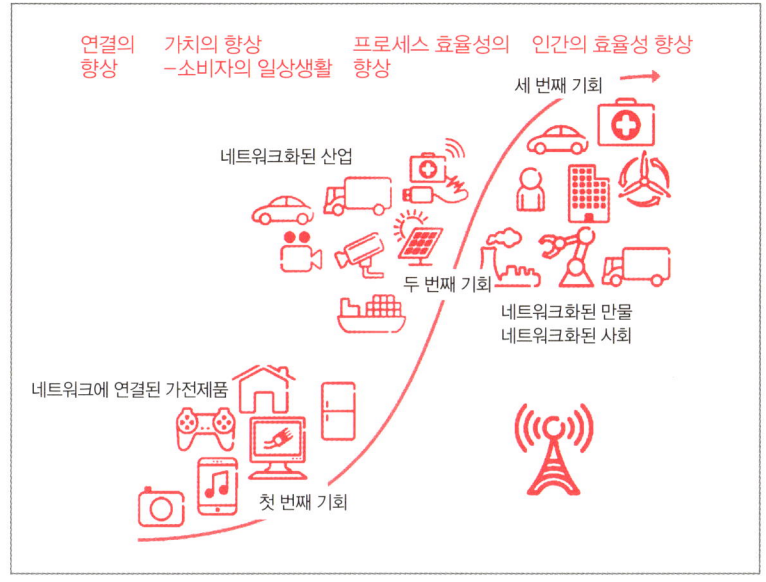

베를린 국제가전전시회에서 삼성과 LG, 밀레, 지멘스, 하이얼 등이 관련 제품들을 본격적으로 선보이며 시장이 점차 가시화되고 있다.[30]

　두 번째 단계는 초연결된 산업 현장이다. 사람과 기계의 소통을 넘어서 본격적인 기계 간의 연결Machine to Machine을 통해 산업 프로세스의 효율화가 예상된다. 관련 연구가 활발히 수행되고 있는 무인자동차를 예로 들 수 있다. 세 번째 기회는 사회의 모든 사물이 연결되는 만물지능인터넷Ambient Internet of Everything 사회이다. 만물지능인터넷 시대는 사람과 사물, 공간의 초연결성을 통해 경제사회 시스템까지 살아 있는 유기체처럼 연동되는 사회로, 사물인터넷 기술과 빅데이터 기술이 더해지며 초연결성을 넘어 초지능성을 구현한다.

초연결사회에서 사물인터넷은 플랫폼과 플랫폼을 연결하고, 인프라와 인프라를 접목하며, 사람—사물—공간의 연결을 통해 신산업 창조의 기회를 만든다. 이렇게 될 때 구글이 개발하고 있는 무인자동차도 위력을 발휘하게 될 것이다. 레이더와 카메라로 보행자, 주변 장애물, 교통신호를 판단하고, 내장된 센서와 도로좌표 교통시스템이 실시간 반응함으로써 판단·인식·처리 프로세스가 최대의 효율로 작동하게 될 것이다.

초연결경제 시대로의 진입

스쳐지나간 연결경제

연결경제Connected Economy라는 단어는 이미 조용히 회자되고 있었다. 그러나 대부분의 논의들은 인터넷 등장과 확산에 따른 산업경제와 연결경제 시대의 비즈니스 환경에 대한 비교다. 물론 연결경제와 관련된 내용을 언급한 이들이 연구한 시점과 접근엔 다소 차이가 있지만 경제 사회 전반에 엄청난 파괴적 혁신을 이끌 것이라는 전망은 모두 같다. 그러나 산업 시대와 인터넷 시대를 넘어 유선에서 무선으로 그리고 사물인터넷으로 빠른 속도로 발전하고 있는 현실을 생각하면 이제는 본격적으로 연결경제에 대한 논의가 필요한 시점이다.

스탠 데이비스Stan Davis와 크리스토퍼 메이어Christopher Meyer는

1998년 『Blur : The Speed of Change in the Connected Economy』를 통해 인간의 욕구를 충족시키기 위한 경제시스템 변화의 동인을 연결성Connectivity, 속도Speed, 무형적 가치의 성장Growth of Intangible Value 으로 설명했다. 연결성은 상품, 인간, 기업, 국가 등 경제주체가 인터넷을 기반으로 움직이고, 속도는 비즈니스와 그것이 연결된 조직이 모든 측면에서 실시간으로 움직이고 변화하고 있음을 의미하며, 마지막으로 무형적 가치는 앞으로 무형적 가치가 빠르게 증가하고 있다는 것이다.[31]

이러한 동인들이 모여 만들어진 모든 경계가 흐릿해지는 새로운 연결경제 시대의 세상에 진입하고 있다. 결국 3개의 동인들은 변화의 속도가 비교적 느렸던 단절된 산업화 시대의 중요 가치였던 대량생산, 가격 차별화, 표준화 등을 무기력하게 만들어 전통적 경제를 붕괴시켜 전 세계의 상품과 서비스가 통합되고, 구매자가 판매하고 판매자가 구입하며, 순수가치Net value에 의한 단일한 연쇄구조는 복잡한 경제망Economic Webs으로의 변화를 유도한다. 가정은 사무실이 되고, 구조와 과정, 소유와 사용, 지식과 배움, 현실과 가상의 명확한 구분이 더 이상 의미가 없다. 종업원과 고용주의 구분도 갈수록 모호해지고, 자본의 세계에서도 자본 그 자체는 자산인 동시에 채무가 되고, 가치 역시 대단히 빠르게 움직여서 그 축적과 이동을 구별할 수 없게 된다. 모든 방향은 최전방에서 정반대의 것들이 블러현상을 일으킨다.

2000년에 발간된 제러미 리프킨의 『The Age of Access』에서도 공유경제와 유사한 개념으로 네트워크 경제Networked Economy란 개념을 설

● 블러화된 제품들의 특성

속도	연결성	무형적 가치
고객의 접근과 응답이 24시간 가능함 실시간 작동	온라인 상호작용 고객의 접근과 응답이 모든 장소에서 가능함	학습능력 예측능력 여과능력 맞춤생산 업그레이드

● 경영과 관련된 사고방식

구분	상품	서비스	블러화된 사물들
시간적 지평	판매시간	계약기간	고객 욕구의 수명
구매자 관심사	가격, 배달, 편리성	지속적 지원	업그레이드 가능성
비용의 주용도	직접 경비	간접경비	설계 정비
가치의 원천	제조과정	교육, 유지	플랫폼
설계	고정성, 일관성	맞춤생산	학습 가능성
수익모델	정가	계약기간	가입과 이용자 요금
마케팅 목표	브랜드 신뢰도	관계 형성	공동체 구축

● 교환의 특성

구분	전통적 상거래		연결시대의 상거래
	공급자	소비자	교환
가치 역할	생산	소비	생산과 소비
가치 획득	화폐	상품 혹은 서비스	경제적 가치 정보적 가치 감성적 가치 경험적 가치
의사소통 역할	발송인	수취인	상호작용 주체
정보 역할	통제자	제한적 접근	접근과 생산의 공유
관련 시간	영업시간	영업시간	지속성과 연결성 유지
관련 공간	판매지점	시장	연결된 모든 장소

명했다.[32] 네트워크 경제에서 기업은 물적재산이건 지적재산이건 교환보다 접속을 택하는 시스템으로 정의했다. 물적자본 소유권이 한때 산업사회의 근간이었지만 네트워크 경제 시대에는 점점 주변으로 밀

려나고 기업이 물적자본을 자산이 아닌 단순 경상비로 취급하는 경제 시스템이라는 것이다. 가급적 소유하지 말고 빌리자는 인식이 뿌리내리고, 지식자산은 새로운 시대를 이끌어가는 원동력이 된다. 즉 사물이 아닌 우수한 개념과 아이디어 등 인간의 상상력과 창조성에서 부가가치가 창출되는 경제시스템이다. 지식자본은 매우 중요하지만 여간해서는 교환하지 않으며, 공급자는 지식자본을 단단히 거머쥔 채 제한적으로 임대하거나 사용권을 빌려줄 것으로 예상했다.

산업 시대에는 인간의 노동이 상품을 생산하고 기본 서비스를 제공하는 데 투입되었다. 접속의 시대에는 소프트웨어나 로봇이 농업, 제조업, 서비스 부문에서 인간의 노동을 점점 대체할 것이다. 농장, 공장, 많은 화이트칼라 서비스산업은 빠르게 자동화된다. 단순 반복 수작업에서 개념적 이해를 요구하는 고도의 전문작업에 이르기까지 점점 많은 육체노동과 정신노동이 21세기에는 생각하는 기계인 컴퓨터로 처리된다. 세상에서 가장 싼 노동자의 임금도 기계를 이용하는 데드는 비용만큼 싸지는 않을 것이고, 2050년이 되면 성인인구의 불과 5%만으로 기존 산업 영역을 차질 없이 운영하고 관리할 수 있을 것으로 스탠 데이비스는 주장했다.

접속 시대를 지배하는 경영학적 전제는 시장의 시대를 지배하던 전제와는 판이하게 다르다. 새로운 세계에서 시장은 네트워크에 자리를 내주고 판매자와 구매자는 공급자와 사용자로 바뀐다. 사실상 모든 것이 접속된다. 네트워크 경제에서는 시장을 통한 거래는 줄고 전략적 제휴, 외부 자원의 공유, 이익공유가 활성화된다. 기업들은 이미 서로에게 물건을 파는 것보다 집합자원을 공유하여 광범위한 공급자−사용자 네트워크를 통한 공동경영을 선호하고 있다. 따라서 접속 중심의 구도에서 기업의 성공은 시장에서 그때그때 판매하는 물건의 양보다는 고객과 장기적 유대 관계를 맺을 수 있느냐 없느냐에 따라 점점 좌우되는 등 상품과 서비스의 관계가 근본적으로 변하고 있다는 것이다. 산업 시대에는 소비자에게 상품을 팔면서 무료 애프터서비스를 제공하는 데 주안점을 두었다면, 이제는 반대로 후속 서비스를 통해 고객과 장기적 관계를 맺겠다는 계산으로 아예 공짜로 제품을 제공하는 기업들이 늘고 있다는 것이다. 결국 소비자의 의도도 소유에서 접속으로 서서히 기울 것이다. 값싼 내구재는 여전히 시장에서 거래되겠지만, 가전제품, 자동차, 집과 같은 고가품은 공급자에 의해 소비자에게 단기 대여, 임대, 회원제와 같은 서비스 계약의 형태로 제공될 것으로 예상했다.

세스 고딘Seth Godin은 2012년 『The Icarus Deception』을 통해 제품을 생산함으로써 부를 쌓아가던 산업사회의 시대가 저물고 '연결'과 '관계'라는 완전히 새로운 것에서 가치가 창출될 것으로 전망했다. 이제는 산업경제 시대를 넘어 연결경제 시대에 접어들었다는 것이다. 2개의 경제시스템을 비교해보자. 먼저 산업경제를 살펴보면, 산업경제 중심에는 결핍이 있었다. 문화를 풍요롭게 하기 위해 노력하고 생산성을 높이는 등 우리 삶의 형태를 규정했던 모든 것들이 결핍을 보충하기 위한 노력이었다. 산업화란 실패의 위험을 없애고 현재의 상태를 유지함으로써 힘을 강화해 나가는 과정이기 때문이다.

반면 연결경제 중심에는 풍요가 있다. 현재 우리에게는 더 많은 선택권과 연결의 기회 그리고 풍부한 정보가 있다. 우리는 더 많은 이들을 알고 더 많은 자원에 접근하고 예전보다 더 빨리 더 높은 수준의 기술을 활용할 수 있다. 이러한 풍요는 최저를 향한 경쟁으로 이어진다. 인터넷을 통해 비용을 낮추고, 값싼 노동력을 구하고 더 적은 투입으로 더 많은 산출물을 얻기 위해서다. 연결경제가 매력적인 것은 계속해서 확대되고, 관계가 넓어지고, 하나의 정보가 더 많은 정보로 이어지면서 풍요를 창조하는 원동력이 자체적으로 강해지기 때문이다. 가입자 수가 많을수록 전화망의 가치가 높아지는 것처럼(네트워크에서는 오히려 희소성이 가치를 죽인다), 아이러니하게도 관계가 확장되면서 접근성은 더욱 높아진다. 연결경제의 가치는 그 범위가 확장되면서 높아지며 온라인과 오프라인을 넘나들며 이루어진다는 특징이 있다.

결국 연결경제 시대에 필요한 것은 산업경제의 표준화와 신뢰성에 기반한 평범한 제품과 서비스를 뛰어넘는 독창성이다. 산업경제 시대에는 월마트 등 대형시장을 통한 폭넓은 선택권과 저렴한 가격 우위를 통한 생산과 마케팅의 효율성이 중요했다면, 연결경제 시대에는 획기적이고 놀라운 제품이 필요한 시대다. 연결경제에서는 정규분포 곡선 중간에 위치한 소비자들이 아니라 자신의 의견을 말하고 많은 관심을 기울이는 정규분포 곡선 중간에서 벗어난 소비자들을 만족시켜야 한다는 것이다. 산업혁명 시대처럼 대량생산된 평범한 제품이 아니라, 고객의 원하는 혁신적 제품을 만드는 것이 소비자가 서로서로 연결을 이루면서 기업에 더 많은 소비자를 몰고 올 것이기 때문에 기업 측면에서 보다 비용이 적게 들고 보다 효과적이라는 결론이다. 특히 네트워크를 기반으로 하는 연결경제는 선택권과 판매통로를 무한하게 확대하는 동시에 소수의 관심과 신뢰가 더욱 중요한 요소이며, 연결을 통해 가치를 창조할 수 있다고 말한다. 산업경제에서는 철도와 전구, 건물을 만드는 사람이 부자가 되는 시대였다면, 연결경제 시대에는 생산성이 아닌 혁신적인 가치를 발견하고 제시하는 리더와 개척자, 혁명가에게 보상을 주는 시대라는 것이다.

이러한 논의들은 기존 디지털경제Digital Economy 혹은 인터넷경제Internet Economy와 연결선상에 있다. 인터넷과의 접속과 네트워크는 등장 이후 파괴적으로 시장을 새롭게 형성했고 사회 역학구조를 새롭게 재편해왔다. 그러나 현재까지 논의된 연결경제는 이러한 유무선 인터넷 시대 관점에서의 일부 공유경제와 경험경제를 포함해 논의가 되었다. 이제는 사물인터넷이 가져다주는 연결경제의 변화도 고민하고 대응해야 할 시점이다. 연결 수가 늘어나고 연결개체가 다양해짐에 따라 당연히 경제사회적 파급효과도 달라질 수밖에 없기 때문이다.

연결경제를 넘은 초연결경제

산업혁명의 시작과 종료 시기에 대해서는 아직까지도 역사학자들의 논란이 있다. 영국 역사학자인 에릭 홉스봄Eric Hobsbawm은 산업혁명이 1770년대에 발생했지만 1830~1840년대까지도 유럽 전체에 확산되지 않았다는 관점을 견지하는 반면,[33] 토머스 애슈턴Thomas Ashton은 1760년에서 1830년 사이에 발생했다고 주장하고 있다.[34]

사물인터넷이 핵심동인인 초연결경제가 시작된 시점에 대한 논의도 마찬가지다. 시스코가 전 세계 인구의 약 6배인 500억 개의 사물들이 인터넷에 연결될 것으로 예측하는 2020년[35], PTC INC. 대표인 짐 헤플만이 말한 1조 개의 객체가 인터넷에 연결되는 2030년[36] 등 특정 단위수의 사물들이 인터넷과 연결된다고 예측하는 시기에 본격적인 초연결경제 시대가 펼쳐질 것이라고 확신하기는 쉽지 않다. 아마도 2020년에서 2030년 사이 본격적으로 시작되지 않을까 싶다. 정확히는 사물인터넷이 본격적으로 전 세계에 확산되고 실제 경제에 미치는 영향력이 특정 수준에 올랐을 때가 본격적인 초연결경제가 시작되는 시점이다.

경제에는 불변적 요소가 있다. 그러나 초연결경제를 논의하는 것은 공산주의와 자본주의, 미시경제와 거시경제 등으로 대표되는 순수 경제학의 관점과는 조금 다른 이야기다. 경제사회 패러다임을 바꿀 만한 특정 기술들이 개발되어 과학기술의 주류로 자리 잡아 가면서 언급되는 기술경제학과 과학기술정책 관점의 경제학이다. 물론 초연결경제와 같은 기술경제학적 시스템들은 산업경제, 인터넷경제, 바이오경제, 녹색경제, 지식경제, 공유경제, 창조경제 등과 같이 무수한 형태가 존재해왔고, 지금도 존재하고 있다. 예를 들면 초연결경제가 등장했다고 해서 다른 시스템들이 모두 사라지는 것이 아니고 항상 상호보완해가며 공존한다. 과학기술정책 관점에서도 특정 기술의 발전에 따라 언급되는 기술경제 시스템에는 관심이 높을 수밖에 없다. 과학기술의 경제사회 기여도가 높아지고 있으며, 결국 가장 중요한 새로운 일자리와 시장을 만들 수 있는 성장동력이 필요하기 때문이다.

경제는 욕구 충족을 위해 자원을 이용한다는 속성으로 인해 그 수단은 인류 역사의 진보와 함께 지속적으로 변화하고 있다. 수렵과 채집경제는 약 10만 년 동안 지속된 후 농업경제에 자리를 내주었고, 농업경제는 약 1만여 년간 지속되면서 노동집약적이고 토지집약적 특징을 보였으며 뒤이어 1760~1950년이란 기간 동안 기계와 공장을 앞세운 산업경제 시대가 왔다. 이 시대의 특징을 이룬 것은 도시의 증가, 대량생산, 오염, 노동조합, 은행 조직의 발전 등이다. 산업경제가 시작된 지 거의 200년이 지나 경제는 컴퓨터 중심의 정보경제에 자리를 내주었다. 그러나 초기 40년 동안 정보경제 시대의 컴퓨터는 정보처리 도구로 사용됐다. 특히 일상적인 인간의 두뇌활동을 수행하기 위해 더 크고 더 빠른 기계인 슈퍼컴퓨터가 개발되었지만, 결국 방대한 자료를 저장하고 처리하는 공장이라는 관점에서는 역시 산업경제 시스템에 포함되며, 이미 정보경제의 시대는 반 이상 지나갔다고 스탠 데이비스와 크리스토퍼 메이어는 말한다.[37]

앨빈 토플러는 1980년대 초 앞으로 다가오는 고도화된 정보화사회의 도래를 제3의 물결이라고 표현했다. 그렇다면 제4의 물결은 무엇일까? 앨빈토플러는 제4의 물결은 속도와 공간의 혁명으로 정의하고 생물학과 우주산업을 핵심 패러다임 주도의 동인으로 설명했다. 생물학적으로는 인간 두뇌의 개량, 우주산업을 통한 우주에서 새로운 에너지의 발견 등을 예로 들고, 제4의 물결 시대에는 변화의 속도에서 살아남는 국가만이 경쟁력을 갖게 될 것이라 말했다.[38] 이 밖에도 바이오경제, 창조경제 등 다양한 기술 분야가 제4의 물결이라는 이야기들이 나오고 있다. 그러나 초연결혁명이 제4의 물결의 동인이고 새로운 사회 모습이라고 단정지을 필요도 없고 우길 필요도 없다. 단 보다 인간 친화적이고 감성적이며 보다 발전된 정보통신사회라는 모습은 분명하다. 특히 가장 중요한 것은 네크워크다. 실제 인터넷의 접속을 위한 컴퓨터, 스마트 디바이스 등 접속 도구와 다양한 사물들뿐만 아니라, 이들을 통해 사용자들에게 어떠한 새로운 가치 있는 경험을 줄 수 있는지, 얼마나 신뢰할 수 있는지가 중요한 요소이다. 물론 네트워크의 연결 품질과 신뢰성, 누구나 쉽게 접근 가능한 접근성과 연결 강도도 매

● 경제 패러다임의 발전

구분	농업경제	산업경제	디지털경제	초연결경제
발전의 동인	농업혁명 (제1의 물결)	산업혁명 (제2의 물결)	정보혁명 (제3의 물결)	초연결혁명 (제4의 물결)
시대	18세기 이전	18세기	20세기 후반	21세기 이후
가치	공동화	표준화	시스템화	신뢰(trust) 경험(experience)
인간 활동 도구	철, 연장	기계	컴퓨터	커넥터 (connector)
사회 척도	곡물 수확량	칼로리	비트	연결 강도 연결 품질·신뢰성 네트워크 접근성
격차의 원인	물질적 격차 (material divide)	물질적 격차 (material divide)	디지털 격차 (digital divide)	연결 격차 (connection divide)
국력 척도	군사력	정치력	경제력	접근성

우 중요한 초연결경제의 성공 요건이다.

　초연결경제에서는 커넥터라는 활동 도구의 중요성이 증가한다. 모든 네트워크, 특히 사람들 사이의 네트워크와 비즈니스가 운영되기 위한 모든 구성 요소를 효율적이고 효과적으로 빠르고 가치 있게 연결시키는 것이 커넥터의 역할이다. 마지막으로 국가, 기업, 개인의 부를 결정짓는 격차Divide의 요인은 연결의 격차로 말할 수 있다. 과거 농업과 산업 경제에서는 실제로 소유한 물질적 재산의 격차가 중요했고, 디지털경제에서는 인터넷 접속 가능성 중심의 디지털 격차가 중요했다면, 이제는 보다 효율적으로 사물인터넷 등 핵심 네트워크에 접속이 가능한 접속의 격차에 따라 소유의 격차가 발생한다. 즉 네트워크에 포함된 사람과 네트워크 밖에 있는 사람들 사이의 문화와 삶의 형태에 대한 격차가 급속히 발생하고, 포함되지 못한 사람은 커다란 단절을 경험할 것이다. 결국 우리가 사는 경제사회는 수직적 사회에서 수평적 사회로, 분화된 시대에서 상호 분야 간 칸막이가 사라진 시대로, 두뇌경제에서 감성과 경험경제의 시대로, 개별경쟁에서 생태계 경쟁의 시대로 전환되고 있다.

03

혁신의 진화

기술의 한계와 민첩한 혁신

혁신은 항상 또 다른 혁신에 의해 보편적 기술로 일반화되고, 점진적 혹은 파괴적 혁신에 의해 시장 주도 기업이 계속 바뀌는 특징이 있다. 그러나 최근 시장 출시가 시작되거나 예상되는 혁신이라 받아들여지는 시스템들을 돌아보면, 실제 콘셉트 개발에서 기술 상용화 단계까지 적지 않은 시간이 걸렸다.

플렉서블 디스플레이는 1974년 제록스 팔로알토연구소Xerox Palo Alto Research Center에서 개발한 자이리콘Gyricon 전자종이가 진화한 시스템으로 2013년 LG 플렉서블 디스플레이를 통해 상용화되었다. 3D 프린터는 1984년 찰스 홀의 3D 시스템스3D Systems 설립과 함께 본격화되어 2012년 최초로 실제 하악골을 이식했다.

무인자동차는 1939년 뉴욕 세계박람회에서 제너럴 모터스가 전시한 퓨처라마Futurama=Future+Panorama 개념에서 발전한 시스템으로 1990년대 여러 대의 차량이 특정 구간을 일정한 간격으로 군집주행하는 형태가 발전되어 현재 한 대의 차량이 자동으로 주행하는 자율주행자동차 형태로 발전되었다.

우리가 흔히 사용하는 자동차 항법장치도 1930년 종이지도를 사용한 이터 아브토Iter Avto 시스템이 발전되어 1990년 최초로 CD에 저장한 디지털지도를 활용한 시스템으로 일본에서 출시되었고,[39] 아마존 무인배송기 '드론'은 1960년대 월남전에 등장한 군사용 무인비행체 기술 등이 민간에 활용돼 개발된 것이다.

대략 초기 시제품에서 실제 상용화되기까지 플렉서블 디스플레이는 약 40년, 3D 프린터는 약 30년, 항법장치는 60년, 현재 본격적 상용화를 앞둔 무인자동차와 드론은 각각 70년과 50년의 시간이 걸리는 등 초기 개념에서 시장 출시까지의 시간적 거리는 기술의 주인들이 바뀌며 기나긴 여정이 걸렸다.[40]

그러나 최근에는 이러한 혁신들이 탄생하는 환경과 과정이 달라지고 있다. 이미 살펴봤듯이 프라이스워터하우스쿠퍼스에 따르면 공유

● 1930년대 항법장치 이터 아브토[41]와 GM의 퓨처라마[42]

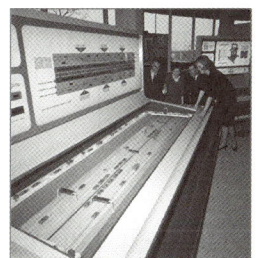

경제도 혁신의 'S커브' 경로를 따라 진행하고 있다. 우버와 에어비앤비가 공유경제 기업이라는 것은 어떻게 보면 의미가 없으며, 이미 공격적으로 전 세계시장 선점에 박차를 가하고 있다. 그리 대단한 기능이 필요하지 않은 앱과 웹만으로 세계 스타트업 기업가치 2, 3위로 자리 잡았으며, 그 과정에서 기존 제도권과 규제와의 대항도 서슴지 않고 있다.

최근에는 샤오미 열풍이 뜨겁다. 2010년 6월 레이쥔雷軍을 중심으로 8명이 창업한 샤오미는 창립 4년 만에 중국 1위, 세계 5위권의 스마트 기기 제조사로 성장했고, 2013년 9월 휴고 바라Hugo Barra 구글 부사장을 영입하며 샤오미를 글로벌 IT기업으로 성장시키기 위한 전략을 구체화했다. 그 결과 2014년 말 461억 달러의 기업가치를 평가받으며, 세계 1위 스타트업 기업이 되었다.[43] 저가공략이 성공의 주요 이유라는 말들이 많지만, 사실 중국에는 '산자이山寨'라고 불리는 값싼 짝퉁 제품들이 널렸다. 샤오미의 성공전략은 소프트웨어 역량이 가장 커다란 비결이다. 샤오미가 창립 후 가장 먼저 한 일은 스마트폰을 출시한 것이 아니라 안드로이드 기반의 변형 OS인 MIUI를 출시한 것이다. 또한 철저하게 사용자 편의에 집착하고 소비자의 의견을 실시간으로 반영해서 짧게 2~3일, 적어도 일주일에 한 번씩 OS에서 새로운 기능을 추가해주거나 오류를 수정해주는 업그레이드를 지원한다. 여기에 헝거마케팅Hunger Marketing이란 뛰어난 마케팅 전략이 더해졌고 유통망의 혁명을 성공적으로 이뤄냈다. 그리고 미국에서 공부한 다양한 엘리트들이 모여 실리콘밸리형 문화를 만들어낸 것도 샤오미의 독특한 DNA를 만드는 데 기여했다.[44]특히 주목할 점은 샤오미 제품들에 새로운 것들은 없다는 것이다. 많은 과거의 혁신적 기업들이 선택한 혁신들을 잘 버무려 새로운 샤오미만의 혁신을 만든 것이 핵심이다. 애플과 삼성의 고급폰을 표방했고, 스티브 잡스의 프레젠테이션을 따라했으며, 아마존의 유통 방식과 디지털 콘텐츠 판매 방식을 따왔고, 델컴퓨터의 주문생산Build to Order 방식, 토요타 등 일본 제조업의 저스트인타임Just In Time 생산방식도 표방했다. 기존의 혁신을 제대로 모방한 것이 샤오미 특유의 혁신의 원동력으로 자리 잡았다.[45]

구글을 지나칠 순 없다. 검색기업으로 출발한 구글은 2001년에서 2014년 상반기까지 공식적으로 159개 기업을 인수합병했다.[46] 2001년부터 2011년까지 인수합병에 약 176억 달러를 투자했지만, 2012년 이후에는 2년이 넘는 기간에 100억 달러 이상을 투자하는 등 최근 본격적 인수합병 행보에 나서고 있다. 2011년까지 주로 검색과 무선인터넷 기업을 중심으로 인수합병 했다면, 2012년부터는 본격적으로 사물인터넷 플랫폼과 핵심기술 분야로 그 영역을 넓히고 있다. 최근 절대적 비중을 차지하던 광고수익이 흔들리면서 지속가능한 성장을 위해 우수한 기술 회사들을 인수합병하고 이들을 통해 수익을 창출하려는 새로운 지배구조를 설계하고 있다. 자동운전, 로봇, 사물인터넷 등 인류의 생활에 혁신을 가져다줄 분야를 중심으로 사업 포트폴리오를 구축하고 있는 것으로 파악된다.

2013년 3월에는 언어와 이미지 인식 기술을 보유한 신경망업체인 디엔엔리서치DNNresearch를 인수하고, 같은 해 최고의 보행로봇업체인 보스톤 다이내믹스Boston Dynamics 등 8개 로봇회사를 인수해 많은 주목을 받았다. 이뿐만 아니라 2014년에는 스마트홈업체인 네스트Nest와 태양광을 이용해 몇 년 동안 비행할 수 있는 드론을 개발하는 타이탄 에어로스페이스Titan Aerospace를 인수했다. 앞으로 오지나 저개발국가 등 무선인터넷 통신망이 구축되지 않은 지역에서 드론이 중계기 역할을 수행하거나 지형지물 데이터 수집도 가능할 것으로 예상된다. 이뿐만 아니라 위성업체인 스카이박스Skybox와 드로엘러먼트DrawElements 등 3D 그래픽 서비스업체 등을 인수하는 등 구글은 인터넷 서비스 제공 회사에서 출발하여 사물인터넷의 플랫폼인 무인자동차, 로봇, 스마트홈 등에서 최고의 선두기업 혹은 지주회사로의 전환을 가속화하고 있다.

이러한 기업들이 혁신하는 방법이 의미하는 것은 무엇일까? 혁신의

● 2014년 구글의 주요 인수합병 기업 리스트[47]

일시	기업명	분야
1월 13일	네스트렙(Nest labs)	스마트홈, 사물인터넷
1월 15일	임피미움(Impemium)	인터넷 보안회사
1월 27일	딥마인드(Deepmind Technologies)	인공 지능 전문 업체
2월 16일	슬릭로그인(Slicklogin)	음파 인증 업체
5월 2일	에피타스(Appetas) 타이탄 에어로스페이스(Titan Aerospace)	레스토랑, 카페에 대한 정보 제공 태양광 무인기 업체
5월 16일	퀘스트 비주얼(Quest Visual)	증강현실 번역 앱 업체
6월 10일	스카이박스(Skybox)	위성 업체
6월 12일	버진 갤럭틱(Virgin Galactic)	우주여행 사업 회사
7월 1일	송자(Songza)	음악 스트리밍 및 큐레이션 서비스 업체
7월 23일	드로엘러먼트(draw Elements)	스마트폰 앱 3D 그래픽 서비스 제공

의미와 경로가 다양화되고 빨라지고 있다는 것이다. 일반적으로 세상에 없는 새로운 기술들로 우리의 생활과 삶을 바꾸는 것에 혁신이라는 이름을 붙였지만 이제는 혁신의 수단이 소프트해지고 다양해지고 있다. 그만큼 혁신의 무게도 가벼워졌다.

공유경제 기업들의 예는 혁신이 더 이상 팬티엄 프로세서, 자동차, 반도체 등과 같이 대규모의 연구개발 투자 없이도 앱과 웹 등 대단한 기술 없이 단순한 아이디어로도 가능하다는 것을 의미한다. 샤오미의 사례를 봐도 다른 기업의 혁신에 접근하고 활용할 수 있는 접근 거리가 그만큼 가까워졌다는 것을 의미한다. 마치 산업혁명 때와 같다. 제1차 산업혁명은 영국에 한정된 기간으로 영국인들은 기계와 숙련노동자, 제조기술 등의 유출을 금했다. 그러나 영국의 독점은 영원히 지속될 수 없었다. 특히 유럽 대륙의 사업가들이 영국의 새로운 기술정보를 자국으로 유인하고자 시도하는 가운데, 일부 영국인들이 해외에서의 산업활동으로 이윤을 얻을 수 있음을 알았기 때문이다. 윌리엄과 존 코커릴이라는 두 영국인이 1807년경 벨기에 리에주에서 기계를 갖춘 공장의 문을 연 것을 계기로 벨기에부터 산업혁명이 확산되기 시작했다. 이와 마찬가지로 예를 들면 보유한 모든 전기자동차 관련 특허를 공개하기로 선언한 테슬라 모터스의 경우에도 향후 새로운 전기차 플랫폼의 탄생과 확산을 용이하게 할 가능성이 높다.

구글은 또 다른 암시를 준다. 새롭게 시장을 만들고 선점을 통한 혁신을 위해 기존 기술 네트워크와의 협력과 인수합병으로 기업의 트랜스포메이션이 가능함을 말해준다. 현재 전 세계 완성차업체들이 검색

업체에서 출발한 구글의 세계 최고의 자율주행차량 기술력을 부러워하고 두려워하는 이유다. 물론 DARPA에서 추진하는 혁신적 연구 네트워크를 구글이 잘 활용하는 것도 혁신적 기술을 상용화로 재탄생시키기 위한 시간적 거리와 관련 기술 간 네트워크 거리를 단축하는 데 커다란 도움이 되었다. 사물인터넷의 실현도 인수합병을 통한 기술력 확보로 상용화 시점을 구글이 주도해 앞당길 것으로 예상된다. 즉 인수합병은 새로운 먹거리를 선점하고 상용화하기 위한 기업의 트랜스포메이션 속도와 효율성을 단축해 혁신의 시간을 앞당기는 수단으로 생각할 수 있다. 파괴적 혁신을 성공적으로 이끌기 위해 도전할 기술과 응용 분야를 명확히 하고 외부자원을 적극 활용하는 인수합병 전략의 중요성을 보여준다.

이러한 다양한 혁신의 유형들이 출현한 데는 기술이 한계에 도달했다는 조심스런 예측을 할 수도 있다. 인류에게 혁신적 기술의 출현이 점점 어려워지고 있다는 것이다. 물론 혁신을 보는 관점에 따라 다를 수 있지만 인류의 삶을 바꿀 파괴적 혁신은 인터넷 이후에는 아직 보이지 않는다는 의견들이 있다.

1800년대 중반에서 1900년대 중반까지 인류의 주요 발명품들을 보면 전기, 전구, 모터, 자동차, 비행기, 생활가전, 전화, 실내 배관, 신약, 대량생산, 타자기, 테이프 레코더, 축음기, 라디오, 텔레비전 등 현재 생활을 영위하게 하는 대부분의 기술들이 발명되었고, 증기기관을 이용한 철도와 선박 등은 대륙 간 이용을 가능하게 하여 세계경제를 하나로 묶는 데 기여했다. 가전제품 등은 홈오토메이션 기술의 발전으로 인간에게 보다 감성적이고 편안하게 진화되고 있고, 자동차 등 많은 시스템들의 자동화가 진화되어 인간의 기능을 대신하고 있다. 물론 사물인터넷 등의 발전으로 모든 사물들이 인터넷과도 연결되고 있다. 그러나 가전제품은 여전히 가전제품이고 자동차는 여전히 자동차다. 인터넷 이후 기존에 없었던 혁신적 기술, 플랫폼은 더 이상 탄생하지 않았다. 타일러 코웬Tyler Cowen의 말처럼 인류역사상 최초로 발명된 것들은 현재까지도 널리 사용되고 있으며, 인터넷을 제외하면 물질적 측면에서는 1950년대와 커다란 차이가 없다.[48] 물론 당시 개발된 시스템들이 발전하며 인간의 생활이 향상되고 물질적으로 풍요로워졌지만 2~3세대 전과 비교하면 현재 혁신과 변화의 속도는 오히려 늦다.

미국 항공전쟁센터 무기연구소Naval Air Warfare Center, Weapons Division 연구원이었던 조나단 휴브너Jonathan Huebner는 2004년 브라이언 번치Bryan Bunch, 알렉산더 헬만스Alexander Hellemans와 공동 저술한 『The History of Science and Technology』에서 과학기술 역사상 중요한 발견과 발명품 등 혁신적 기술 8,583개 가운데 7,198개를 선정해[49] 인구 10억 명당 비율로 혁신의 개수를 분석했다. 분석 결과 혁신적 기술의 비율이 가장 높았던 시점은 1873년이며, 그 이후 현재까지 급속하게 감소하고 있음을 밝혔다.[50] 기술이 한계에 접근할수록 혁신이 탄생할 비율은 제로에 근접해 나가지만, 실제로는 제로에 근접하지는 않고 종형 커브Bell Shaped Curve에 근접하고 있다는 것이다. 물론 거대한 기술의 원천인 국방 분야에서는 세계대전 등을 거치고 기업이 수행하기에 비용 부담이 큰 연구개발들을 수행하면서 그 결과를 민간에 이전해 현재 과학문명

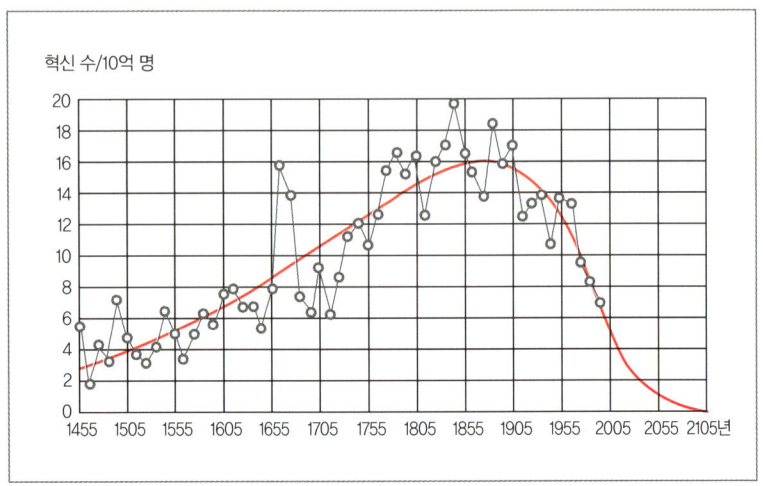

을 이끌며 인간 생활에 적지 않은 변화를 줬다.[51] 그러나 인터넷을 제외하면 1900년대 중반과 비교해 인간의 생활을 획기적으로 변화시킨 발명과 발견은 없다고 말한다. 타일러 코웬과 같은 의견이다.

스탠포드 교수인 찰스 존스Charles Jones는 1950년에서 1993년까지 미국 경제성장의 80%는 기존에 발견된 아이디어들의 활용, 교육과 연구개발에 막대한 투자가 기여를 했다고 분석했다.[52] 현재 많은 국가들이 경제성장을 위해 교육과 연구개발에 경쟁적으로 막대한 투자를 하고 있지만, 인구에 비례하는 혁신적 아이디어는 유럽과 일본처럼 기술을 주도하는 국가들의 인구가 계속 감소한다면 과거와 같은 혁신적 기술을 통한 경제성장이 쉽지 않다는 결론이다.

이러한 기술의 한계와 혁신 역량이 높은 선진국을 중심으로 감소하는 인구, 인터넷과 소셜네트워크 사용자, 인터넷과 연결되는 사물들이 증가하는 환경은 모든 것들의 거리를 좁혔다. 5,000만 명의 보급 시점을 보면 라디오가 38년, TV는 13년, PC는 제작키트가 처음 나오면서부터 16년이 걸렸지만, 1993년을 기점으로 인터넷은 일반인에게 공개된 후 불과 4년밖에 걸리지 않았다.[53] 당연히 빠른 인터넷의 보급은 기술의 발전, 개발자와 공급자, 그리고 수요자 간의 연결거리와 시간도 혁신적으로 좁히는 데 많은 기여를 했다. 하지만 국가와 기업들 간의 경쟁을 보다 심화시키고 혁신의 절차와 과정도 바꾸었다. 과거에 비하면 대단한 투자와 시간이 필요하지 않은 나름대로 가볍지만 파괴력 높은 비즈니스 모델을 활용한 공유경제, 다른 기업들의 혁신들을 자신들에게 맞게 체화해 활용한 샤오미와 같은 패스트 팔로워Fast Follower형 혁신, 구글과 같이 혁신을 아웃소싱 해 자신들의 혁신역량을 보완하거나 강화하는 인수합병을 통한 혁신전략 등으로 혁신의 형태와 전략이 다양화되고 있다. 그러나 이러한 민첩한 혁신들은 다른 기업들의 추격이 용이하고 진입장벽이 낮을 수밖에 없다. 이제는 혁신의 전환주기가 빨라 재빨리 다음 혁신을 준비해 나가지 않으면 기업의 존속 가능성이 낮아진다. 이제는 특정 분야에 올인하는 전문 분야 기업이라는 것은 더 이상 의미가 없고 새로운 시장을 어떻게 발굴하고 형성해서 어떠한 방법으로 다른 기업들보다 더 민첩하게 자신들의 제품과 서비스, 시스템을 가지고 선점하느냐 하는 것이 기업 존속의 핵심이다.

초연결경제 시대의 고민

사물인터넷의 명과 암

사물인터넷은 초연결경제의 이네이블러Enabler로뿐만 아니라 여러 측면에서 우리의 미래 생활을 스마트하고 편리하게 바꿔줄 기술로 주목을 받고 있다. 그동안 오프라인으로만 관리하고 통제할 수 있었던 많은 사물들이 네트워크에 연결되는 순간, 수작업만으로 수집되고 처리되던 정보들이 신속하고 수월하게 스스로 수집되고, 연결되며, 처리되는 세상이 된다. 이는 단순히 정보의 공유만을 의미하는 것이 아니다. 공유된 정보를 활용함으로써 사물은 스스로 학습할 수 있는 능력을 부여받고, 사물들은 점차 지능화된다.

가정에서는 더 이상 언제 어느 전등을 켜고 꺼야 할지, 외출을 나와

서 집안의 전기밥솥이나 가스레인지 등을 끄고 나왔는지 그대로 켜둔 상태인지 걱정하지 않아도 된다. 모바일 기기에서 조명이나 가전기기의 전원을 조작하고 스케줄링까지 가능한 위모WeMo와 같은 기기가 이러한 고민을 시원하게 날려준다.[54] 여기에 IFTTTIf This Then That와 같은 기능이 추가된다면, 페이스북, 에버노트, 인스타그램, 날씨 앱 등에 등록된 트리거(This)의 발생에 따라 미리 지정해놓은 스케줄(That)이 실행되는 것도 가능하다.[55] 예를 들면 "날씨 사이트의 대전 지역 낮 최고 기온이 35도 이상이면, 에어컨이 연결된 스위치를 작동시켜라"와 같은 명령과 실행이 가능하다. 슈라지Schlage사의 LiNK와 같은 시스템이 보편화되면 더 이상 키를 들고 다니지 않으면서도 방범에 대한 걱정을 줄일 수도 있다.[56]

그 외에도 사물인터넷을 이용한 서비스는 무궁무진하다. 페덱스FedEx Express에서 서비스하는 센스어웨어SenseAware는 배송물의 동선을 알려줄 뿐 아니라 온도, 습도, 기압, 내용물의 빛 노출 여부 등 배송 환경에 대한 정보도 실시간으로 제공한다.[57] 구글과 세계 유수의 자동차 기업에서 개발 중인 무인자동차는 결국 사물인터넷의 힘으로 실용화에 이를 것으로 예상되고 있다. 나이키의 퓨얼 밴드와 벤처기업인 하피랩스HAPILabs의 하피 포크HAPIfork와 같은 기기들은 운동 상태와 식생활 모니터링을 통해 우리가 더 건강하고 오래 살 수 있도록 도와줄 것이다.[58] 사물인터넷은 도심의 어디쯤에 빈 주차장이 있는지 알려줄 것이고, 어느 지역에 미세먼지 농도가 높은지, 학교 주변 공사 현장의 소음 발생이 심하지는 않은지 알려줄 것이다. 이처럼 사물인터넷이 가져올 편리함은 일일이 열거할 수 없을 정도로 무궁무진하다.

그러나 거의 모든 것이 인터넷에 연결됨으로써 바뀌게 될 세상은 편리하고 스마트하기만 할까? 잠시 제2차 세계대전이 한참이던 아날로그 시대인 1930년대 독일의 상황을 살펴보자. 히틀러의 심복이었던 요제프 괴벨스Joseph Goebbels는 국가보조금으로 대량생산한 라디오를 싼값으로 각 가정에 보급했다. 괴벨스는 라디오의 신속성을 이용해 히틀러를 훌륭한 지도자로 부각시켰고, 유대인을 지구상의 멸종 대상으로 지목했으며, 독일의 폴란드 침공을 미화해 독일 국민을 도덕적 판단력이 흐려진 전쟁기계로 만들었다. 그는 라디오를 대중조작을 위한 나치식 정치선전의 도구로 이용했다. 당시 매스미디어의 총아로 부상한 라디오는 괴벨스의 부도덕한 의도로 사용되어 불특정 대중의 생각과 행동에 영향을 미칠 수 있는 나치 프로파간다의 충성스런 도구가 된 것이다.

최근에도 비슷한 상황이 발생했다. 2014년 6월 페이스북 코어데이터과학팀이 미국 국립과학원회보(PNAS)에 발표한 「사회관계망을 통한 대규모 감정 전이 실험적 증거Experimental Evidence of Massive-Scale Emotional Contagion through Social Networks」라는 제목의 논문을 발표한 후 엄청난 사회적 논란에 휩싸였다.[59] 소셜네트워크에서 긍정적인 게시물을 많이 본 사람들은 더 긍정적으로, 부정적인 게시물을 많이 본 사람들은 더 부정적으로 반응하는 것을 확인했고, 사람 간의 직접적인 대면이 없이도 글만으로 소셜네트워크상에서 '감정 전이'가 이뤄진다는 증거를 68만 9,000명을 대상으로 분석해 발견했다는 내용이다. 이 소식을 접한 전 세계 언론들과 사용자들은 분노를 금치 못했다. 자기도 모르는 사이에 자신의 감정이 실험에 이용되었으며, 페이스북 이용자를 실험용 쥐 취급을 했다는 목소리도 나왔다. 사람을 대상으로 하는 실험에서 이용자의 동의를 제대로 구하지도 않은 채 실험이 진행되어 윤리적인 문제가 있다는 것이다. 소셜네트워크상에서 감정 실험의 대상이 되었다는 이야기는 뒤집어 말하면 누군가 나쁜 의도를 가지고 감정(혹은 다른 것도)을 조작하려고 마음을 먹었다면 저 숫자의 사람들의 감정이 클릭 한 번으로 조정될 수 있다는 뜻이다. 괴벨스가 현시대에 살았다면, 민중 선동을 위해 라디오 대신 SNS를 이용하지 않았을까?

시스코는 2020년까지 인터넷에 연결될 사물들을 500억 개로 예상하고 있다. 다른 각도에서 보면 해킹의 대상이 될 수 있는 사물들이 500억 개이며, 하나의 기기가 해킹되었을 때, 최악의 경우에는 2차 공격을 가할 수 있는 대상도 500억 개가 될 수 있다는 의미다. PC가 아닌 인터넷에 연결된 가전제품이 해킹되거나, 해킹에 이용되는 사례는 이미 다양하게 보고되고 있다. 냉난방 관리용 셋톱박스가 온라인 게임 사이트에 대규모 분산서비스거부(DDoS) 공격을 가하기도 하고, 냉장고 10만 대가 해킹당해 75만 건에 달하는 스팸메일이 발생되었다는 보고도 있다.[60] 이러한 인터넷 보안 위협으로 인한 피해는 귀찮은 스팸메일 수신에만 국한되는 것이 아니다. 산업연구원의 보고서에 따르면, 보안사고로 인해 우리나라 인터넷망 중 1%가 작동불가 상태에 빠지면, 전 산업에 걸쳐 약 1조 4,000억 원에 육박하는 금전적 손실이 발생한다고 한다.[61]

인터넷에 연결되어 있는 사물의 종류에 따라 해킹에 의한 인명피해도 가능하다. 사물인터넷이 본격적으로 논의되기 전부터 개인용 의료기기의 해킹에 대한 우려는 제기되어왔다.[62] 특히 인공심장박동기 Pacemaker나 인슐린 펌프, 체내 삽입한 전극을 사용하여 손상된 신경에 자극을 주거나 생체 신경신호를 읽어내는 의료기기, 달팽이관의 신경이 손상되었을 때 사용되는 코클리어 임플란트나 망막의 기능을 되살리기 위한 레티나 임플란트, 신경전극과 같이 생명 유지에 직결되는 이식형 의료기기의 경우 그 심각성이 더 커진다. 생체 이식형 의료기기는 체내에 이식되어 있는 기기와 외부 제어 유닛이 주로 자기유도 방식으로 무선통신을 하게 된다. 이때 체내에 이식되어 있는 기기에 외부 제어 유닛에서 나오는 신호가 아닌 나쁜 의도를 가진 잘못된 전자기적 신호를 중간에 가로채 전달함으로써 의료기기가 오작동하도록 만들 수 있다. 의료기기가 인터넷에 연결되어 있지 않을 경우 체내 이식 기기에 신호를 전달하기 위해서는 신체 아주 가까이에 해킹 신호를 송신할 제어 유닛이 위치해야 하므로 비교적 해킹의 위험성은 낮다. 하지만 의료기기가 인터넷에 연결되어 있을 경우 유닛 자체를 해킹하는 방법이 가능해지기 때문에 그 위험도는 급격히 증가할 수밖에 없다.

미국의 TV 첩보물 시리즈 중 하나인 홈랜드Homeland에서는 테러리스트들이 부통령의 페이스메이커를 해킹해 심장마비를 유발하는 장면이 나온다. 실제로 미국의 전 부통령 딕 체니Dick Cheney는 이미 2007년 이러한 위험을 고려하여 자신의 페이스메이커에서 원격조정 기능을 끄도록 지시한 바 있다. 또한 2014년 10월 유럽형사 경찰기구인 유로폴Europol은 미국 보안전문기업 IID를 인용해 2014년 말 해킹된 인터넷 기기를 사용한 살인 시도가 있을 수 있다고 경고했다.[63][64] 실제로 휴대폰 앱을 이용해 인터넷에 연결된 사물을 해킹하여 충분히 살인이 가능한 세상이 되어가고 있는 것이다.

우리나라 국민 중 하루에 한 차례도 자동차를 타지 않는 사람이 몇 명이나 될까? 오늘날 이동 수단으로써 큰 비중을 차지하고 있는 자동차에는 여러 가지 안전장치가 있지만 그중 브레이크는 가장 기본적이면서도 중요한 장치라는 것을 모르는 사람은 없다. 이런 브레이크가 고장이 나지 않았음에도 누군가의 나쁜 의도로 인해 작동 불능 상태에 빠진다면 어떻게 될까? 2013년 8월, 트위터의 보안 전문가 찰리 밀러Charlie Miller와 아이오액티브IOActive 보안정보 책임자인 크리스 발라섹Chris Valasek은 포브스Forbes지의 에디터가 탑승한 포드Ford 이스케이프Escape 차량의 브레이크가 클릭 한 번으로 작동 불능 상태에 빠질 수 있음을 보여줬다.[65] 실험은 안전을 위해 시속 10km 미만의 속도에서 진행되었지만, 발라섹은 "고속도로를 시속 120km로 달리고 있었다고 생각해 보세요. 그리고 다음 정체 구간에 다가가고 있다면? 아마 좋지 않은 타이밍이겠죠?"라며 그 위험성에 대해 새삼 경고했다. 밀러는 "차가 내 명령대로 움직일 것이라는 믿음이 깨지게 되면, 자동차가 어떻게 작동하는지에 대한 관점이 달라질 것입니다"라고 말하며 해킹이 가능한 자동차의 위험성을 경고하고 있다.

사실 현재 자동차는 첨단 기계라기보다 전자장치다. 엔진, 브레이크, 조향장치 등 주요 기능뿐 아니라 여러 가지 편의기능이 모두 컴퓨터로 제어된다. 이런 이유로 해킹이 가능한 자동차의 기능은 브레이크만이 아니다. 시끄럽게 경적을 계속 울리는 비교적 가벼운 해킹부터 고속에서 급제동을 거는 위험한 작동까지 모두 가능하다고, 밀러와 발라섹은 경고하고 있다. 이 실험에서는 자동차 진단을 위해 설치된 유선 포트를 통해 해킹이 이루어졌다. 하지만 자동차가 인터넷에 본격적으로 연결될 경우는 문제가 훨씬 심각해진다.

워싱턴 대학교와 샌디에고에 위치한 캘리포니아 주립대(UCSD) 연구팀은 2010년 자동차의 셀룰러 커넥션이나, 블루투스, 차량 동기화를 위한 안드로이드 앱, 심지어 카오디오의 CD 플레이어를 통해 차량의 핵심 기능에 접근이 가능함을 시연했다. 실험에 참여했던 UCSD의 스테판 세비쥐Stefan Savage 교수는 "현재의 해킹 공격은 1990년대 중반 PC가 인터넷에 처음 연결되기 시작했을 때와 비슷하다"며, 차량 제어

● 밀러와 발라섹이 해킹을 통해 임의로 작동시킬 수 있었던 차량 기능들

시동이 꺼진 상태에서도 계속 경적이 울림

전원 차단을 방해해 배터리 방전을 유도

속도계와 연료 게이지를 임의로 변경

운전자와 동승자 안전벨트를 갑자기 조임

임의로 엔진 가속 (브레이크와 함께 오버라이드 가능)

전조등이 수동 모드일 때 임의로 온-오프 시킴

조향장치를 작동 불능 상태에 빠지게 함

어떤 속도에서도 급 브레이크 작동이 가능

소프트웨어의 보안이 완벽하지 않음을 경고했다. 이러한 보안 위협은 무인자동차가 넘어야 할 심리적 장벽이 하나 더 추가되는 것을 의미한다.[66]

보안은 전통산업과 기업 인프라 측면에서 쉽지 않은 영역이었다. 새로운 제품이나 시스템이 개발될 때 초점을 두는 것은 제품 자체의 기능성과 상품성이지 보안이 아니기 때문이다. 온갖 기기들이 연결되는 사물인터넷 시대는 각 기기들 자체가 보안의 취약점이 되고, 개발 과정에서 기능성뿐 아니라 보안에 신경을 쓰지 않을 수 없다.

하지만 제조사들은 아직까지 보안에 대한 인식이 부족해 보인다.[67] 아이오애틱브의 최고 보안 상담가인 루벤 산타마르타Ruben Santamarta 와 케사르 세루도Cesar Cerrudo는 각각 위성터미널과 신호등 시스템에서 보안의 취약점을 발견해 해당 기기 제조업자들에게 알려줬으나, 제조사들의 반응은 의외였다고 한다. 제조사들은 발견된 오류나 취약점을 고칠 계획이 전혀 없거나, 취약점이 제작 당시 암호화 과정을 의도적으로 제거해서 생겨났다는 반응을 보인 것이다. 사물인터넷 기기의 작동을 책임지고 있는 소프트웨어(펌웨어)의 업데이트에도 문제가 있다는 의견이다. 솔라윈즈SolarWinds의 부회장 크리스 라포앙Chris LaPoint은 자신의 경험을 빌어 사물인터넷 기기의 "펌웨어가 최신 버전인지도 확실치 않고, 설치 과정이나 보안 설정까지 의문점이 드는 게 많았다"며 "이런 가전제품은 만든 후 업데이트와 관리도 잘 해야 하는데, 그런 개념이 아직은 제조사들 사이에서 부족한 듯하다"라고 이야기했다. 이런 제조사들의 인식은 아직 사물인터넷 보안에 있어 책임 소재가 불투명한 점에 기인한다는 주장이다. 라포앙은 "사물인터넷 기기에서 발생하는 보안사고에 대해 누구에게 책임을 물을 것인지 합의된 바가 없다"라고 지적한다. 생산자들은 보통 보안문제에 대한 고민을 하지 않고 있으며, 펌웨어 업데이트에 대해서도 자사 사이트에 업로드 해놓는 것으로 자신들의 책임은 끝이고, 그 이후 일어나는 일들은 소비자가 책임을 져야 한다는 입장이다. 개인 차원에서의 노력도 필요하다. 대부분의 사물인터넷은 네트워크에 연결되어 있고, 이는 웹캠 등 기기를 해킹함으로써 네트워크상에 연결되어 있는 개인정보를 가져갈 수도 있다는 뜻이다. 하지만 의외로 이에 대한 해결책은 간단하다. 개인정보 데이터가 저장되어 있는 기기가 사용하는 네트워크와 사물인터넷 기기가 사용하는 네트워크를 분리하면 그만이다.

사물인터넷 시대가 본격적으로 시작되면, 우리 삶의 많은 부분들이 인터넷에 연결된 사물에 의존하게 될 것이다. 자율주행차량이나, 조리기구를 제어하는 스마트 홈시스템, 무인배달을 가능하게 하는 드론은 우리 삶을 편하게 하는 스마트한 기기가 될 수도, 해킹되어 우리의 삶을 위협하는 무기가 될 수도 있다. 그리고 이러한 분기점은 단순히 기술에 의해서만 결정되는 것은 아니다. 2013년 한국과학기술기획평가원(KISTEP)은 사물인터넷에 대한 기술영향평가를 실시했다.[68] 기술영향평가란 현재 등장하고 있는 신기술 중, 미래 국민 생활에 파급효과가 크다고 예상되고 사회적 관심도가 높은 기술에 대하여 국민 삶의 각 부문에 미치게 될 영향을 미리 분석하고 예측하는 과정이다.

분석 대상이 된 스마트네트워크 기술은 "기존 네트워크에 센서 등을 부착하여 일상생활에서 사용자 의도와 환경을 파악하고, 정보교환을 통해 상황에 적합하고 개인화된 서비스를 스스로 생성·제공하는 기술"로 정의하고 있다. 세부 요소기술로는 센서 기술, 네트워크 기술, 컴퓨팅 기술은 물론 사이버 보안까지 포함하는 등 사물인터넷 관련 기술 전반을 다루고 있다.

먼저 경제 분야에 대한 평가에서는 긍정적인 의견이 많다. 사물인터넷의 발달은 제조, 통신, 소프트웨어, 미디어 콘텐츠 등의 산업 간 통합 및 융합을 촉발하고 이는 새로운 산업의 탄생과 신규 직업의 등장, 동시에 중소 제조업에게는 새로운 성장동력을 제공할 기회로 분석되었다. 생산자는 소비패턴 분석, 정확한 재고량 파악을 통한 생산량 조절로 이윤을 극대화하고, 이용자의 특성과 상황에 적합한 상품 및 서비스를 제공해 마케팅 비용은 절감하면서도 이용자의 편의성을 극대화할 수 있을 것으로 예상되었다. 노인, 장애인 등 소외계층을 대상으로 한 맞춤형 복지서비스는 소비자가 얻을 수 있는 긍정적 효과로 볼 수 있으며, 반면 부정적인 효과로는 기술의 보급과 활용 효과가 영향을 미치지 못하는 음영지역이 발생할 수 있다는 것이다. 즉 스마트기기 보급에 따라 카메라, 오디오, 게임기 등 기존 전자장비업체들이 타격을 입던지 스마트기기를 통한 정보 접근이 편해지면서 무가지, 상가수첩, 출판업계 등이 어려움을 겪게 될 것으로 예상되었다. 이와 함께 소득수준에 따라 스마트 서비스를 누리기 힘든 계층이 생겨나 자본의 부익부 빈익빈 현상에 덧붙여 정보의 부익부 빈익빈 현상을 초래하고 사회 양극화가 심해질 수 있다는 점도 지적되었다.

윤리 분야에는 부정적 영향을 우려하는 목소리가 높다. 사물인터넷이 활성화되면 각종 센서에서 개인의 위치정보, 소비정보, 취향정보의 측정과 수집이 증대되고 클라우드에 저장된 데이터를 사용해 행동패턴이 분석되게 된다. 평소 행동 패턴과 다른 이상 행동을 감지해 범죄의도를 예측하거나, 범죄 피해를 조기에 감지할 수 있는 긍정적 효과도 예상되지만, 이용자가 원하는 범위를 넘어선 개인정보가 수집되어 프라이버시가 침해되는 것은 큰 문제점으로 지적되었다. 개인정보가 담긴 스마트장비가 증가하면서 분실에 의한 개인정보 유출의 범위가 넓어진 점과 개인정보 제공 동의 시에 동의 범위에 대한 소비자의 선택권이 극히 제한적이라는 점 등은 사물인터넷의 발전이 프라이버시 침해를 가속화시킬 수 있다고 우려되는 부분이다.

사회 분야에서는 건강한 사회, 생산성과 효율성이 향상된 사회로 발전할 것으로 분석했다. 동시에 의료정보의 유출 및 스마트워크 실현을 위한 사회적 비용이 문제점으로 지적되었다. 다양한 신체센서가 부착된 사물인터넷을 활용하여 개인의 유전적, 신체적 특징 및 생활 활동 특성을 분석하고 이를 수집해 구축된 빅데이터는 질병을 조기에 발견하고 관리하여 고령화 사회에 대비함은 물론 사회 전체의 의료비용 절감에도 기여할 것으로 기대된다. 이와 함께 영상 의료정보의 실시간 송수신이 가능해진 지능형 네트워크는 특히 노인, 장애인 등 사회적 취약 계층을 대상으로 한 맞춤형 의료서비스 및 원격진료를 통해 의료혜택이 균등하게 분배되는 건강한 사회를 실현하는 데 큰 도움이 될 것으로 예상된다. 직장에서는 빅데이터를 활용하여 업무에 필요한 수준 높은 정보를 빠르고 쉽게 얻는 것은 물론, 시간과 공간에 구애받지 않는 협업, 재택근무, 원격 업무 처리 등이 가능해져 효율성과 생산성이 증대되는 효과가 발생할 것으로 예상된다. 교육 분야에서는 개인 수준맞춤형 교육, 체험형 학습이 가능하져 교육의 질 향상에도 긍정적 영향을 미칠 것으로 분석되었다. 반면 유전자정보, 신체정보, 건강정보가 보험회사 등을 통해 상업화되며 개인의 의료 부담비용이 증가하거나 사회적 차별을 초래할 수 있다는 점은 큰 우려를 낳고 있다. 기업의 정보유출 방지를 위한 강화된 보안기술의 도입과 재택근무, 온라인 협업을 위한 기반 구축에 필요한 비용을 누가 부담해야 하는지에

● 사물인터넷의 기술영향 평가 결과

구분	부정적	긍정적
경제적 영향	• IT기술 부적응 중소 영세기업 위협 • 일자리 감소	• IT기술 중심 산업 간 융합 신산업 창출
윤리적 영향	• 개인정보 유출 등 프라이버시 침해 위험 증가	• 다수에 의한 새로운 도덕적 가치판단 기준 확산 • 사이버 공격의 빠른 감지와 자동 복구를 위한 지능형 보안 등장
사회적 영향	• 사회적 혼란과 갈등 유발 (의료정보 유출 및 오남용, 원격근무 범위·평가 기준 관련 노사갈등, 도농·세대·계층 간 정보격차 등에 따른 사회적 혼란과 갈등)	• 스마트 헬스케어, 스마트워크, 스마트 교육 활성화
문화적 영향	• 기계 의존적 의사결정에 따른 개인화·집단화 심화 • 유유상종·승자독식 등 문화쏠림 현상으로 문화적 다양성 감소	• 초연결사회로 진입하면서 스마트 신인류 등장 • 국경을 초월한 문화유통 플랫폼 구성으로 다양한 콘텐츠 창작 및 유통 확산
환경적 영향	• 신체밀착형 센싱의 전자파 유해성 논란 • 급증하는 전자폐기물에서 발생하는 유해화학물질, 중금속 등에 의한 심각한 환경문제 예상	• 시설물 상시 유지관리, 재난재해 예측 및 조기경보, 범죄예방 및 실내환경의 유해물질 관리와 예방 가능

대한 논란, 외부 근무자의 위치 추적으로 인해 프라이버시 침해가 발생할 수 있고, 이에 따른 노사 갈등이 심해질 수 있다는 점도 사물인터넷이 사회에 미칠 부정적 영향으로 지적되었다.

초연결사회로 진입하게 되면서 기술의 발달이 문화에 미친 영향은 우리 주변에서 가장 쉽게 느낄 수 있는 부분이다. 추천과 공유를 통해 시간과 공간을 넘어서 급속도로 확산되는 UCCUser Created Contents가 단편적이 예다. 다양한 사람들이 만들어낸 정보가 네트워크상에서 재조직되고 집단지성화 되어 다시 개인과 집단의 판단에 도움을 주는 것은 사물인터넷이 가져올 긍적적 효과로 지적되었다. 특히 기존의 권력이나 지위에 따른 수직적 관계가 해체되고 개인의 경험과 정보가 중시되는 수평적 관계 형성은 다양성과 창의성이 중시되는 현대사회의 발전에 도움을 줄 것으로 예상된다. 크라우드소싱과 소셜펀딩이 점차 활성화 되어 소규모 창작인들의 활동 기회가 늘어나는 것도 문화가 다양하게 꽃필 수 있는 토양이 될 수 있을 것이다. 그러나 정보의 확산과 공유에 의한 집단지성화는 획일화된 사고를 강요하여 사회 전반의 창의성을 저해시키고 정보 소외계층을 만들어 새로운 형태의 사회 양극화를 만들 수도 있을 것이다. 또한 새롭게 시장에 진입하는 콘텐츠의 추천 경로를 막아 승자독식 현상이 강화될 수 있다. 개인의 경험과 정보에 의존하는 대인 네트워크는 선호체계가 비슷한 사람끼리 모이는 유유상종의 사회연결망을 구성하고 집단 간의 갈등으로 이어질 소지가 있다. 이미 우리사회에서 정치적 성향이 비슷한 사람들끼리 모여 있는 커뮤니티의 존재가 그것을 증명한다고 볼 수 있다. 크라우드소싱, 소셜펀딩을 통한 소규모 창작의 활성화는 저작권 침해 문제를 넘어 콘텐츠 생산자, 플랫폼 개발자, 유통업자의 수익배분 문제를 불러올 수 있다. 우리나라 온라인 음악시장을 둘러싼 가수, 기획사, 음원 판매 사이트 간의 분쟁이 단적인 예를 보여준다.

환경 분야에 미칠 것으로 예상되는 긍정적인 효과는 재난재해에 대한 예방과 대응, 자연환경에 대한 상시 감시로 요약할 수 있다. 적외선센서, 이미지센서, 음향센서 등 각종 물리보안센서를 활용해 구축된 보안체계는 학교, 병원 등의 공공시설은 물론, 가정에서 발생하는 범죄나 재해에 신속히 대응할 수 있다. 또한 유해 화학물질, 바이러스 등을 검출하고 분석하는 시스템은 자연환경은 물론 현대인이 대다수의 시간을 보내는 건물 내 환경을 보호하는 역할을 할 것으로 기대된다. 하지만 이러한 기능들을 위해 무선통신을 하는 전자기기들이 방출하는, 특히 신체에 부착하는 밀착형 센서에서 발생하는 전자파가 신체에 어떠한 영향을 줄지에 대해서는 여전히 논란이 되고 있다. 중금속, 유해 화학물질을 포함하는 전자폐기물의 급격한 증가도 환경에 부정적인 영향을 줄 것으로 예측된다.

사물인터넷의 발전은 P2P 중심의 공유경제 모델에서 사물과 수요자가 직접 연결이 가능한 T2P 비즈니스 모델을 가능하게 한다. 우버 등의 택시 공유기업에 의해 줄어든 택시기사뿐만 아니라, 공유기업 소속 기사들마저 감축이 당연한 상황에 이르고 혹 위와 같은 해킹 사태가 인명살상 등의 범죄 및 테러 용도로 활용된다면 어떠한 사태가 벌어질까? 물론 이러한 가능성은 선박, 의료장비, 교통시스템 등 모든 사물인터넷으로 연결된 시스템에서 발생 가능하다고 가정할 수 있다. 아직까지 사물인터넷이 경제시스템의 근간과 경제사회에 어떤 영향을 미칠지는 많은 연구가 필요하다. 그러나 이미 많은 기업들이 사물인터넷 T2P 시장으로 뛰어들었고, 적지 않은 기업들은 사물인터넷 기업으로의 전환을 검토하고 있다. 하지만 단순히 사물인터넷 관련 시스템과 서비스 판매만을 생각하는 기업들은 T2P 비즈니스 시대에 살아남기 어려울 것 같다. 앞으로 기업들은 어떤 철학과 책임감을 가지고 사물인터넷 시장에 뛰어들어야 할지에 대한 본격적 고민과 논의가 필요하다. 모든 사용자가 모든 상황을 대비할 수 없다. 기업은 시스템 상용화에 앞서 예상 가능한 모든 위험을 연구하고 그에 대한 대응책을 마련한 후 제품이나 서비스를 출시해야 한다. 현대사회에서 발생하는 위험의 영향력은 국경을 넘고 계층과 상관없이 발생하는 특성을 생각할 때 범지구적으로 사물인터넷의 위험에 대한 연구 프레임워크의 고민이 필요한 시점이다.

기술발전과 일자리

미국에서는 애플의 일자리 창출 기여에 대한 논란이 계속되고 있다. 애플 관련 업종 종사자가 중국에 70여 만 명에 이르는 데 반해 미국 내 일자리 기여도가 작은 데 대해 오바마 대통령이 직접적으로 애플의 일자리 창출에 대해 언급하는 등 정치권과 각종 언론의 비판이 계속되고 있다.[69] 애플은 이에 대한 대응으로 2012년 홈페이지를 통해 창립 이후 직간접적으로 일자리 약 59만 8,000개를 창출했다고 발표했다. 직접적인 일자리는 애플 자체적으로 5만 250명, 외부 부품과 장비 등의 연구개발 생산, 판매 및 물류, 비즈니스 세일즈 및 헬스케어 등의 분야에 25만 7,000명, 아이튠즈 등의 앱경제를 통해 29만 1,250개 등의 일자리를 창출하고 앱스토어를 통해 약 90억 달러를 앱개발자에게 제공했다는 내용이다.[70] 물론 정확성에 대한 논란도 있지만, 아이러니컬하게도 2013년 5월과 1년 6개월이 지난 2014년 11월의 일자리 창출 통계에는 변함이 없으며, 앱스토어를 통한 수익 창출만 10억 달러가 증가했다. 세계 최고의 스마트폰과 인터넷 생태계를 보유한 기업의 일자리 창출 현주소다.

공유경제도 마찬가지다. 공유경제 기업들이 새롭게 창출하는 일자리는 그 숫자만 증가할 뿐 사실 고용불안 측면에서는 대안이 될 수 없다는 지적도 있다.[71] 뉴욕타임스에서는 최근 우버Uber, 리프트Lyft, 사이드카Sidecar와 심부름 서비스인 태스크 래빗Task rabbit 등으로 생계를 유지하는 사람들을 소개했다. 공유경제 시스템 내에서 자신의 시간을 자유롭게 활용하며 역할과 업무, 수입까지 자신이 결정하는 스스로 결정하는 '1인 기업'이라는 의미를 지닌 '마이크로 사업가Micro-Entrepreneurs'란 신조어가 만들어지기도 했다. 공유경제가 프리랜서 개인의 독립과 자유를 보장하면서 유연하게 일할 수 있게 하는 상황은 제러미 리프킨이 말한 "사물인터넷과 빅데이터가 결합한 혁신적 기술의 발전에 따라 일하는 방식이 재정의되며, 직업 유형과 노동시장이 가장 큰 영향을 받을 것"이라는 예측이 맞아떨어지는 대목이다. 하지만 이들은 사실상 '사업가'라기보다는 작은 '노동자'이다. 불안정하다는 뜻의 프레카리오Precario와 프롤레타리아트Proletariat를 합친 신조어 프레카리아트Precariat[72]도 등장했다. 결국 '비정규직 노동자'는 이야기다. 수입이 좋을 때야 장점이 많은 것이 공유경제 일자리지만, 이들이 일하는 플랫폼 회사에서 인력운용에 관한 정책을 바꾸면 대응이 불가능하다. 현재까지 법적으로 이들을 보호해줄 사회적 안전망은 없다.

현재는 혁신적 기술이 사회와 근접해 진보하면서 인간의 기능을 대체하는 연구가 급속히 진행되고 있다. 역사상 이런 시기도 드물다. 더구나 과거에는 농업을 떠난 사람들이 제조업이나 서비스로 이직이 가능했지만, 끊임없는 생산성 향상을 요구하는 오늘날에는 제조업이나 서비스 업종에서 이직할 대상을 찾기도 힘들다.[73] 일본 고베대학교 마쓰다 다쿠야 교수는 "지금 우리는 제3의 실업시대를 맞고 있다"고 한다. 산업혁명으로 농민들이 일자리를 잃었던 것이 제1의 실업, 1960년대 자동화로 공장노동자들이 실업한 것이 제2의 실업, 컴퓨터와 인공지능을 통해 '화이트칼라'들이 직장을 잃는 요즈음의 상황이 제3의 실업이라는 것이다.

다비치 연구소Davinci Institute 토마스 프레이Thomas Prey 소장이 예측했던 대로 인간은 이미 로봇과 일자리를 두고 싸우기 시작했다. 이미 생산 현장의 조립라인뿐만 아니라, 미국의 신생 기업 '모멘텀 머신Momentum Machines'이 몇 초 만에 햄버거를 만들어 포장까지 마칠 수 있는 로봇인 '버거봇BurgerBot'을 개발했고[74] 일본의 소고기 덮밥 체인인

요시노야에서는 초스피드로 덮밥을 담는 작업을 전국 1,150개 점포 가운데 90%가 기계가 담당하고 있다. 어떤 직업보다 단순한 작업이라는 이유로 저임금의 노동력을 많이 사용하고 있던 산업에서도 일자리가 적지 않게 없어질 것으로 예상된다. 2014년 11월 5일 국내에서 열린 '글로벌 인재포럼 2014'에 참석한 케네스 와인스타인Kenneth Weinstein 허드슨연구소Hudson Institute 소장 또한 "우리가 상상하는 것 이상으로 로봇이 인간을 대체해 일자리가 줄어들 것"이라고 언급했다.[75]

이미 수없이 언급되던 현상이다. 감정 등에서 자유롭고, 효율이 높은 로봇이 인간의 노동을 대체하는 것은 이제는 거부할 수 없는 현상이다. 옥스퍼드 마틴스쿨 칼 베네딕트 프레이Carl Benedikt Frey 교수와 마이클 오스본Michael Osborne 교수는 지난해 발표한 「고용의 미래 : 우리의 직업은 컴퓨터화에 얼마나 민감한가?The Future of Employment : How Susceptible are Jobs to Computerisation?」라는 논문을 통해 미국 내 1억 3,800만 개 규모의 일자리를 제공하고 있는 702개 직업군을 대상으로 잠재적으로 자동화의 발전에 따라 20년 내에 약 47%의 고용이 위험에 처할 것으로 분석했다.[76] 텔레마케터, 화물 운송 중개인, 시계 수리공, 보험 손해사정사, 마트 계산원, 대출담당자, 부동산 중개업자 등이 사라질 직업의 고위험군에 속했고 버스와 택시 기사 등도 안전하지 못한 것으로 분석되었다.

이러한 단순노동뿐만 아니라 화이트칼라의 직업 존속 여부도 안전지대가 아닐지 모른다는 예측 또한 존재한다. 2010년 이후 인공지능 분야는 로봇과 결합해 전문직 영역까지 넘보고 있다. 이미 신문과 논

● 사라질 확률이 높은 30개 직업　　　　● 사라질 확률이 낮은 23개 직업

직업	가능성
텔레마케터	0.99
화물, 창고 관련 업무 종사자	0.99
시계 수리공	0.99
스포츠 경기 심판	0.98
모델	0.98
캐시어(계산원)	0.97
전화 교환원	0.97
리셉셔니스트(호텔, 병원 등 접수 담당자)	0.96
자동차 엔지니어	0.96
카지노 딜러	0.96
레스토랑 요리사	0.96
회계, 감사	0.94
웨이터, 웨이트리스	0.94
정육업자	0.93
소매업자	0.92
보험 판매원	0.92
교통 감시 요원	0.9
제빵사	0.89
버스 기사	0.89
택시 기사	0.89
도배업자	0.87
부동산 중개자	0.85
핵 기술자	0.85
경비·보안 요원	0.84
주차 요원	0.84
선원 항해사	0.83
인쇄업 종사자	0.83
타이피스트	0.81
이발사	0.8
목수	0.72

직업	가능성
우주항공 엔지니어	0.017
최고 경영 임원	0.015
홍보 관련 업무 종사자	0.015
멀티미디어, 아티스트, 애니메이터	0.015
음악감독, 작곡가	0.015
생명과학자	0.015
세일즈 매니저	0.013
미생물학자	0.012
간호사	0.009
성직자	0.0081
중등 교사	0.0078
고고학자, 인류학자	0.0077
운동 트레이너	0.0071
큐레이터	0.0068
컴퓨터 시스템 분석가	0.0065
무대·전시 디자이너	0.0055
치과 의사	0.0044
초등학교 교사	0.0044
심리학자	0.0043
외과·내과 의사	0.0042
영양사	0.0039
구강, 악안면술 외과 의사	0.0036
헬스케어 부문 사회복지사	0.0035
레크레이션을 활용한 치료 전문가	0.0028

문, 출판 분야는 로봇이 점거했다. 내러티브 사이언스Narrative Science,
오토메이티드 인사이트Automated Insight 등 벤처기업이 기업실적, 스포츠

경기 결과에 대한 기사를 작성하는 로봇 저널리즘을 선보였다. 내러티브 사이언스는 퀼Quill이라는 로봇 저널리즘 소프트웨어를 포브스 등에 판매해 수익을 내고 있으며, 언론사에서는 이미 시황 정보 기사를 로봇을 통해 매일 수십 건씩 작성해 독자들에게 서비스하고 있다.[77] LA타임스의 로봇 기자는 고정 코너로 지진을 보도하고, 가디언은 로봇이 인기 있는 기사를 추려내 무료 종이신문인 '더 롱 굿 리드The Long Good Read' 도 배포한다. 네덜란드 틸버그 대학의 힐레 반 데 카Hille van der Kaa 교수와 에미엘 크라머Emiel Krahmer 교수가 지난 10월 24일 발표한 연구 결과에 따르면 뉴스 독자들은 전문성과 신뢰성 측면에서 기자와 로봇을 동일하게 인식했으며, 기자가 작성한 기사의 전문성에 오히려 더 부정적인 태도를 보인다는 놀라운 연구결과를 발표하기도 했다.[78]

특히 의료 분야에서 사용되고 있는 로봇은 오히려 전문의보다 더 전문적이고 안전하다는 평을 받으며 시장을 급속도로 확대해 나가고 있다. 나노, 바이오, 로봇 기술이 모두 결합된 혈관치료 로봇은 21세기 들어 가장 많이 발생하고 있다는 혈관계 질환을 효과적으로 치료하는 마이크로 의료로봇의 대표주자다. 현재 인간과 비슷한 정도의 혈류 강도와 혈압을 가진 돼지 혈관 내에 투입되는 실험에 성공했고, 지금보다 원격 조정 기술력이 더욱 발전되면 급심근경색, 동맥경화증, 뇌졸중 치료 등에 활용될 수 있다. 뿐만 아니라 알약 정도의 캡슐을 삼키면 체외에서 원격으로 조정 가능한 캡슐 내시경도 개발됐다. 촬영 중간에 장기에서 문제를 발견하면 실시간으로 약물 주입도 가능하다. 이전까지의 캡슐내시경은 의사의 조정이 어려웠지만, 원격 조정 캡슐내시경은 이를 가능하게 했다. 박테리아를 기반으로 한 마이크로로봇이 암을 치료하는 사례도 인상 깊다. 10~50마이크로미터 단위의 초소형 로봇은 암을 능동적으로 찾아 진단과 치료를 동시에 할 뿐만 아니라 약물을 암 조직에 도달하게 한다. 뇌수술도 가능하다. 직경 20mm의 단일경로 기구부 내에 직경 4mm의 로봇 집게가 3차원 입체 영상을 통해 원격으로 뇌종양을 제거하는 정밀한 수술을 하는 수술로봇이 시제품 개발을 끝내고 임상을 준비 중이다. 이뿐만 아니라 투자분석과 의사결정 등이 필요한 금융 분야에서도 이미 인공지능이 활용되고 있으며, 심지어는 논문과 책 작성, 의료 카운슬링 등 전문적으로 인간이 할 수밖에 없었던 직종까지 로봇에게 일자리를 빼앗기고 있다. 최근 많은 관심을 받고 있는 무인자동차와 드론도 마찬가지다. 무인자동차가 택시로 등장하면 택시기사들의 일자리가 없어지고, 드론이 물류용으로 본격적으로 활용되면 택배기사들이 일자리를 잃을 것으로 예상된다.

하지만 미래가 이렇게 암담하지만은 않을지도 모른다. 아무리 전문직 시장까지 로봇이 진출한다고 해도 분석직 등 분석할 데이터가 늘어나거나 지식 증가에 따른 업무 복잡성이 증가하는 업종에서만 로봇의 참여가 높아지기 때문에 그 밖의 영역은 어느 정도는 안전지대라는 이야기다. 이를테면 숙련직, 관리직 등 비정형적인 대안을 찾는 문제를 다루거나 창의성을 필요로 하는 업무에 있어서는 로봇 기술이 아무리 발달하고 인공지능이 늘어난다고 해도 인간의 고유한 능력을 필요로 하는 직업군은 로봇이 대체할 수 없을 것이다. 감성이나 감정을 요구하는 직업 또한 마찬가지다. 로봇이 대체할 수 없는 독보적인 시장이기에 꾸준히 살아남을 가능성이 높다. 미국 엘론 대학교 연구진이 1,800여 명의 산업전문가와 학자들을 대상으로 2025년 로봇 시대의 일자리 변화에 대해 예측한 설문조사에 따르면 로봇의 발전이 일자리에 미칠 영향을 52%가 긍정적, 48%가 부정적으로 봤다. 52%의 전문가들은 오히려 로봇의 발전으로 일자리가 더 늘어날 수도 있다고 예측했는데, 앞서 설명한 인간만이 할 수 있는 고유 기능에 대한 수요가 늘어날 것이라는 판단에서다. 또한 대량생산 형태가 더욱 편리한 방법으로 시장을 잠식하면서 이와 반대되는 가내 수공업 등의 판매 방식 수요가 증가할 것이라는 예측도 내놨다.[79]

결론적으로 이제는 로봇을 인간의 일자리를 빼앗는 상대라기보다는 미래 사회를 함께 만들어 나가는 동반자로 받아들여야 할 시점이다. 매사추세츠 공대MIT의 에릭 브린졸프슨Erik Brynjolfsson, 앤드루 매캐피Andrew McAfee 교수 또한 저서 『기계와의 경쟁Race against the Machine』을 통해 "인간은 기계를 활용해서 혁신을 도모하고 새로운 비즈니스 모델과 프로세스를 만들어야 한다"고 언급한 바 있다.[80] 인터넷 쇼핑몰 이베이와 아마존의 탄생으로 생긴 수십만 개의 일자리, 사라질 줄 알았던 물류업의 활성화, 간단한 일을 할 사람을 구인 구직하는 새로운 비즈니스의 창출 등이 그 예다. 토마스 프레이Thomas Frey 소장 또한 '기존의 일자리를 위협할 것 같았던' 신기술이 오히려 신산업을 만들 수 있다며 이런 의미로 이를 '촉매산업'이라고 정의한다. 무인자동차로 인해 기존 자동차를 수단으로 한 일자리는 사라지지만, 무인자동차 개발, 전용 도로 구축 및 유지를 위한 일거리가 생겨나는 등 기존의 일자리를 소멸시키지 않고 새로운 일자리를 만들어낼 수 있기 때문에 '공생'과 꾸준한 '재교육'이 더욱 필요하다.[81] 산업혁명 당시 기계가 인간의 일자리를 빼앗는 데 저항했던 러다이트운동이 다시 벌어지지는 않겠지만, 결국 기계를 적절히 활용할 줄 알았던 이들은 살아남았던 것처럼 로봇이 채워갈 다음 세대를 위해 인간 스스로 이들과 동반자 정신을 갖는다면 또 다른 초연결사회를 통한 새로운 사회로의 진보가 가능하다.

망중립성에 대한 논란

최근 들어 미국을 비롯한 여러 국가에서 망중립성Net Neutrality에 대한 논란이 뜨겁다. 미국에서는 2014년 1월, 워싱턴 D.C. 항소법원에서 버라이즌Verizon이 연방통신위원회(FCC)에 승소함으로써 망중립성이 무너지는 듯했다.[82] 그러나 11월 들어 버락 오바마 대통령이 연방통신위원회에 인터넷통신망의 중립성을 보호할 것을 촉구하면서 다시 혼돈 속으로 빠져들고 있는 모습이다.[83] 유럽의 각국들은 2013년까지만 해도 망중립성에 대해 각기 다른 견해를 견지하고 있었다.[84] 그러나 2014년 4월, EU 의회에서 망중립성 제도를 도입하는 법안을 통과시킴으로써,[85] 28개 회원국들이 조만간 망중립성을 보장하는 법안을 제정할 것으로 보인다.

망중립성이라는 용어는 콜럼비아 대학교의 법학 교수인 팀 우Tim

Wu 교수가 제안한 것으로,[86] 인터넷 네트워크로 전송되는 모든 트래픽은 내용과 유형, 서비스나 단말기의 종류, 수신자와 발신자에 관계없이 동등하게 취급되어야 한다는 원칙이다. 용어의 제안과 더불어 중론화되기 시작한 것은 2003년의 일이지만, 망중립성에 대한 개념은 사실상 상용 인터넷 서비스가 개시되면서부터 있어 왔다. 로렌식 레식 Lawrence Lessig 하버드대학교 로스쿨 교수는 1999년 암스테르담 강연에서 "e2e_end to end"라는 용어를 사용하여 망중립성의 개념을 설명하였다. 그는 "인터넷의 핵심이자, 인터넷의 파워를 정의하는 핵심 가치, 혁신을 가능하게 하는 핵심 사실이 바로 e2eThe Core of the Internet, the Core Value That Defined its Power, the Core Truth That Made Innovation Around It Possible, is This e2e"라고 주장하며, 이 점이 인터넷을 특별하게 만드는 점이라고 설명했다.[87] "인터넷에서는 AT&T가 하듯이 차별할 수 없을 것"이라며, 망중립성을 인터넷이 가지는 장점이자 지켜야 할 가치로 생각했다.

망중립성에 대한 이해관계자의 대립은 첨예하다. 통신사업자ISP, Internet Service Provider는 스마트기기의 확산과 대용량 콘텐츠에 대한 수요 증가가 네트워크에 부담을 주고 있고, 따라서 망 투자비를 분담하거나 과도한 트래픽 사용에 대해 차별된 사용료 부과를 요구한다. 반면, 콘텐츠사업자나 스마트기기 제조사의 경우 인터넷망을 사회 인프라로 취급하며, 망의 공공성을 강조한다. 즉 네크워크를 활용한 모든 콘텐츠는 동등하게 취급되어야 하고, 기존의 요금 이외에 추가 요금을 부과하는 행위를 더 큰 경제적 이윤을 취하려는 ISP들의 수단으로 치부한다. 망중립성을 옹호하는 입장은 망중립성이야말로 인터넷을 통한 자유로운 소통과 사업의 기회를 보장하는 오픈 인터넷의 핵심 사항이라 주장하는 반면, 반대론자들은 '상업적으로 합당한' 기준을 따르는 차별화된 요금은 궁극적으로 인터넷망의 품질을 높일 것이라고 주장한다.

이러한 이해관계의 충돌을 우리는 이미 경험한 바 있다. 2012년 카카오톡의 보이스톡 출시가 가져온 논란을 기억하는 사람들이 있을 것이다. 당시 통신사들은 가입자의 요금제에 따라 셀룰러망을 통한 보이스톡의 사용을 제한했다.[88] 통신사들은 '망에 과부하를 준다'는 이유를 내세웠지만, 음성통화 수입이 줄어들 것을 우려해 유사 서비스를 망중립성 원칙을 어겨가며 제한한 것 아니냐는 비난을 받았다. 소비자 측면에서 망중립성은 인터넷 자체이다. 가정에 깔려 있는 인터넷 회선이나 정액 요금을 지불한 셀룰러데이터에는 요금에 합당한 데이터를 쓸 권리가 포함되어 있는 것이고, 그 데이터를 어디에 쓰는지는 각자가 결정할 문제이기 때문이다.

망중립성의 훼손은 사물인터넷이 보편화되는 초연결 시대에 두 가지 우려를 던져준다. 첫 번째는 수백억 개의 사물들이 평등하게 연결되어야 할 통신망의 서열화이다. 사용자, 콘텐츠 사업자, 스마트 기기 제조사들이 지불한 사용료에 따라 차등화된 통신망을 통해 서비스가 제공될 수 있다. 우리 주변의 모든 도로가 유료도로인 상황을 가정해보자. 망중립성이 잘 지켜진다면, 적당한 사용료를 지불함으로써 우리가 어느 시간에 어느 장소를 어떤 경로를 통해 가던지 별 문제가 없을 것이다. 하지만 망중립성이 무너진 상황이라면, 새벽에 응급실로 가는 지름길은 아침 산책길보다 훨씬 많은 비용을 지불해야 할 수도 있다. 즉 내가 연결하고자 하는 사물이나 서비스에 따라 차별화된 가격이 매겨지게 되면, 이는 자유로운 연결을 통한 초연결사회로의 진입을 방해할 뿐만 아니라, 사회적 불평등의 심화를 불러올 것이다. 이러한 불평등은 개인 생활뿐 아니라 기업의 사업 기회에도 영향을 미친다. 구글이나 아마존 같은 대기업들은 더 빠른 회선을 사용할 금전적 여력이 있겠지만, 신생기업들은 느려터진 망 때문에 사업 기회를 잡을 수 없을 것이다. 다시 말해, 모두에게 자유롭게 열려 있어 초연결사회로의 이행에 발판이 되었던 네트워크망이 독점적 지위를 얻게 됨에 따라 초연결사회 자체를 흔드는 모순된 상황이 벌어질 수 있다.

콘텐츠의 내용과 유형, 서비스나 단말기의 종류, 수신자와 발신자에 따라 다른 사용료가 부과된다는 것은 근본적으로 패킷의 종류에

● 망중립성이 훼손될 때 접속하고자 하는 서비스의 종류에 따라 가격이 매겨지는 인터넷 서비스의 가상 가격표[89]

따라 차등적인 연결비용이 매겨진다는 것이다. 이는 바꾸어 말하면 인터넷 트래픽상의 모든 패킷이 통신사에 의해 조사된다는 뜻이고, 누군가는 인터넷 트래픽상의 패킷 내용을 들여다볼 수 있는 합법적 수단을 얻게 되는 것이다. 이런 상황에서는 프라이버시 침해에 대한 논란이 생기지 않을 수 없다. 통신사들은 이미 트래픽 관리라는 명분을 내세워 DPI 장비Deep Packet Inspection(심층패킷검사)를 사용하고 있다. 패킷의 헤더만 들여다본다는 게 통신사들 주장이지만, 패킷의 내용까지도 들여다볼 수 있는 장비이고, 통신사들은 이미 패킷 검사를 통해 우리가 인터넷상에 남긴 기록들을 추적하고 모니터링 할 수 있는 기술을 갖고 있다. 망중립성이 무너져 패킷의 조사가 당연해지는 순간, 이런 행위는 합법이라는 날개를 달 수 있는 것이다.

망중립성 문제는 단순히 인터넷 접속 가격의 변화만을 의미하지 않는다. 망중립성 논란은 인터넷의 하부구조(통신망)가 인터넷의 상부구조(콘텐츠, 서비스 등)에 영향을 미치는 상황을 의미한다. 초연결사회로 다가감에 따라 인터넷 트래픽이 증가할 것은 분명한 사실이다. 하지만 그렇다고 해서 망을 차별화하고 서열화하는 것은 더 좋은 품질의 통신 서비스를 제공하기 위한 방편이 아니라 초연결사회의 근간을 흔드는 일이 될 것이다. 업계의 이해관계가 첨예하니, 당분간 망중립성 문제는 지속적으로 논란이 될 전망이며, 독과점 성격을 띠고 있는 통신사가 유리한 입장을 점하고 있는 것도 사실이다. 하지만 이런 논란에 있어 경제적 가치뿐 아니라 사회 전반의 미래가치가 반드시 고려되어야 한다.

이런 의미에서 2014년 4월, EU의 결정은 주목할 만하다. 유럽의회는 국가 간 로밍 요금을 폐지하고, 망중립성을 통해 인터넷 시장을 활성화하기로 결의했다.[90] 로밍 요금의 폐지는 당장 통신사의 수익을 악화시킬 수 있겠지만, 궁극적으로는 해외여행시 더 많은 통화를 하게 될 것이라는 설명이다. 망중립성에 대해서는 인터넷 회선을 공공재로 받아들여, 콘텐츠나 서비스 제공업체들이 자유롭게 이용하고 경쟁하는 것이 관련 산업의 발전을 가져오고, 이는 결국 통신사의 수익으로 돌아올 것이라는 의견이다. 이러한 결정이 미국에 비해 뒤쳐져 있는 유럽의 콘텐츠산업에 어떠한 영향을 미칠지 관심을 가지고 지켜볼 일이다.

05

초연결경제 시대의 대응

짧아지는 혁신의 발생 경로

혁신이 발생하는 경로가 짧아지고 있다. 네트워크 연결의 중요성을 살펴보자. 일반적으로 우리는 기초연구 → 응용연구 → 공학과 개발 → 상용화 → 사회문제 해결이라는 5단계의 과정을 거치는 1세대 과학기술혁신 선형모델Linear Model에 익숙해져 있다. 선형모형은 바니버 부시가 총괄해 1945년 7월 루즈벨트Franklin Delano Roosevelt 대통령에게 제출한 보고서인 'Science−The Endless Frontier'에 그 근간이 있다.[91] 이것은 루즈벨트가 바니버 부시에게 던진 네 가지 질문인 ① 전쟁 중 연구되고 개발된 과학지식이 전쟁 후 어떻게 빠르게 확산될 수 있는가? ② 질병 퇴치를 위해 의학연구 프로그램이 어떻게 설계되어야 하는지? ③ 공공과 민간 연구기관을 연방정부가 어떻게 지원해야 하는지? ④ 미래 우수 연구인력 확보를 위해 과학적 재능이 있는 젊은이들의 지원 프로그램을 어떻게 효율적으로 지원해야 하는지에 대한 질문에 대한 답변 성격의 보고서다. 이러한 루즈벨트 대통령 질의서는 과학기술 분야의 자체 진흥이 아니라, 재임기간 수행된 뉴딜정책New Deal과 같이 과학기술이 경제와 산업 진흥을 위한 수단이란 인식하에 작성되었다. 바니버 부시는 보고서에서 정부의 효율적 과학기술 지원을 위해 장기적 연구가 가능한 안정적 연구비 지원과 이를 위해 자체 연구를 수행하지 않지만 자율적으로 연구 방법과 범위를 정할 수 있는 교육과 과학 전문가로 구성된 전담 기관 설립, 마지막으로 해당 기관이 완벽한 독립성과 자율성을 유지하되 대통령과 의회가 책임을 져야 하는 등의 내용을 주장했다.[92]

그러나 이 보고서는 이미 1944년 민주당 상원의원 할리 킬고어Harley M. Kilgore가 발의한 제2차 세계대전을 통해 발전한 과학기술 역량을 산업발전으로 연결시키기 위해 순수·응용 연구, 과학교육을 지원하는 정부기관 설립법안과 대립하면서 긴 논쟁의 시기에 접어들었다. 바니버 부시 측은 킬고어 법안에 대해 정치·사회적 요구에 기반한 정부의 개입과 통제가 궁극적으로 학술연구의 자율성을 침해할 수 있다는 우려를 표명하며 킬고어 법안에 반대한 것이다. 킬고어는 과학기술자 자율성 보장과 함께 사회복지 증진 등 정치·사회적 요구에 부합하는 실용적 연구 중심으로 정치인이 통제하는 재단 형태의 기관을, 바니버 부시는 과학자들에 의해 운영되고 과학의 증진에 기여하는 재단을 희망했던 것이다. 결론적으로 양 그룹은 상호 간 시각차를 극복하지 못하고 6년(1945~1950년)에 걸친 장기간 논쟁 과정을 거쳐 1950년 바니버 부시의 안을 반영한 '과학기술자들의 자기 규율'을 운영 원칙으로 하는 미국과학재단이 설립되었다.

이러한 시기의 과학기술 분야에 대한 정부 지원의 정당성은 '시장실패Market Failure'론에 근거한다. 이 논리에 따르면 과학과 연구활동의 성과는 누구나 사용할 수 있는 공공 지식의 특성을 지니고 있기 때문에 민간 부문이 투자를 하더라도 사회·경제적 수익을 독점할 수 없다. 따라서 경제시스템 전체의 발전에서 과학 및 연구활동은 중요한 의미를 가지고 있지만 그에 대한 민간 부문의 투자 유인 요인은 크지 않다. 수익을 추구하는 경제주체로 구성된 시장에서 과학 및 연구활동에 대한 자원배분이 실패하는 '시장실패' 현상이 나타나는 것이다. 이런 상황에서는 사회·경제적으로 유용한 지식을 창출하기 위해 정부 차원에서 과학 및 연구활동에 투자할 필요가 있다. 특히 국방이나 보건의료 연구와 같은 공공적 목표를 지향하는 임무지향적 연구는 우선적인 정부 지원 영역이 된다.

선형모델은 그후 혁신체제론이나 과학기술학의 연구를 통해 신랄한 비판을 받았지만 여전히 많은 과학기술자와 정책결정자들의 사고를 지배하는 틀로 영향력을 행사하고 있다. 특정 분야의 과학기술에 투자하면 사회·경제적 문제를 해결할 수 있다는 단순하고 명쾌한 논리를 제시하고 있어 정치적으로 상당히 매력적인 논의이기 때문이다.

이제는 이러한 선형모델이 상호작용모델Interact Model로 전환되고 있다. 선형모델은 어떤 특정 제품 및 시스템 개발에 있어 이전 단계의 연구개발은 다음 단계의 개발을 위한 플랫폼 역할을 계속적으로 수행하면서 다음 단계의 연구를 위한 새로운 기회를 제공한다.

그러나 이러한 선형단계는 기업 내에서 완벽하지 못한 개발이 다음 단계를 넘어가면 불분명한 책임소재와 문제점 해결을 위한 상호작용에 따른 개발 기간과 비용의 추가 투입이 필요하고 이러한 현상이 단계가 넘어갈 때마다 반복되면 제품과 시스템의 품질에도 영향을 미칠 뿐만 아니라 상호작용모델을 활용한 경쟁사보다 출시가 늦어져 적지 않은 기회비용이 발생할 수 있다. 정부 연구개발사업도 마찬가지다. 선형단계에 따라 연구개발사업을 추진하면 국가 간 투자 비교 등 과학기술정책 측면에서는 유용할 수도 있다. 그러나 이러한 단계는 동일한 목

● 과학기술혁신 선형모델(빨간색 선)과 상호작용 모델(회색 선)[93]

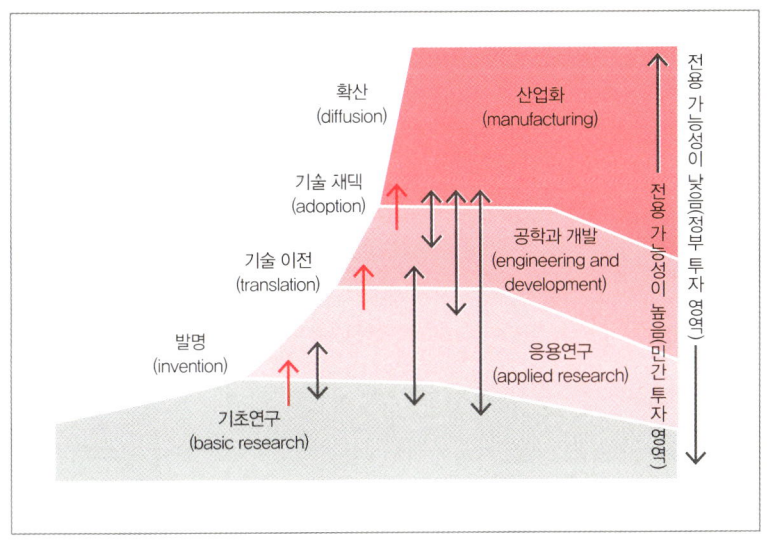

적의 연구를 몇 개의 부처에서 나누어 수행하게 하는 등 결국 원활하지 못한 연구결과의 연계와 투자의 비효율성을 낳고 있다. 이러한 선형적 연구개발 단계에서 발생하는 문제들에서 연구자들은 정부를 탓하기도, 정부는 연구자들을 탓하기도 한다. 물론 실제로 연구자나 정책담당자 입장에서 봐도 특정 연구가 어느 단계에 속해 있는지 판단하기는 쉽지 않다.[94]

특히 경제활성화와 새로운 성장동력 창출을 위해 해외 주요 정부들도 연구를 위한 기초연구가 아니라 상용화와의 연계를 강화해 기초연구와 상용화까지의 거리를 좁히는 데 노력하고 있다. 미국은 기초연구를 통한 새로운 산업 플랫폼 형성, 일본은 새로운 산업 기반 창출 등 기초연구와 산업과의 전략적 연계 강화, 유럽연합은 기획단계에서 상용화까지를 고려하는 체계적 기초연구 정책을 추진하고 있다.[95] 예를 들면 영국의 공학과 물리과학연구위원회Engineering & Physical Sciences Research Council의 대표적인 고위험 혁신적 프로그램인 아이디어 팩토리Idea Factory는 샌드핏Sandpit이라는 실시간 동료평가Peer-Review 방법을 자랑하고 있다.[96] 위원회 디렉터 및 공모를 통한 특정한 연구의 추진을 위해 20~30명의 기술, 예술, 인문학, 사회과학 분야 전문가와 잠재적 연구결과의 사용자를 선발해 5일간 합숙 형태의 워크숍을 개최한다. 합숙 기간 동안 참석자들은 숙소 이탈이 불가능해 과제의 성공적 기획을 위해 집중할 수 있으며, 기존의 상식과 관념을 벗어난 사고방식과 혁신적 접근을 위한 수평적 사고Lateral Thinking를 통해 제안된 과제 추진 형태를 단일 대형 프로젝트, 다수의 소규모 프로젝트, 사전 타당성 조사, 네트워킹 활동, 해외 동향 조사 등 다양하게 기획하고 생각해 볼 수 있다. 샌드핏을 통해 새로운 아이디어가 만들어지지 않으면, 한 두 개만의 프로젝트만 선정하는 등 과제 선정보다는 혁신성과 결과를 고려한 과제 선정을 위한 다양한 의견 청취와 반영에 중점을 두고 있다.[97]

이뿐만 아니라 최근에는 전통적으로 전용 가능성이 낮고 기초연구와 거대 공공연구를 담당하던 정부의 역할에도 변화가 있다. 많은 민간기업과 재단들이 접근하면서 정부와 민간 역할의 경계가 희미해지고 있다. 실제로 미국 비영리재단들은 기초연구 수준 향상을 위해 적지 않은 기여를 하고 있다.

미국 하워드휴즈의학재단Howard Hughes Medical Institute은 미국 대표 항공사 중 하나였던 TWA항공사 설립자인 하워드 휴즈가 1953년 의학 발전에 기여하기 위해 설립한 비영리재단이다. 1985년 하워드 휴즈 사망 후에 TWA사와 의학연구소를 이양받은 신탁인들이 1989년 GM에 매각한 대금을 의학연구 발전에 투자하기로 결정함에 따라 현재의 규모로 성장했다. 2012년 기준 미국 생의학 분야에 7억 달러 규모의 그랜트를 제공했으며, 탐구의 자유, 장기적 관점의 연구, 유능한 과학자들과 연구그룹 간의 커뮤니티 구축, 연구의 탁월성을 평가하여 창의성이 높은 과학자 개인을 선정하여 지원한다. 지원 프로그램 가운데 대표적 모험연구 지원사업인 'Investigator Program' 수혜자 325명 가운데 노벨 과학상 수상자가 17명에 이른다. 특히 그랜트를 수혜한 후 노벨 과학상을 수상한 14명에 대한 평균 지원 기간은 23.9년인데, 학자들은 이런 지원에 힘입어 모험적·혁신적 연구를 장기적으로 할 수 있었다. 하워드휴즈의학재단은 '프로젝트가 아닌 사람People, Not Projects'이라는 기본철학을 바탕으로 과학적으로 사고하는 리더, 이머징 연구 개척자, 미래 혁신적 과학자를 꿈꾸는 학생 지원에 앞장서고 있다.

정부 연구개발 사업, 특히 기초연구 지원의 목적은 민간이 투자하기 어려운 부문의 투자를 통한 국가 전체의 혁신역량을 향상시키는 것이다. 하지만 국민 세금으로 운영되므로 관리체제 등의 보수성이 존재한다. 그러나 하워드휴즈의학재단 등 비영리 민간재단의 지원은 정부 연구개발 지원 기간을 능가하는 고위험 혁신적 연구를 최우수 연구자 개인을 대상으로 지원하여 새로운 분야의 발굴을 지원하는 등 정부 지원의 한계를 보완해준다. 그럼으로써 유능한 과학자를 정부보다 장기적이고 안정적으로 지원하는데, 연구자의 자율성과 지원의 유연성이 높아 새로운 고위험 혁신적 연구를 시도해볼 수 있게 해준다.

이외에도 스탠더드 오일Standard Oil Co. 설립자인 세계적 거부 록펠러John Rockefeller Davison가 산업화 사회에서 인류 행복 추구와 삶의 향상 등 인류 복지 증진을 위해 1913년 뉴욕 법인으로 설립한 록펠러재단Rockfeller Foundation, 1911년 1억 3,500만 달러의 기금으로 지식의 발전, 이해의 증진 및 융합을 목적으로 설립한 카네기재단Carnegie Foundation도 다수의 노벨 과학상 수상자를 배출하는 등 비영리재단으로서 과학기술과 산업 발전에 커다란 한 축으로 자리 잡고 있다.[98]

전통적으로 정부 주도 영역이었던 우주산업에 IT기업들의 도전이 가시화되고 있다. 2002년 스페이스 엑스Space X를 설립한 엘론 머스크

Elon Musk는 국제 우주정거장을 왕복하는 무인 우주선인 드래곤Dragon 을 미국 정부와 계약했다. 또 이 계약이 확대되어 유인우주선인 스페이스 엑스 계약을 체결했다. 최근 엘론 머스크와 텍사스 주지사 릭 페리는 텍사스 보라치카 해변에 세계 첫 민간 우주로켓 발사대 건설 합의서에 서명했다. 스페이스 엑스는 2016년 민간 우주로켓 발사를 목표로 연구개발에 박차를 가하고 있다.

구글도 200여억 원의 상금을 걸고 달 표면에 로봇을 착륙시켜 달을 촬영해 지구로 영상을 전송시키는 달 탐사 경연대회인 루나 엑스 프로젝트Lunar X Project를 진행 중이다. 이 대회는 2016년까지 달 표면에 탐사선을 착륙시킨 뒤 500m 이상 이동하면서 촬영한 영상을 지구로 전송하는 팀이 승리한다. 이뿐만 아니라 고도 3만여 km 상공에 떠 있는 정지궤도위성과 지구 지표면을 케이블로 연결하는 프로젝트인 우주 엘리베이터를 연구한 바 있다. 이것은 케이블에 로봇을 붙여 엘리베이터처럼 지상에서 우주까지 물건을 운송한다는 구상이다. 이때 인공위성 이동 속도가 지구 자전 속도와 똑같기에 케이블이 휘거나 기울어지지 않는다. 진행 상황이 외부로 알려지지 않았지만, 지상과 우주를 수시로 오갈 만큼 내구성이 강한 물질과 케이블의 개발이 난관으로 지적되고 있다. 구글 최고경영자인 래리 페이지는 영화 아바타를 제작한 제임스 캐머런 감독과 함께 2012년 소행성에서 광물을 채굴하기 위한 벤처인 플래니터리 리소시스Planetary Resources에 투자하는 등 다양한 관점에서 우주산업을 진행하고 있다.[99]

최근에는 아마존 CEO인 제프 베조스Jeff Bezos도 우주산업에 뛰어들었다. 그는 거액의 개인 돈을 투자해 아폴로 11호 우주선의 로켓엔진을 40년 만에 대서양에서 인양해 화제를 불러일으켰으며, 로켓엔진 개발업체인 블루 오리진Blue Origin을 설립하고 2016년에는 엔진 테스트, 2019년에는 첫 우주비행에 도전한다는 야심 찬 계획을 수립했다.

이러한 미국 우주산업에의 민간 IT기업 도전은 정부 주도 진행의 비효율성을 극복하고 있다. 정부 주도 우주산업은 그간 고비용 저효율의 낮은 생산성 문제, 정치적 의사결정에 따른 일관성 없는 정책 추진에 대한 비판을 받아왔다. 그러자 미국 정부는 2008년 로켓발사와 화물운송 업무를 민간기업에 위탁하기 시작했고 민간 IT기업의 도전도 본격화되었다.

촘촘하고 효율적인 비즈니스 생태계

최근 유행처럼 다시 각광받는 곳은 바로 실리콘밸리다. 마치 역사상 가장 창의적 시대인 르네상스 시기 다빈치와 미켈란젤로를 탄생시킨 플로렌스나 12세기 중국의 상공업을 눈부시게 발전시켰던 송나라의 수도 카이펑과 같다. 많은 사람들과 조직이 실리콘밸리를 벤치마킹하고 제2의 실리콘밸리를 만들기 위해 노력한다.

실리콘밸리의 성공 비결은 무엇일까? T2 벤처캐피털 CEO인 빅터 황Victor Hwang은 실리콘밸리를 혁신 클러스터 이론과 다양한 경제이론으로도 설명하기 힘든 '혁신의 미스터리'라고 말하고 있다. 혁신이 성공하기 위한 요소들의 집합체가 아니라, 혁신적 기업, 제품, 서비스가 계속 살아 있는 환경에서 아이디어, 인재, 자본이라는 양분이 서로 순환하고 결합하고 변화하면서 창의적 해법을 탄생시키는 열대우림이라는 것이다. 그리고 이러한 열대우림의 생태계는 유기체들 간 상호작용을 통해 적절히 섞여 번창하고 만들어진다는 것이다.

재능만 있다고 성공하기는 힘들다. 예를 들면 캔자스대학교 컴퓨터공학 엔지니어링 전공교수 부부인 수잔 거쉬Susan Gauch와 존 거쉬John Gauch는 검색엔진 회사인 프로퓨전Profusion을 설립하고 1997년 컴퓨터 전문잡지인 PC 매거진 에디터들이 선정한 세계 최고 수준의 검색엔진을 개발했다. 이것은 1994년 제이호크 검색 프로젝트Jayhawk Search Project를 시작하며 텍사스대학에서 1만 5,000달러를 지원받아 개발했고 택사스 대학의 공용서버에 사용했다. 프로퓨전은 큰 성공을 거두었다. 1995년 프로퓨전에서 개발한 검색엔진은 선풍적인 인기를 끌었다. 한 달 사용자가 30만 명이나 되었으며, 1996년에는 한 달에 100만 명 규모의 사용자를 확보했다. 상업용 검색엔진에 대한 관심이 전 세계적으로 매우 높아지고 있었던 1997년 이 검색엔진은 세계 최고의 발명품으로 선정되었다. 당시에는 프로퓨전이 구글보다 더 유명했다.

그러나 상업성 측면에서 프로퓨전은 경쟁에서 밀렸다. 부부는 번번이 잘못된 결정을 내렸고 신용이 없는 사람들과 거래를 했다. 다른 검색회사들은 프로퓨전과 비교했을 때 기술력은 떨어졌으나 상업성은 훨씬 뛰어났다. 야후Yahoo는 투자가들로부터 3,680만 달러를 투자받고 IPO 상장을 했으며, 작은 회사들을 공격적으로 인수해서 고객 수와 광고수익을 늘려 갔다. 결국 프로퓨전은 자신들보다 작은 회사에 합병되었고, 부부는 10만 달러밖에 보상을 받지 못했다. 그들이 투자한 시간을 생각하면 최저임금에도 미치는 못하는 금액이다. 프로퓨전의 사례는 첨단 기술회사가 어떻게 하면 역사 속으로 사라질 수 있는지를 보여준다. 수잔 거쉬가 말했듯 발명품의 기술적인 측면도 중요하지만 무엇보다 사업성이 있어야 한다.

프로퓨전 사례에서 얻을 수 있는 교훈은 쉽고 분명하다. 위대한 기술만으로는 사업에서 성공할 수 없고, 매력적인 신제품을 만들면 세상이 관심을 가질 것이라 착각해서는 안 된다는 것이다. 창업을 성공으로 이끌기 위해서는 생각보다 많은 것들이 필요하다. 프로퓨전은 사막에 놓인 꽃 한 송이였기 때문에 실패했다. 다시 말해 주변에 열대우림이 없었다. 프로퓨전의 기술력은 맛있는 음식을 만들기 위해 필요한 한 가지 재료에 불과했다. 거쉬 부부는 뛰어난 재능이 있어 프로퓨전 메타 검색 기법 등 위대한 아이디어들을 생각해냈지만, 부부에게는 스타트업을 키우기 위해 필요한 경영진, 매니아 층, 기업 성장을 위한 M&A 거래, 협력사, 마케팅 전문가, 무엇보다 자본 등의 중요한 요소가 없었다. 거쉬 부부는 교수라는 배경, 한정된 학계 인맥, 제한된 금융 자원이라는 그들만의 네트워크에서 사업을 했다.

성공하기 위해서는 지리, 사회, 문화, 네트워크의 장벽을 뛰어넘어야 한다. 갓 시작한 스타트업 기업이 산을 넘고 바다를 건너기 위한 비용을 감당하는 것도 무리였다. 또한 프로퓨전은 시골인 캔자스 주 로렌스에 있었기 때문에 경영 전문가, 사업 자금, 전략적 파트너를 찾으

려면 온 종일 운전을 해야 했다. 반면에 스탠포드 캠퍼스에서 1994년 창업된 야후는, 몇 분만 운전하면 미국을 이끄는 벤처캐피털 회사들, 전문지식과 경험으로 무장한 사람들을 만날 수 있었다. 아이디어, 재능, 자본, 네트워크에 쉽고 빠르게 접근할 수 있었던 것이다. 다시 말하면 야후가 기술이 더 뛰어나거나 야후 창업자가 거쉬 교수 부부보다 뛰어나서 성공한 것이 아니다. 빠르게 기업을 만들고 운영하기 위한 네트워크에 접근할 수 있는 연결거리가 짧았다. 프로퓨전은 아이디어, 인재, 자본이 서로 빠르게 순환하고 결합하고 창의적 해법을 탄생시키는 열대우림 밖에 있었던 것이다.

『The Rainforest : The Secrete to Building the Next Silicon Valley』의 저자 빅터 황은 미국과 세계의 많은 도시들이 노력하고 있지만 정부 주도의 지역 클러스터가 반드시 혁신을 창출하지 않으며 오히려 혁신을 제한할 수 있다고 말한다. 권위적이지 않고 실패에 관용적이며 아이디어가 빠르게 활용 가능한 독창적인 문화를 실리콘밸리의 성공 요인으로 설명하고 있다. 미국 내에서도 또 다른 실리콘밸리 구축이 쉽지 않으며 실리콘밸리는 클러스터의 다음 단계라는 것이다.[100]

기업의 존속에 있어 혁신은 매우 중요하다. 그러나 단 한 번의 혁신이 아니라 현재의 혁신이 시간이 지남에 따라 보편적 기술로 일반화될 때 또 다른 혁신을 연속해서 시장에 선보일 수 있는 잠재력이 가장 중요하다. 2014년 포브스의 혁신적 기업 순위를 살펴보면, 애플과 삼성은 순위에 없다. 애플은 이미 충분히 많은 것을 선보였고 아이폰과 아이패드를 뛰어넘는 혁신이 나타나고 있지 않기 때문이다.[101] 당연히 특

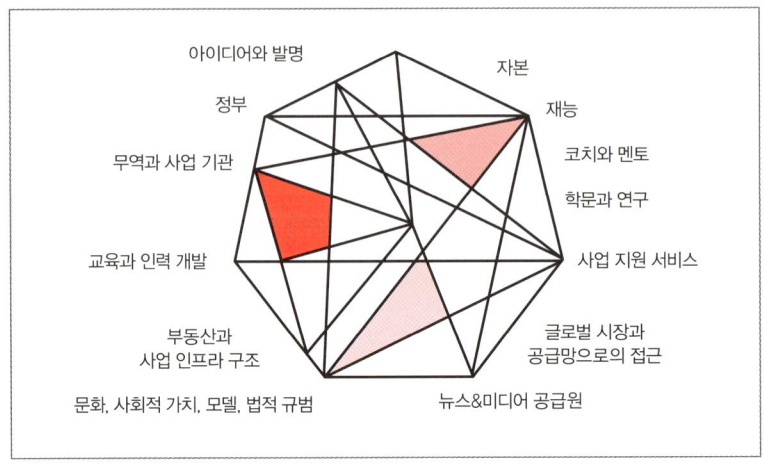

정 분야에 올인하는 전문 분야 기업이라는 것은 더 이상 의미가 없고, 새로운 시장을 어떻게 발굴하고 형성해서 어떠한 방법으로 다른 기업들보다 더 민첩하게 자신들의 혁신적인 제품과 서비스, 시스템을 가지고 선점하느냐 하는 것이 혁신의 유발을 통한 기업 존속의 핵심이다.

하버드 경영대학원 클레이튼 크리스텐슨Clayton Christensen 교수는 파괴적 혁신을 이끌지 못하는 기업은 성공하지 못하고, 파괴적 혁신을 성공으로 이끌기 위해서는 도전한 기술과 응용 분야를 명확히 설정하고, 외부 자원을 적극 활용하는 인수합병과 오픈 이노베이션은 필수라고 말한다. 이제는 빠른 혁신의 속도를 유지하고 팔로어와의 간격을 좁히지 않기 위한 혁신의 주요한 수단이 M&A라는 것을 아무도 부정하진 않는다.

해외 주요 IT기업들은 최근 10년 동안 그 어느 때보다 활발하게

M&A를 전개했다. 시장조사 기관 딜로직Dea Logic에 따르면 최근 3년 간 5,000억 달러에서 8,000억 달러 사이를 맴돌던 세계 M&A 규모는 올해 2분기까지 거래 규모만 1조 600억 달러까지 증가했다. 이처럼 M&A가 활발해지는 이유를 여러 가지로 설명하지만, M&A가 소강상 태였던 기간 동안 기업들은 내부 구조조정 과정을 거치면서 막대한 현금을 보유하게 되었고, 이 현금을 투자하기에는 M&A가 최적의 대안이기 때문이다. 또한 최근 거래의 한 가지 공통점은 많은 기업들이 핵심 분야를 보강하고 집중 범위를 더욱 좁히는 노력을 M&A를 통해서 시도한다는 것이다.[102]

최근 우리가 두려워하는 중국의 성장세도 무섭다. 풍부한 자금으로 해외 자원기업들을 중심으로 M&A하던 국영기업뿐만 아니라, 이제는 해외 브랜드와 기술을 획득하려는 민간기업들의 M&A 행보도 공격적으로 변했다. 2013년 중국 민간기업의 해외 M&A 규모는 사상 최대치인 230억 달러 규모로 2010년보다 무려 3배나 증가했다. 대표적으로 리노버는 29억 달러로 구글 모토로라 사업부와 23억 달러로 IBM 서버 사업부를 인수해 이제는 HP를 압박하는 규모로 성장했다. 그들 성장의 최대 원인은 M&A다.[103] 모바일 전 분야에 걸친 서비스를 제공하는 텐센트Tencent의 성장전략도 창의적 모방을 통한 새로운 서비스 창조와 부족한 창의성과 기술력을 보완할 수 있는 공격적 M&A다. 텐센트, 알리바바, 바이두 등 중국 3대 IT업체는 글로벌 M&A 열풍을 이끌지 않을까 싶다.

혁신 장벽을 넘는 사다리 – 크라우드펀딩과 소싱

2014년 10월 우리나라 인터넷상에 다소 자극적인 제목의 캠페인이 벌어졌다. "쫄지말고 동참하라"라고 명명된 이 캠페인은 자극적인 제목과는 달리 소방대원들에게 소방장갑을 지급하기 위한 모금행사였다. 10월 1일부터 31일까지 한 달 동안 진행된 캠페인에서 목표금액이었던 1,000만 원을 진행 22일 만에 돌파했고, 최종적으로 151명에게 1,136만 2,900원을 모금했다.[104] 이처럼 소규모 후원이나 투자 등을 목적으로 인터넷 플랫폼을 통해 다수의 개인으로부터 자금을 모으는 행위를 크라우드펀딩Crowd Funding이라 한다.

크라우드펀딩은 음악, 출판, 비즈니스, 패션, 공연, 연구개발, 스포츠 등 분야에 상관없이 기업활동 과정에서 불특정 일반 대중으로부

● 크라우드펀딩의 개념[105]

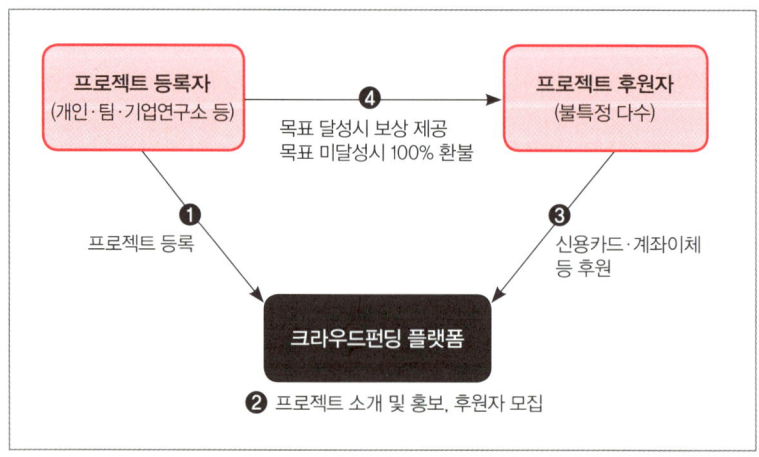

터 아이디어나 피드백 등 참여를 받고 이익을 공유하는 크라우드소싱 Crowd Sourcing의 한 형태이다. 일반 대중으로부터 사업자금을 유치하는 것이 목적인데[106] 현대적 의미의 크라우드펀딩은 1997년 영국 록그룹 매릴리언Marillion의 미국 순회공연을 돕기 위해 팬들이 인터넷을 통해 6만여 달러를 모금한 것이 시초다.[107]

크라우드펀딩은 자금유치 대가로 무엇을 어떻게 지급하느냐에 따라 여러 형태로 나눌 수 있다. 자금유치 후 원금 또는 원리금을 상환하는 형태는 대출투자형 크라우드펀딩이라 부른다. 2005년 개인대출형 서비스인 영국의 조파닷컴www.zopa.com이 시초이며 당시에는 P2P펀딩, 소셜펀딩 등의 용어가 사용되었다.[108] 지분투자형 크라우드펀딩은 사업에 지분 방식으로 참여하도록 하는 형태로 2010년 영국의 크라우드큐브닷컴crowdcube.com, 2011년 네덜란드의 심비드닷컴symbid.com 등이 초기 모델이다.[109] 대출투자형 크라우드펀딩과 지분투자형 크라우드펀딩은 자금제공자에게 미리 약정한 보상(리워드)을 지급한다는 특징이 있어 리워드 크라우드펀딩으로 불리기도 한다.

크라우드펀딩이라는 용어는 2008년 말 문화·예술·공연에 엔젤투자자를 유치하여 필요한 자금을 조달하는 미국 인디고고www.indiegogo.com가 오픈하면서 일반화되었다. 당시 불특정 다수에게 인터넷모금을 통한 주식발행은 미국 내에서 불법이었기 때문에 투자자에게는 투자금 상당의 공연 티켓을 배정했다. 또 2009년 4월 오픈한 킥스타터www.kickstarter.com는 생산된 제품을 보상으로 제공하였다. 이러한 형태는 후원형 크라우드펀딩 혹은 선주문형 크라우드펀딩으로 불린다. 그 외에도 사회 소외계층이나 공익을 위해 자금을 모집·조달하는 기부형 크라우드펀딩이 있다. 앞에서 언급한 소방장갑 기부 캠페인 등을 예로 들 수 있다.

2013년에 매솔루션Massolution에서 펴낸 보고서에 따르면, 크라우드 펀딩의 규모는 2012년 기준 약 26억 6,000만 달러로 전년 대비 80% 이상 증가한 것으로 집계되었으며, 2013년에는 51억 3,800만 달러에 이를 것으로 예측되었다.[110] 2011년까지는 기부형 크라우드펀딩이 가장 큰 비중을 차지했으나, 2012년에는 대출형 크라우드펀딩이 기부형 크라우드펀딩을 추월하며 사업성을 고려한 시장이 확대되고 있음을 알 수 있다. 지분투자형 크라우드펀딩의 전체 규모는 1억 1,570만 달러로 5%에 미치지 못하지만, 평균 캠페인 규모는 19만 달러로 다른 유형의 캠페인과 비교가 되지 않을 정도로 대규모로 진행되고 있다. 이는 지분투자형 크라우드펀딩의 경우, 신기술·혁신형 기업에 투자 형태로 펀딩이 이루어져 공연 등 문화 콘텐츠가 주를 이루는 보상형 등에 비해 많은 자본이 투입되기 때문으로 추정된다.

이에 비해 우리나라 시장 규모는 걸음마 수준이다. 2012년 북미 지역에서는 1조 9,200억 원이 크라우드펀딩에 의해 조성되었지만, 우리나라에서는 528억 원 수준이다. 그나마 2012년 총선과 대통령 선거에서 각 후보 캠프의 대출형 크라우드펀딩을 제외하면 74억 원 규모에 불과했다.[111]

크라우드펀딩의 대표적인 성공 사례는 킥스타터Kickstarter에서 진행된 페블워치Pebble Watch다.[112] 페블워치는 CESConsumer Electronic Show에서

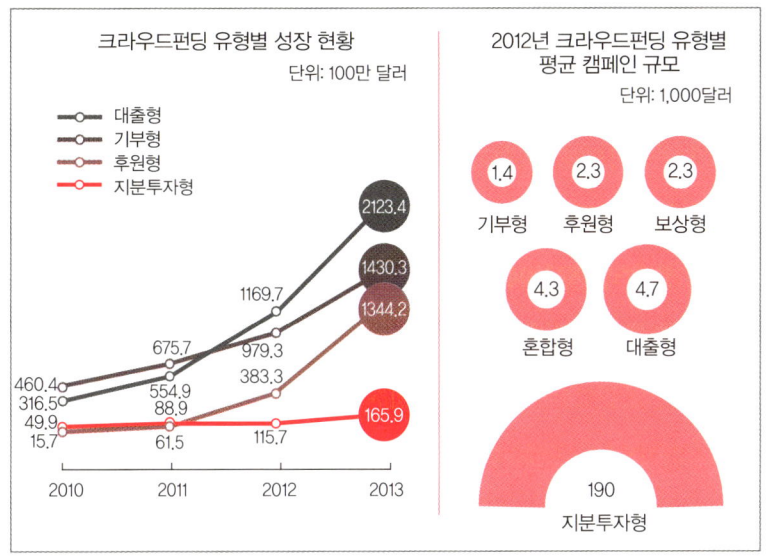

● 크라우드펀딩 유형별 성장과 2012년 평균 캠페인 규모[113]

크라우드펀딩 유형별 성장 현황
단위: 100만 달러

대출형
기부형
후원형
지분투자형

2123.4
1430.3
1344.2
1169.7
675.7
979.3
460.4
316.5
554.9
383.3
49.9
15.7
88.9
61.5
115.7
165.9

2010   2011   2012   2013

2012년 크라우드펀딩 유형별
평균 캠페인 규모
단위: 1,000달러

1.4   2.3   2.3
기부형   후원형   보상형

4.3   4.7
혼합형   대출형

190
지분투자형

주목받은 후, 2012년 4월 11일 킥스타터에서 10만 달러를 목표로 시작했다. 그 결과 불과 6일 만에 목표액을 달성하였는데, 최종적으로는 6만 8,929명의 참여자가 1,026만 달러가 넘는 금액을 펀딩했다. 후원형 혹은 선주문형 크라우드펀딩 형태로 진행되었으며, 펀딩 참여자들에게는 할인된 가격으로 페블워치를 선주문할 수 있는 권리가 제공되었다.

국내의 사례로는 영화 '26년'이 있다. 2012년 영화사 청어람은 제작비 가운데 10억 원을 목표로 굿펀딩www.goodfunding.net을 통해 크라우드펀딩을 시작했지만, 목표액 10억을 달성하지 못했다. 그리고 "마감일까지 목표금액을 달성하지 못하는 경우 프로젝트 실패"라는 원칙에 따라 모든 결제가 취소되었다. 그 후 영화사 대표는 영화홍보 사이트에 직접 크라우드펀딩 플랫폼을 만들어 2만 1,691명으로부터 7억 4,068만 원의 제작비를 마련할 수 있었다.[114]

크라우드펀딩이 주목을 받는 이유는 자금공급이 어려운 시장을 투명하고 건전하게 키워낼 수 있는 가능성 때문이다. 미국에서 크라우드펀딩이 주목을 받기 시작한 때는 2007년 서브프라임 사태와 2008년 리먼브러더스의 파산에 따라 은행권 대출이 축소되고, 신생기업과 벤처기업이 금융시장에서 소외되기 시작한 시점이다.

크라우드펀딩은 결국 지인들을 통해 사업자금을 조달하던 형태가 인터넷과 SNS 등을 통해 불특정 다수를 대상으로 확대된 것으로 볼 수 있다. 2012년 4월 오바마 미국 대통령은 중소기업과 신생 벤처기업 지원을 위한 JOBS Jumpstart Our Business Startups Act 법에 서명했다. '신생기업육성법'이라 불리는 JOBS법은 자본시장에서 자금을 조달하기 어려운 신생 벤처기업 육성을 위해 마련된 개정된 증권법으로, 일반 투자자 대상으로 광고와 투자권유를 허용하고 특히 인터넷과 SNS를 활용한 크라우드펀딩을 허용한 것이 특징이다.[115] 영국도 2013년 2월 금융지원서비스기구 Financial Service Authority 가 크라우드큐브 Crowdcube 모델을 공식승인하면서 지분투자형 크라우드펀딩 플랫폼을 제도적으로 구축했다. 우리나라 정부도 벤처기업 육성 방안 중 하나로 크라우드펀딩을 언급하고 있긴 하지만, 관련 법안은 2014년 11월 현재 1년 넘게 국회에 계류 중이다. 스타트업 기업에게는 초기자금 마련을 위해 지분투자형 크라우드펀딩이 아주 매력적인 투자수단이지만, 자금시장법의 개정이 늦어지고 있고 국내 크라우드펀딩의 대부분이 후원형 혹은 대출형으로 이루어지고 있는 점이 걸림돌이 되고 있다.

그동안 새로운 기술의 도입이나 제품의 혁신은 막대한 자본과 인력 투입이 가능한 대기업들이 주로 주도했다. 특히 제조업의 경우 초기 수요 예측이 어렵고 제작과 생산을 위한 최소비용이 적지 않다는 점에서 진입장벽이 높은 것이 현실이다. 크라우드펀딩이 자본 측면에서 스타트업 등의 성장을 뒷받침한다면, 기술적 난제 해결은 크라우드소싱을 통해 해결할 수 있다. 본래 크라우드소싱은 크라우드펀딩을 포함하는 개념으로 일반인들로부터 자금, 재능, 현물 등을 받아 문제를 해결하는 개방형 혁신의 한 방식이다.

크라우스소싱은 인터넷 플랫폼을 통해 문제를 공유하고, 참여자들의 자발적 재능 기부 혹은 펀드의 투자처럼 기술을 투자하는 형식으로 문제를 해결하는 방식을 말한다. 『롱테일 경제학』의 저자 크리스 앤더슨Chris Anderson이 개설하고 운영하는 DIY Dronewww.diydrones.com은 크라우드소싱을 통해 기술적 문제를 해결하고 상품화까지 이어진 좋은 사례다. 레크레이션용 초소형 드론 개발을 위해 개설된 이 플랫폼은 5만 명 이상의 등록 사용자가 1만 개 이상의 블로그 포스트를 만들고, 5만 개 이상의 토론 스레드Threads, 연간 15만 개 이상의 코멘트를 통해 자발적으로 드론을 개발했다. 그 결과는 상품화로 이어져 '3D Robotics'라는 회사를 설립하고 다양한 레크레이션용 드론을 판매하고 있다.

우리나라 스타트업 기업의 자금조달은 투자보다 보증부대출에 쏠려 있어 실패에 대한 위험 부담이 매우 크다. 벤처기업 투자도 미국이 엔젤투자와 벤처캐피탈투자가 각각 225억 달러, 291억 달러로 거의 비슷한 규모인데 반해 우리나라 엔젤투자는 전체 벤처투자의 2%에 불과하며, 이마저도 매년 감소 추세에 있다.[116]

크라우드펀딩과 기술의 크라우드소싱은 민첩한 혁신의 상호보완적인 지렛대로 작용할 수 있다. 수요자 입장에서 보면 크라우드펀딩은 투자를 통해 기업의 연구개발 성공을 기다리는 수동적 역할을 넘어 새로운 혁신을 촉진한다. 또 크라우드소싱은 제품개발을 위한 기획 → 개발 → 상품화의 단계에 직접 아이디어를 제공하는 능동적 참여가 가능하다. 기업의 입장에서는 자본투자의 위험을 분산하고 솔루션 개발의 효율을 높일 수 있는 안전망이자 촉매제로 해석할 수 있다.

새로운 핵심 가치의 등장 – 경험혁신과 사용자 경험

1998년 조셉 파인Joseph Pine과 제임스 길모어James Gilmore는 과거 기능과 품질 향상만으로는 제품과 시스템 등 기업에서 제공하는 재화의 차별화에 한계가 있으며, 소비자에게 가치 있는 경험을 둘러싼 환경 등이 새롭게 가치를 창출하고 있다는 경험경제Experience Economy란 개념을 제시했다.[117] 일반적으로 경제학자들은 경험과 서비스를 함께 취급하지만, 재화와 용역이 다르듯이 경험과 서비스는 각각 다른 경제적 산물로 소비자들은 새로운 경험을 원하고 보다 더 많은 기업들도 새로운 경험들을 설계하고 홍보함으로써 소비자들의 경험을 만족시키기 위해 노력하는 등 앞으로의 기업 경쟁의 핵심적 가치라는 것이다. 수요 요인도 기존의 기능과 특징, 편인을 넘어 감정 혹은 느낌이 가장 중요한 시대로 접어들었다.

재화는 유형이며, 서비스는 무형이고, 경험은 기억에 남는 요소이다. 그동안 경험들은 주로 엔터테인먼트, 외식업, 택시 등의 비즈니스에서 중심에 있었다. 예를 들면 디즈니랜드를 대표적으로 말할 수 있는데, 이제는 게임, 채팅, 시뮬레이터 등 다양한 컴퓨터 기반의 서비스들이 사용자들과의 상호작용이 강화되면서 인터랙티브한 경험Interactive Experience을 제공하고 있다.

북유럽 최대 규모 응용기술 연구기관인 핀란드 국가기술연구센터 VTTValtion Teknillinen Tutkimus keskus도 '경험혁신Experience Innovation'이란 보고서를 발간하고,[118] 사용자 경험과 연관된 경험경제와 경험혁신, 혁신정책 수립과의 연관성을 설명했다. VTT는 경험혁신을 1차산업에서 제조업, 서비스 경제 등을 거쳐 경제활동과 가치가 점차 무형·사용자 공동 창출에 기반을 두게 되며 이는 경제발달의 가장 최근 단계라고 정의했다. 경험혁신은 국가혁신시스템NIS의 새로운 연구 영역으로 경험과 관련된 경제활동이 국가경제에 미치는 영향이 중요해짐에 따라, 경험혁신 기반 인터페이스가 국가경제와 혁신정책 수립 시 고려해야 할 새로운 대상으로 등장했다고 한다. 또한 향후 새로운 제품과 서비스를 개발할 때에 생산자와 사용자 공동 창출이 주는 기회와 제약, 기존 산업 분류 및 조사, 경험 관점의 혁신의 통합에 대한 연구의 필요성 등을 제시하고 있다. 다양한 사례 연구를 통해 경험산업을 가장 급

성장하는 산업 분야이자 핀란드 GNP와 고용의 8~12%를 차지하는 핵심가치로 판단하고, 1930년대 핀란드 크로스컨트리 스키 선수들의 여름 훈련법을 활용하여 세계적으로 확산된 전신운동 효과가 높은 노르딕 워킹Nordic Walking과 1997년 핀란드에 최초로 설치된 스키터널Ski Tunnel 등을 제시했다.

컴퓨터 관련 기기로 우리 앞에 등장했던 사용자 인터페이스User Interface 개념은 시스템 차원을 넘어 다양한 서비스 차원에서 사용자에게 전달해줄 수 있는 경험의 가치가 증가함에 따라 사용자 경험이란 단어로 귀결되고 있다.

제록스 스타 워크스테이션STAR Workstation으로 시작된 그래픽 사용자 인터페이스Graphical User Interface에서 태동되어 맥Mac과 윈도Windows와 함께 본격적으로 보급된 그래픽 사용자 인터페이스는 2000년대에는 사용자인터페이스를 넘어 본격적 사용자 경험 시대로 접어들었다. 최근 모바일, 유비쿼터스, 소셜컴퓨팅, 크라우드 컴퓨팅과 같은 기술은 인간-컴퓨터 상호작용 범위를 일상생활까지 확장하면서, 제품개발의 초점을 사용자 경험 중심 설계로 이동했다. 2000년대 들어 인터넷과 스마트폰 대중화, 디지털 컨버전스 확대, 최근 아이폰의 시장 성공에 따라 효율적이고 차별화된 사용자 경험은 상품, 시스템, 서비스 등의 시장 성공과 기업의 지속가능한 경쟁 확보를 위한 전략적 수단인 동시에 시장경쟁력을 좌우하는 요소로 등장했다. 이와 함께 애플의 아이튠즈 생태계 등장과 세기적 특허 소송인 삼성과 애플의 소송 대상에 애플은 슬라이드 투 언락Slide to Unlock, 바운스 백Bounce Back 기능 등 터치스크린 관련 특허 4건과 제품외관 및 아이콘 디자인을 삼성은 비행모드 아이콘 표시, 사용자 중심의 홈스크린 공간 활용, 앱스토어 카테고리별 트리구조 표시 등의 특허를 제소하는 등 사용자 경험은 정보통신기기 개발의 핵심으로 떠올랐다. 내구소비재를 경쟁적으로 구입하던 1960~1970년대를 거쳐 1980~1990년대에는 물질적 가치보다 정신적 가치를 중시하고 기술혁신 경쟁의 한계에 따른 제품 차별화와 품질향상 한계 등에 따라 새로운 콘셉트의 혁신적 경험과 감성이 소비자 구매의 기준으로 자리 잡은 것이다. 이러한 변화의 이면에는 기업들의 부품과 연구개발의 글로벌 소싱 보편화에 따른 하드웨어, 소프트웨어 스펙 향상 경쟁의 한계와 인터넷 등을 통한 소비자의 글로벌 마켓 접근성의 증가에 따른 높아진 안목과 빠른 정보의 접근성도 커다란 역할을 하고 있다.[119]

이미 살펴본 우버나 에어비앤비도 마찬가지다. 우버는 앱을 이용해 가장 가까운 기사가 사용자 위치까지 알아 찾아오고, 신용카드로 자동 결제되는 요금, 차안에 음료수나 휴대폰 충전 등이 가능한 새로운 사용자 경험을 제공한다. 에어비앤비도 일반적인 호텔을 떠나 나무 위의 집, 오두막집, 성Castle, 펜트하우스Penthouse, 이동식 주택Caravan, 대저택 등에서 숙박하고 현지인들과 함께할 수 있는 새로운 경험을 제공하며 이는 시장 확대와 기업가치 향상의 주요한 요인이 되었다. 이제는 플레이플래닛Playplanet과 같이 현지인은 호스트가 되어 외부인을 일상으로 초대하고, 여행자는 현지인의 일상으로 들어가 여행의 경험을 나눌 뿐만 아니라 유명인이나 일반인의 소중한 경험을 나누는 플랫폼들도 적지 않게 볼 수 있다.

제품과 시스템, 서비스의 선택에 있어 기능과 신뢰성, 얼마나 사용하기 편리한가의 사용 편의성을 넘어 이제는 사용자의 감성을 자극하고 만족시키는 새로운 경험이 기업의 시장 성공 요소로 자리 잡은 것이다. 이는 전 세계적으로 기술이 상향 평준화되어 기능만으로는 차별화된 가치를 더 이상 소비자에게 제공하기 힘들다는 기능경쟁의 종식을 의미하며, 새롭고 독특한 경험을 제공하는 기업들만이 생존할 확률이 보다 높아짐을 의미한다.

이뿐만 아니라 생산자의 노력으로 기능, 성능, 품질, 보급률 등이 충분한 수준에 도달하고, 개인화 단계를 거쳐 활용 경험을 축적한 소비자들이 제품에 대한 충분한 이해가 가능해지면서 이러한 감성과 경험 충족 욕구를 바탕으로 소비자는 프로슈머가 되어 생산자와 공동으로 생산 과정을 수행한다. 애론 월터Arron Walter 는 매슬로Maslow의 인간욕구 5단계를 활용해 사용자 욕구 4단계를 하위 욕구부터 기능성Functional→신뢰성Reliable→사용성Usable→즐거움Pleasurable으로 설명하는 등 최종 욕구는 즐거움으로 설정해 인간의 감성과 새로운 경험의 개념을 표현한다.[120]

이구형 뉴로스카이 CTO는 이러한 소비자의 욕구를 크게 4단계 욕구발전 단계로 구분했다.[121] 먼저 소유 욕구는 새로운 제품이 시장에 등장하는 초기 단계에서 단순히 새로운 제품을 타인들보다 먼저 소유하려는 욕구이다. 다음으로 제품 비교우위 욕구는 제품 보급이 확대되어 주위 사람들도 동일 제품을 보유하는 단계에서 출현하는 욕구로 남들보다 기능, 디자인 등에서 더 나은 제품을 가지려는 욕구이다. 다음 단계로는 제품 보급률이 포화상태에 이르러 소비자들은 제품의 소유보다 활용에 관심을 갖게 되며, 자신의 생활에서 필요한 기능과 제품이 보유한 기능을 비교하면서 제품에 대한 사용을 평가하는 활용성 욕구의 단계로 접어든다. 마지막은 제품 보유와 기능, 활용 측면의 욕구가 충분히 만족된 후 제품 가격과 디자인, 환경의 분위기와 제품의 조화 같은 심미적 부분 등에 대한 만족을 추구하는 감성욕구 단계로 구분했다. 보급률이 높아가고 기술 수준이 향상함에 따라 점차 소유 욕구, 비교우위 욕구, 사용성 욕구, 감성 욕구의 단계로 진화한다는 것이다.

우리는 이러한 기존의 4단계 욕구발전 단계에 경험 욕구를 추가해

● 소비자 욕구의 진화[122]

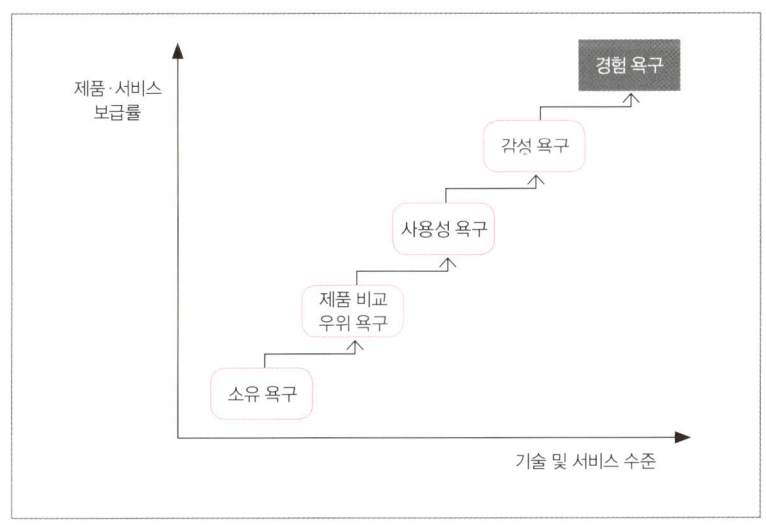

보았다. 새로운 사용자 경험의 중요성은 이미 스마트폰 등의 정보통신 관련 디바이스, 현존하는 자동차와 자율주행차량 등 미래 자동차뿐만 아니라, 이제는 사용자가 참여하는 대부분의 모든 서비스 섹터에서 가장 중요한 경쟁 요소로 떠올랐다. 예를 들면 기존 택시보다 비싸지만 간편하고 고급스런 서비스 사용자 경험을 제고하는 우버의 인기와 기업가치 상승, 그리고 디지털 음원시장의 확대에 대응해 뮤지션과의 직접 상호작용이 가능한 프리미엄 경험을 제공하는 콘서트 시장은 전 세계로 확대되고 있다.

초연결경제 시대에서는 기업과 소비자와의 거리도 짧아진다. 이러한 소비자의 경험 욕구를 충족시키기 위해 기업들은 거의 의무적으로 소비자와 협력할 수밖에 없다. 결국 소비자들과 기업이 제품과 서비스의 사용자 경험을 함께 설계하고 가치를 창출하는 방법으로 상호 간 거리를 짧게 유지하고 민첩한 혁신을 유도하는 방법을 빨리 터득하는 기업들이 소위 시장에서 원하는 제품과 시스템, 서비스를 빨리 개발해 시장 선점에 유리한 시대가 될 것이다.

무너지는 온라인과 오프라인 경계 - O2O

1990년대 PC통신과 2000년대 인터넷의 가장 커다란 차이점은 PC통신이 일상생활의 작은 부분에 머물렀던 반면 인터넷은 일상생활 패턴 자체를 크게 바꾸어놓았다는 것이다. 대표적 생활 패턴의 변화가 상거래로 전자상거래e-Commerce란 용어는 인터넷의 발전과 함께 경제·사회 분야의 중요 키워드로 자리 잡았으며, 시장 규모는 지속적으로 성장하고 있다. 소비자 관점에서 온라인 상거래는 다양한 상품정보를 간편하게 확인하고, 유사한 상품들의 가격비교가 가능하며 기존 구매자들의 평가의견에 쉽게 접근해 구매를 결정할 수 있다는 장점이 있다. 판매자는 거래비용을 줄일 수 있어 상대적으로 저렴한 가격으로 상품을 공급할 수 있고, 이는 최소 하루나 이틀이 걸리는 배송기간을 가격경쟁력으로 극복할 수 있는 요인이 되었다.

이러한 전자상거래의 활성화로 음반판매점과 비디오대여점 등과 같은 일부 전통업종은 온라인 음원서비스, IPTV 등 디지털 재화를 판매하는 업종에 그 자리를 내주고 몰락했다. 최근에는 디지털 재화가 아닌 전통적인 재화에서도 이런 모습이 나타난다. 백화점이나 마트 등 오프라인 상점에서 구매 대상을 확인만 하고 실제로 가격비교를 통해 온라인에서 구매하는 쇼루밍Showrooming 현상도 늘어나고 있다. 이러한 흐름과 함께 밀레니엄 세대가 경제의 주역으로 부상하면서 미국에서는 소매상Brick-and-Mortar Retail이 앞으로 몰락할 산업 가운데 하나로 선정되기도 했다.[123]

오프라인 상점이 몰락하고 온라인 상거래가 지속적으로 확대되는 분위기 속에서 트라이얼페이TrialPay 창립자이자 CEO인 알렉스 람펠Alex Rampell은 2010년 테크크런치TechCrunch 기고를 통해 온라인을 통한 오프라인 상점의 활성화를 주장하며 O2OOnline-to-Offline라는 용어를 제안했다.[124] O2O의 핵심은 온라인에서 소비자를 찾아 오프라인 매장으로 유도하는 것이다. 알렉스 람펠은 O2O를 "결제방법과 고객 유도 모델의 조합을 통해 오프라인 구매를 창출하는 것"으로 정의했다. 오프라인 매장에서 상품을 선택한 후 온라인에서 주문하는 쇼루밍과 반대로 온라인에서 고른 물건을 오프라인에서 구매하는 역쇼루밍Reversed Showrooming 형태의 비즈니스 모델이다. 당시는 미국인 연평균 소득이 4만 달러인 것에 비해 온라인에서 소비하는 금액은 1,000달러에 지나지 않았으며, 나머지 3만 9,000달러가 오프라인 매장에서 소비되었다. 이렇게 소비되는 금액을 O2O 상거래로 유도함으로써 그루폰Groupon과 같은 서비스가 급성장할 수 있었다는 것이다. 그는 특히 지역 상권에의 의존도가 높은 레스토랑이나 바Bar, 요가 레슨과 같이 '경험'을 판매하는 상점이 O2O를 통해 온라인 상거래와 같은 장점을 보유할 수 있고, O2O의 활성화는 오프라인 소매점에도 인터넷 쇼핑몰과 같이 추적 가능한 고객 기록이 남아 추후 마케팅에 활용할 수 있다는 점도 O2O 관련 기업의 가치를 높이 평가할 수 있는 부분으로 설명하고 있다.

최근 심화된 온라인시장의 오프라인시장 잠식은 오프라인 사업자들에게 변화를 요구하고 있다. 2013년에 포레스터 리서치Forrester Research는 2017년 미국 총 소매매출액의 60%가 직간접적으로 온라인의 영향을 받을 것이라고 예측했다.[125] 총 소매매출의 10.3%는 직접 온라인 구매를 통해 발생할 것으로 예상했는데 이는 2012년 5.2%와 비교하면 5배가량 증가한 수치다. 비단 미국뿐만 아니라 우리나라에서도 오프라인 매장들의 몰락은 이미 시작되었다. 금융위기 여파가 몰아쳤던 2009년과 2010년에도 각각 8.7%, 12.6%의 매출성장세를 유지했던 국내 백화점업계 1위인 롯데백화점의 2013년 매출은 전년 대비 0.9% 감소했다.[126] 이러한 상황에서 롯데닷컴은 온라인 매장에서 상품을 주문하고 오프라인 매장에서 상품을 수령하는 O2O 모델인 스마트픽 Smartpick 방식을 도입했다. O2O는 온라인의 장점인 단시간 내 다양한 상품 검색 기능과 제품의 시험과 확인, 환불 등이 가능한 오프라인 매장의 장점을 결합한 서비스로 온라인과 오프라인 채널을 일관성 있고 유기적으로 연결해 각 채널의 한계를 서로 보완하고 시너지 효과를 낼 수 있는 옴니 채널Omni-Channel 마케팅 전략의 하나로 설명할 수 있다.

알렉스 람펠이 처음 O2O를 주장했던 시기에는 개인이 O2O 사업자에게 접근해 필요한 제품과 서비스를 구매하는 C2BCustomer to Business 형태의 사업 모델을 제안했었다. 하지만 최근 동향은 O2O 사업자가 개인에게 접근해 필요한 정보를 제공하고 구매를 유도하는 적극적 형태의 B2CBusiness to Customer 형태로 발전하고 있다. 이러한 형태의 O2O 발전을 위해서는 무엇보다 2가지 기술적 인프라가 필요하다.

첫 번째는 메신저 형태의 모바일 플랫폼이다. 오프라인 매장 위치정보를 기반으로 주변의 잠재고객에게 마구잡이식으로 정보를 제공하는 경우 고객의 프라이버시 침해 문제가 제기될 가능성이 있으며 스팸 정보로 인식되어 브랜드와 서비스의 신뢰 하락으로 연결될 수 있다. 이러한 이유로 오프라인 상점이 메신저에 비즈니스 계정으로 입점하는 형태를 취하고 있다. 실제로 중국과 한국의 O2O 기업은 모두 메신저 서비스와 연결되어 있다. 중국 텐센트는 위챗, 알리바바도 자사 메신저인 라이왕을 통해 O2O 서비스를 제공하고 있으며,[127] 네이버도 메신저 라인인 '라인@'을 통해 O2O 서비스를 제공하는데, 2014년 6월 기준 일본 내에서 약 3만 개의 사업자가 등록되어 있다. 다음카카오도 O2O 서비스에 적극적이다. 다음과 카카오가 합병 이후 가장 중요한 협업 프로젝트로 O2O가 제시되기도 했다.

적극적 형태의 O2O 사업에 필요한 두 번째 기술 인프라는 사물인터넷으로 비콘이 그 핵심이다. 블루투스 4.0 프로토콜을 이용해 주변 50m까지 무선신호를 전송할 수 있을 뿐만 아니라 실내 위치 추적이 가능해 소비자가 오프라인 매장을 방문했을 때 비콘이 감지하고 과거 방문했거나 관심 있는 상점의 카탈로그, 상품 정보, 할인 쿠폰 등을 전달할 수 있다.

모바일 메신저와 사물인터넷 등을 활용한 최근 O2O 서비스가 초연결경제 시대에 던지는 의미는 무엇일까? 사실 O2O는 개념 자체가 새로운 것은 아니다. 이미 온라인에서 구입한 도서를 가까운 편의점이나 오프라인 매장에서 수령하는 원시적 형태의 O2O 서비스가 존재한다. 그러나 이는 온라인 서점과 소비자 사이 단방향 커뮤니케이션만 존재할 뿐이다. 소비자가 어필할 수 있는 부분이 필요 없이 단지 서적 배송 방법이 변한 것뿐이다. 반면 비콘을 이용한 O2O는 양방향 맞춤형 정보를 제공해 소비자와 판매자 사이의 거리를 단축한다. 그럼으로써 새로운 상호작용을 통해 더 효율적인 거래와 재화의 만족도 향상을 가능하게 한다.

참고문헌

1   그레고리 클라크(Gregory Clark), 맬서스, 산업혁명 그리고 이해할 수 없는 신세계(A Farewell to Alms), 한스미디어, 2009.

2   World Population Prospects : The 2012 Revision. Highlights, Population Division of the Department of Economic and Social Affairs, United Nations, 2013.

3   World Population Projections to 2100, Population Bureau and United Nations, 1998.

4   Internet Live Stats, www.internetlivestats.com, 2014년. 11월 기준

5   World Population Projections to 2100, Population Bureau and United Nations, 1998.

6   Visual Networking Index Forecast 2012-2017, Cisco, 2013. 5.

7   Carolyn Duffy Marsan, 10 fool-proof predictions for the Internet in 2020, Network World, 2010. 1. 4.

8   Facebook Users and Presentation Worldwide 2011-2017, eMarketer, 2013. 4.

9   Internet Live Stats, www.internetlivestats.com, 2014년. 11월 기준

10 MEGACHANGE : The World in 2020, The Economist Newspaper Ltd., 2012.

11 Embracing the Internet of Everything To Capture Your Share of $14.4 Trillion, Cisco, 2013.

12 Jim Heppelmann, PTC's Vision for How Smart, Connected Products are Transforming Manufacturing, 2014 PTC Live Global, 2014. 6. 15.

13 Joseph Bradley, Joel Barbier, Doug Handler, Embracing the Internet of Everything to Capture Your Share of $14.4 Trillion, CISCO White Paper, 2013.

14 Internet Live Stats, www.internetlivestats.com, 2014. 11월 기준

15 Mobile Phone Users Worldwide 2012-2017, eMarketers, 2013. 12.

16 Wellman, Barry, Physical Place and Cyber Place: The Rise of Networked Individualism. International Journal of Urban and Regional Research 25 (2), 2001. 6: 227-52.

17 하원규, 최민석, 김수민, 만물지능인터넷 패러다임과 미래창조 IT 신전략, 정보통신산업진흥원(NIPA), 2013. 8. 28

18 김현중, 초연결 시대로의 변화와 대응 방향, INSIGHT 2012-02, 정보통신산업진흥원(NIPA), 2012.

19 Google Glass Website, http://www.google.co.kr/glass/start/

20 Matt Swider, Google Glass Review: Explorer Edition Upgrades to 2GB of RAM in the US and UK. Is It Worth the Price Now?, Techradar, 2014. 10. 13.

21 Marc Prensky, Digital Natives, Digital Immigrants, On the Horizon, MCB University Press, 2001. 10

22 The Rise of Generation C: Implications for the World of 2020, Booz & Company

23 Internet Transit Prices-Historical and Projected Abstract, DrPeering Website, http://drpeering.net/white-papers/Internet-Transit-Pricing-Historical-And-Projected.php

24 2018년 전세계 모바일 데이터 트래픽 지난해 대비 11배 증가 전망, CISCO, 2014. 2. 6.

25 Internet Transit Prices—Historical and Projected Abstract, DrPeering Website, http://drpeering.net/white-papers/Internet-Transit-Pricing-Historical-And-Projected.php

26 2018년 전세계 모바일 데이터 트래픽 지난해 대비 11배 증가 전망, CISCO, 2014. 2. 6.

27 Alvin Toffler, Heidi Toffler, Revolutionary Wealth, Currency Doubleday, 2006.

28 More than 50 Billion Connected Devices, Ericsson White Paper, 2011. 2

29 More than 50 Billion Connected Devices, Ericsson White Paper, 2011. 2.

30 민혜정, '거실·주방·안방 잡아라' IFA 2014 스마트홈 격돌, 아이뉴스24, 2014. 9. 7.

31 Stan Davis, Christopher Meyer, Blur: The Speed of Change in the Connected Economy, Warner Books, 1998.

32 Jeremy Rifkin, The Age of Access : The New Culture of Hypercapitalism, Where all of Life is a Paid-For Experience, Penguin Putnam Inc., 2000.

33 Eric Hobsbawm, The Age of Revolution: Europe 1789–1848, Weidenfeld & Nicolson Ltd, 1988.

34 Thomas Southcliffe Ashton, The Industrial Revolution (1760–1830) (1961).

35 Embracing the Internet of Everything To Capture Your Share of $14.4 Trillion, Cisco, 2013

36 Jim Heppelmann, PTC's Vision for How Smart, Connected Products are Transforming Manufacturing, 2014 PTC Live Global, 2014. 6. 15.

37 Stan Davis, Christopher Meyer, Blur: The Speed of Change in the Connected Economy, Warner Books, 1998.

38 이정애, 앨빈 토플러 "속도와 공간 혁명 제4의 물결온다", SBS 단독회견 내용, 2006. 12. 14.

39 이민화, 차두원, 창조경제, 2013. 6.

40 차두원, 세계에서 가장 빠른 추격자, 머니투데이 기고, 2014. 2. 7.

41 Caitlin Dempsey Morais, Before There was GPS : Personal Navigation in the 1920s and 1930s, GIS Lounge, 2013. 9. 17.

42 Tom Vanderbilt, Autonomous Cars through the Ages, Wired, 2012. 2. 6.

43 Juro Osawa, Gillian Wong and Rick Carew, Xiaomi Becomes World's Most Valuable Tech Start up, The Wall Street Journal, 2014. 12. 29.

44 정주영, 아이폰의 짝퉁? 中 샤오미 성공신화 기술과 마케팅, 즉 실력의 승리다, 지식공유포럼 2014. 11. 7.

45 박종일, 스마트폰 성공 방정식 새로 쓰다, Tech & Beyond 제19호, 2014. 11.

46 민준홍, M&A로 바라본 구글의 과거·현재·미래, 디지에코 보고서 Issue & Trend, 2014. 8. 26.

47 김학재, 구글 'IT판 버크셔해서웨이' 성공할까, 파이낸셜 뉴스, 2014. 11. 9.

48 Tyler Cowen, The Great Stagnation—How America Ate ALL the Low-Hanging Fruit of Modern History, Got Sick, and Will(Eventually) Feel Better, DUTTON, 2011. 2.

49 Bryan Bunch, Alexander Hellemans, The History of Science and Technology, Houghton Mifflin Company, New York, 2004

50 Jonathan Huebner, A Possible Declining Trend for Worldwide Innovation, Technological

Forecasting & Social Change, Vol. 72, 980~986, 2005.

51 Peter Nowak, Sex, Bombs, and Burgers: How War, Pornography, And Fast Food Have Shaped Modern Technology, Lyons Press, 2011.

52 Charles Jones, Sources of U.S. Economic Growth in a World of Ideas, American Economic Review, Vol. 92, 220−239, 2002. 3.

53 The Emerging Digital Economy, Secretariat for Electronic Commerce, U.S. Department of Commerce, 1988.

54 Belkin, WeMo Website,
http://www.belkin.com/us/Products/home−automation/c/wemo−home−automation

55 Put the Internet to Work for You: Join IFTTT Website, https://ifttt.com

56 Bradley Mitchell, Schlage LiNK, About.com,
http://compnetworking.about.com/od/networksecurityprivacy/gr/schlage−link−wireless−security.htm

57 Fedex Express SenseAware Website, http://www.senseaware.com

58 Hapifork Website, http://www.hapi.com/product/hapifork

59 Adam D.I. Kramer, Jamie E. Guillory, Jeffrey T. Hancock, Experimental Evidence of Massive−Scale Emotional Contagion through Social Networks, PNAS, Vol.111, No.24, 8788−8790

60 김인순, 보안 무시한 사물인터넷 '재앙 부른다', 전자신문, 2014. 7. 6.

61 사물인터넷 시대 안전망, 융합보안산업, KIET 산업경제정보, 제586호 (2014. 4. 15)

62 Ania Monaco, Keeping Hackers Out of Implanted Medical Devices, the Institutue, 2012. 7. 16.

63 Paul Peachey, Cyber crime: First Online Murder Will Happen by End of Year, Warns US Firm, The Independent, 2014. 10. 5.

64 Ints Kalnins, Europol warning: 'Internet of Everything' Could Lead to 'Online Murder' by End of 2014, Reuters, 2014. 5. 5.

65 Andy Greenberg, Hackers Reveal Nasty New Car Attacks with Me behind the Wheel, Forbes, 2013. 7. 24.

66 John Markoff, Researchers Show How a Car's Electronics Can be Take over Remotely, The New York Times, 2011. 3. 9.

67 문가용, 사물인터넷 시대의 보안을 방해하는 4가지 요소, 보안뉴스, 2014. 9. 14.

68 2013 기술영향평가 보고서(스마트네트워크의 활용−스마트라이프), 한국과학기술기획평가원, 2014. 1.

69 Chales Duhigg, How the U.S. Lost Out on iPhone Work, The New York Times, 2012. 1. 21.

70 Creating Jobs through Innovation, Apple Website http://www.apple.com/about/job−creation, 2014. 11월 기준

71 Natasha Singer, In the Sharing Economy, Workers Find Both Freedom and Uncertainty, The New York Times, 2014. 8. 16.

72 Bloomsbury USA Academic, Precariat: The New Dangerous Class, Bloomsbury, 2014.

73 차두원, [사이언스 포럼] 자본주의와 과학기술, 그리고 교육의 미래, 아시아 경제, 2014. 9. 24.

74 Dylan Love, Here's The Burger-Flipping Robot That Could Put Fast-Food Workers Out Of A Job, Business Insider, 2014. 8. 11.

75 케네스 와인스타인, 테크놀로지, 인구변화와 노동인력의 미래, 공생하는 미래사회의 직업세계, 2014 글로벌 인재포럼 특별세션, 2014. 11. 5.

76 Carl Benedict Frey, Michael A. Osborne, The Future of Employment : How Susceptible are Jobs to Computerisation?, 2013. 9. 17.

77 http://www.forbes.com/sites/narrativescience에서 기사를 제공 중

78 Emiel Krahmer & Hille van der Kaa, Journalist Versus News Consumer: The Perceived Credibility of Machine Written News, 2014

79 Tanya Lewis, The Robot Economy: Will Machines Take Your Job by 2025?, Livescience, 2014. 8. 6.

80 Andrew McAfee, Erik Brynjolfsson, Race Against the Machine, Digital, 2013

81 Thomas Frey, Forging a New Path to Our Symbiotic Future, Global HR Forum 2014, Seoul Korea, 2014. 11. 5.

82 Andrew Zajac and Todd Shields, Verizon Wins Net Neutrality Court Ruling against FCC, Bloomberg, 2014. 1. 15.

83 Ezra Mechaber, President Obama Urges FCC to Implement Stronger Net Neutrality Rules, The White House Blog, 2014. 11. 10.

84 Ana Olmos and Jorge Castro, Net Neutrality in the EU-Country Factsheet, OpenForum Academy, 2013. 9.

85 Zack Whittaker, EU Passes Net Neutrality Law, Votes to End Throttling, Site Blocking, ZDNet, 2014. 4. 3.

86 Tim Wu, Network Neutrality, Broadband Discrimination, Journal of Telecommunications and High Technology Law, Vol.2, p.141, 2003

87 Lawrence Lessig, Cyberspace's Architectural Constitution, Text of Lecture Given at www9, Amsterdam, Netherlands, 1999.

88 엄형준, "이통사에 보이스톡 제한 허용"…망 중립성 논란 가열, 세계일보, 2012. 7. 13.

89 Jason Linkins, Losing Net Neutrality: What the Worse Case Scenario Looks Like, Huffingtonpost, 2010. 3. 18.

90 Zack Whittaker, EU Passes Net Neutrality Law, Votes to End Throttling, Site Blocking, ZDNet, 2014. 4. 3.

91 차두원, 안혜린, 전유정, 과학기술정책 철학 정립을 위한 제언, KISTEP Issue Paper 2012-19, 2012. 12.

92 Vannevar Bush, Science : The Endless Frontier-A Report to the President on a Program for Postwar Scientific Research, United States Government Printing Office, Washington, 1945.

93 Transformation and Opportunity : The Future of the US Research Enterprise, President's Council of Advisors on Science and Technology, 2012. 11.

94 차두원, 파괴적 혁신해야 노벨 과학상 수상이 가능하다, 중앙선데이, 2014. 10. 11.

95 이민화, 차두원, 창조경제, 북콘서트, 2013. 6.

96 차두원, 김현철, 손병호, 주요국의 고위험 혁신적 연구지원 정책 동향 및 시사점, KISTEP Issue Paper 2007-10, 2007. 10.

97 상세한 내용은 해당 홈페이지 참조. http://www.epsrc.ac.uk/funding/howtoapply/routes/network/ideas/whatisasandpit

98 차두원, 장인호, 조준환, 김성준, 정주호, 민간기업과 재단 연구자의 노벨과학상 수상 현황과 요인 분석, KISTEP ISSUE PAPER 13-08, 한국과학기술기획평가원, 2013. 10.

99 목정민, 구글, 지구는 좁다, 우주로 향한 야망, 경향신문, 2014. 12. 7.

100 Victor W. Hwang, Greg Horowitt, The Rainforest : The Secrete to Building the Next Silicon Valley, Regenwald, 2012. 2.

101 The World's Most Innovative Companies, http://www.forbes.com/innovative-companies, Fobes, 2014. 8. 20.

102 Dana Cimilluca, M&A Market Regains Pre-Crisis Health : Global Deals Topped $1 Trillion as Second Quarter Drew to a Close, The Wall Street Journal, 2014. 6. 30.

103 Yvonne Lee, Chinese Overseas Buying Increasingly Shifts to Private From State, The Wall Street Journal, 2014. 9. 21.

104 김재학, 소방관을 위한 "쫄지말고 동참하라!", 크라우드펀딩 목표 달성, 벤처스퀘어

105 강준구, 인터넷 십시일반 '크라우드펀딩' 국내서도 뜬다, 쿠키뉴스, 2012. 6. 27.

106 Paul Belleflamme, Thomas Lambert, Armin Schwienbacher, Crowdfunding : Tapping the Right Crowd, Journal of Business Venturing, Vol. 29, No. 5, pp. 585-609, 2013. 7.

107 천창민, 증권형 크라우드펀딩 제도의 구축방향과 과제, 자본시장연구원, 2013. 6.

108 한국크라우드펀딩 기업협의회 홈페이지, 크라우드펀딩이란? http://kcfps.org

109 고용기, 김종욱, 지분투자형 크라우드펀딩, KISTEP 이슈페이퍼, 2013-18

110 Massolution, 2013CF-The Crowd Funding Industry Report, 2013.

111 이경민, 크라우느펀닝, 날개 쒸인 콘텐츠 기업에 '딘미', 진자신문, 2014. 1. 13.

112 킥스타터의 페블워치 크라우스소싱 홈페이지, https://www.kickstarter.com/projects/597507018/pebble-e-paper-watch-for-iphone-and-android

113 Massolution, 2013CF-The crowd funding industry report, 2013.

114 하유진, 21,691명의 대중들이 함께 영화를 만들다, 크라우드산업연구소

115 김홍범, 과학기술과 크라우드펀딩, KISTEP 이슈페이퍼, 2012-20

116 관계부처합동, 벤처·창업 자금생태계 선순환 방안, 국가과학기술심의회, 2013. 5.

117 Joseph Pine II, James H. Gilmore, Welcome to the Experience Economy, Harvard Business Review, July-August, 1998

118 Juha Oksanen, et. al., Experience Innovation Co-creating with Users, VTT TECHNOLOGY 38, 2012. 7.

119 차두원, 안성용, 금효영, 사용자 경험과 감성 인터페이스 기술 경쟁력 확보 방안, KIAT Issue Paper, 2012. 8.

120 Arron Walter, Remap of Maslow Hierarchy Interface Design, 2010.

121 이구형, 인간감성의 특성과 감성적 공학기술, 한국정밀학회지 제18권 제2호, 2001. 2.

122 이구형, 산업 디자인물에 대한 소비자 의식의 변화, 한국 감성과학회지 제1권 제1호, 1998.

123 Jeff Reeves, 5 Industries That Millennials are Destroying, Market Watch, 2014. 6. 23.

124 Alex Ramplee, Why Online2Offline Commerce is a Trillion Dollar Opportunity, TechCrunch, 2010. 8. 7.

125 U.S. Cross-Channel Retail Forecast, 2012 to 2017, Forrester Research Inc.

126 장진원, 「신 유통 빅뱅: 스마트 소비의 등장」 '더 싸게 더 편하게' … 무너진 소비 국경, 한경비즈니스, 2014. 2. 24.

127 최찬석, 인터넷 (overwight): O2O와 비콘을 아십니까?, KTB 투자증권 Issue & Pitch, 2014. 7. 16.

혁신의 혁신을 기대하며

인류 역사에서 그 영향이 하나의 사회와 국가를 넘어 전 세계로 확산되어 경제 발전을 일으키거나 인류의 삶을 더욱 편안하고 풍족하게 해주는 기술과 서비스 등을 혁신이라고 부른다. 이러한 혁신에 대해 한 번쯤 생각해보아야 할 점이 있다. 혁신을 발생시키는 능력과 환경을 보유하는 것도 중요하지만, 혁신의 흐름에 능동적으로 대처하는 자세도 매우 중요하다는 것이다. 혁신을 받아들이는 속도와 대응에 따라 우리에게 다가오는 혁신이 위험Risk이 되기도 하고 반대로 기회 Opportunity가 되기도 한다. 냉정하게 말하면 산업혁명시대 직물기계의 보급은 자본가들에게는 기회였고 러다이트들에게는 위협이었다. 드론, 무인자동차, 로봇의 등장은 더 높은 생산성과 수익성을 끝없이 갈망하는 기업주와 자본가, 편리함을 추구하는 사용자들에게는 매력적인 기술들이지만, 물류, 택시, 배송, 간호, 조립 등 관련 일자리들은 언젠가 사라질 수밖에 없다. 우버나 혹은 구글이 무인자동차를 활용해 택시, 물류와 배송 서비스를 출시하는 날을 생각해보면 그 영향력을 쉽게 예측할 수 있다.

최근 과학기술과 산업계의 움직임을 보면 사물인터넷, 공유경제, 그리고 이들을 아우르는 초연결시대라는 키워드가 많이 등장한다. 공유경제는 우버와 에어비앤비 등 필자들이 표현하는 상업적 공유경제 기업을 선두로 전 세계에서 그 세력을 확장시키고 있으며, 오랜 시간에 걸쳐 개발되어온 드론, 무인자동차, 로봇 등이 상용화를 앞두고 있다. 그리고 혁신적 시스템들이 사물인터넷 플랫폼이라고 불리고 있지만, 사물인터넷이란 이름으로 등장한 기술들은 아직 간단한 아이디어 실현 수준의 서비스와 제품들이 중심일 뿐이다.

최근 몇몇 글로벌 전문업체들과 연구기관들이 발표하는 공유경제와 사물인터넷의 장밋빛 미래에 대한 통계도 너무나 화려하다. 필자들도 관련 데이터들을 본문에 인용했지만, 많은 관련 분야 기업 대표, 전문가들과 개발자 등이 언론과 강연 등에 활용하면서 마치 예측 데이터가 아닌 확정된 현재의 데이터처럼 느껴질 때도 있다. 시스코, 인텔 등의 글로벌 정보통신 기업들이 사물인터넷을 홍보하고 주도권을 잡으려는 노력은 사물인터넷이 확산될수록 그들의 기술과 제품이 탑재되고 사용될 가능성이 높아지고 이에 따라 매출과 이익이 늘어날 가능성이 높기 때문이란 생각도 든다.

구글, 애플, 삼성 등 많은 글로벌 기업들도 사물인터넷 기술과 서비스 기술의 확보와 세계 시장 대상의 빠른 출시와 시장 선점 전쟁에 진입했다. 그러나 과연 이들 기업이 막대한 이윤을 남기고 성공할 수 있을지는 아무도 장담할 수 없다. 필자들은 본문에서 초연결경제를 이야기하고 부를 결정짓는 원인으로 연결격차 Connection Divide 를 언급했다. 그러나 어쩌면 사물인터넷이 보편화된다는 것은 이러한 연결격차가 없어지는 세상이 온다는 뜻도 된다. 무엇을 개발하든 경쟁사도 동일하게 인터넷 접속 기능을 탑재하여 출시하는 시대로 접어들면서 사물인터넷 제품은 그다지 새로운 것도 없고 차별성도 없어질 수도 있다는 것이다. 마치 유선전화기가 널리 보급되어 누구나 쉽게 만들 수 있는 유선전화기 제조·판매로는 큰돈을 벌 수 없는 것과 비슷하다. 결국 세상의 모든 것들이 인터넷과 연결되었다고 해서 반드시 경제적 가치를 동반하지 않을 수도 있다. 그러나 어쨌든 연결격차와 디지털 리터러시를 확대할 수 있는 인프라의 확대는 가능할 것이다.

요컨대 사물인터넷 기능의 탑재만으로는 새로울 것도 없고 그리 차별성도 높지 않은 시장의 형성이 예상되며 결국에는 유사 제품군들 사이의 차별화가 가장 중요하다. 진정한 차별점은 사물인터넷 기능 탑재가 아니라, 어떤 기능과 서비스들을 보다 가치 있고 편리하게 서비스하느냐는 것이다. 이것은 바로 창의적이고 혁신적인 사용자 경험 Innovative User eXperience 을 의미한다.

우리나라는 어떨까? GE General Electronics 가 세계 26개국 주요 기업 임원 3,209명을 대상으로 혁신에 대한 인식을 조사한 '2014 GE 글로벌 혁신지표' 결과를 살펴보자. 우리나라는 혁신 선도 국가 순위에서 미국(35%), 독일(16%), 일본(12%), 중국(10%)에 이어 5위를 차지했다. 혁신에 우호적인 환경은 미국이 88%로 가장 높았는데 우리나라는 독일, 일본, 영국, 중국에 이어 캐나다와 함께 6위(61%)를 차지했다. 보고서를 작성한 글로벌 시장조사 전문업체 에델만벌랜드Edelman Berland의 세실 네이선 틸로이Cecile Nathan Tilloy 유럽 수석부사장은 우리 기업을 두고 "한국은 지난해 세계 임원들이 공통적으로 경험했던 혁신 현기증에서 벗어나고 있지만, 파괴적 혁신을 주도하고 있지는 않다"고 평가했다. "한국은 사업 역량에 자신감을 보이고 있는 만큼 혁신을 저해하는 요인이 적고 대다수의 혁신 선도 국가와 마찬가지로 기존 경쟁력을 활용한다는 것이다. 조사에 참여한 국내 응답자 중 32%는 혁신을 주도할 주체로 '대기업'을 선택했으며 이는 조사 대상 26개국 가운데 가장 높은 수치다.

우리나라 기업들을 살펴보자. 우리나라의 미래 성장동력이 없다는 얘기가 나온 지 10년이 넘었고, 최근 우리나라 주요 수출 품목인 휴대폰과 자동차의 세계적 위상은 흔들리고 있다. 2014년 3분기 삼성전자의 영업이익률은 약 7%로 애플의 27%에 크게 뒤떨어졌다. 2013년과 2014년 1분기 20%까지 올랐던 삼성전자의 영업이익률은 2014년 2~3분기에 낮아졌다. 중국 업체들과의 경쟁이 치열해지면서 마케팅 비용이 상승했고 판매단가를 낮추면서 수익성이 급락한 것이다.[1] 현대차는 최근 1년간 세계 주요 자동차업체 가운데 주가 하락 폭이 가장 큰 -36.2%를 기록했다. 세계 금융위기 직후 미국 빅3 업체들이 파산의 갈림길에 몰리고, 일본 자동차 업체들이 엔화강세로 고전하고, 토요타의 2010년 대규모 리콜 사태, 2011년 동일본 지진까지 현대·기아

차는 나름 승승장구했었지만, 앞으로의 추가 도약과 성장성이 의문시되는 것이다.[2]

또한 우리나라 기업들은 최근 들어서야 사물인터넷 진출을 위한 모습을 보이고 있지만, 적지 않은 기업들이 앞으로 무엇을 먹고살아야 할지에 대한 구체적 전략을 수립하지 못했다. 시장에 뒤늦게 뛰어들어 이미 시장에 진출하고 있는 글로벌 기업들에 맞서 앞으로 시장 주도권을 획득할 수 있을지에 대한 의문이 든다. 사업전략의 과감성도 보이지 않는다. 그렇다고 기업 사정이 나쁜 것도 아니다. 2014년 9월 이코노미스트Economist에 따르면, 우리나라는 기업들의 현금 보유량은 GDP 대비 34% 규모인 459조 원가량으로 일본의 44%보다는 낮지만, 미국의 11%, 독일의 20%에 비해 지나치게 높은 규모다. 이는 국가 경제를 저해하는 커다란 원인으로 지적된다. 기업들이 보유한 현금만 풀어도 우리나라 GDP는 2% 정도 늘어날 것이라 한다.[3]

기업의 존속에 있어 혁신은 매우 중요하다. 그러나 단 한 번의 혁신은 큰 의미가 없다. 현재의 혁신이 시간이 지남에 따라 보편적 기술로 일반화될 때 또 다른 혁신을 연속해서 시장에 선보일 수 있는 혁신의 잠재력이 가장 중요하다. 2014년 포브스의 혁신적 기업 순위를 살펴보면, 애플과 삼성은 순위에 없다. 애플은 이미 충분히 많은 것을 선보였고 아이폰과 아이패드를 뛰어넘는 혁신이 나타나고 있지 않기 때문이다.[4] 빠르게 변하는 시장은 특정 분야에만 집착하고 머무르는 기업들이 한번 흔들리면 재기의 기회를 주는 데 인색하다. 이제 기업들에게는 포기할 것은 신속하게 포기하고 필요할 때 빠른 속도로 새로운 분야로 경쟁기업들보다 재빨리 트랜스포메이션하는 능력과 과감한 결정 능력이 중요하다. 효율적인 M&A는 빠르게 변하는 시장에서 특정 기업이 새로운 분야로의 트랜스포메이션을 가능하게 하는 가장 커다란 수단이다.

최근 혁신의 뚜렷한 특징에는 민첩성이 있고, 이러한 민첩한 혁신 Agile Innovation의 가장 유용하고 빠른 경로는 M&A다. 그러나 우리나라 기업들은 M&A에 매우 인색하다. 2013년 우리나라 전체 M&A는 451건으로 2011년 431건과 비교해 4.6% 증가했지만, 2012년 543건에 비하면 16.9% 감소했다. 특히 국내 기업의 외국 기업 M&A 건수는 17건으로 2012년에 비해 12건 감소했고, M&A 규모도 5,000억 원으로 1조 7,000억 원보다 70.6%나 감소했다. 오히려 외국 기업들이 우리나라 기업 M&A에 관심이 높다. 외국 기업의 우리나라 M&A 건수는 2012년에 비해 13건 증가한 41건이고, M&A 규모도 2조 1,000억 원 수준이다. 일본이 14건, EU가 11건 미국이 7건 등으로 주요 선진국에 집중되어 있다.[5] 뒤늦었을지 모르지만, 최근에서야 삼성전자가 사물인터넷 분야를 중심으로 공격적 M&A를 통한 승부수를 띄우고 있다. 2007년부터 현재까지 총 21개 기업을 M&A를 했고, 그 가운데 10개 기업은 작년부터 현재까지 인수한 것이 그나마 최근 주목을 받는 M&A의 전부다.

자체 개발을 통한 국산화와 수출 대체 등을 연구개발의 대표적 구호와 성과로 이야기하던 시대는 이미 지났다. 공업화 시대에는 기술의 초기 단계에서부터 양산까지 전체를 직접 수행하고 성공하는 것이 우

● 국내 · 외국 기업별 M&A 건수

■단위: 건, 조 원

구분		국내 기업의 M&A			외국 기업의 M&A			계
		국내-국내	국내-외국	소계	외국-국내	외국-외국	소계	
2011년	건수	407	24	431	36	76	112	543
	금액	30.0	0.3	30.3	2.7	107.2	109.9	140.2
2012년	건수	514	29	543	28	80	108	651
	금액	18.0	1.7	19.7	1.9	128.9	130.8	150.5
2013년	건수	434	17	451	41	93	134	585
	금액	18.1	0.5	18.6	2.1	144.5	146.6	165.2

리가 자랑하던 혁신이었다. 그러나 이제는 바뀌고 있다. 세계 시장을 대상으로 하루라도 빨리 새로운 기술을 개발하고 시장을 선점하지 않으면 기업은 시장에서 잊혀질 수밖에 없는 시대에 살고 있다. 이러한 혁신의 가장 빠른 경로는 바로 M&A다. 기술개발보다 더 중요한 전쟁이 M&A일 수도 있다.

기술과 세상은 함께 변한다. 사물인터넷을 넘어 모든 것이 연결되는 초연결시대가 서서히 다가오고 있다. 연구개발 단계가 짧아지고, 비즈니스 생태계가 촘촘해지고, 사용자 경험의 중요성이 그 어느 때보다 부각되고 있다. 그러나 우리나라는 아직도 미래에 대한 대비가 수동적이고 스스로 선두를 달리고자 하는 것에 두려움이 있는 것 같다. 사물인터넷이 활성화되고 모든 것이 연결되는 초연결시대에 기업의 역할은 제품과 서비스의 출시와 시장 장악에 그치지 않는다. 이미 다양한 대형 해킹 사례들이 발생하고 있지만 초연결시대에 무인자동차, 병원, 교통 시스템, 스마트 빌딩 등이 해킹을 당해 사용자가 의도한 대로 조작되지 않고, 해커들이 의도한 대로 작동한다고 가정해보자. 해당 기업들은 제품과 서비스의 출시와 함께 이러한 부작용을 막을 수 있는 기술과 절차를 개발해야 하고 공동으로 저지할 수 있는 리스크 거버넌스Risk Governance도 만들어야 하는 등 그 역할이 점차 증가하고 있다.

우리나라 정부와 기업들이 퍼스트 무버First Mover로 패러다임을 전환해야 한다는 이야기가 나온 지 이미 10년이 넘었다. 그러나 오랜 시간 논의되었지만, 정부 연구개발도 기업의 연구개발도 해외 글로벌 기업들이 본격적으로 시장을 만들기 시작한 안정적인 제품과 서비스에 뒤늦게 뛰어드는 가장 빠른 추격자Fastest Follower 전략을 아직도 추진하고 있다.

필자들은 초연결시대에는 혁신의 발생 경로가 단순해지며 짧아지고, 비즈니스 생태계는 유기적으로 촘촘해지고 있으며, 혁신의 장벽을 넘는 크라우드 펀딩과 소싱, 무너지는 온라인과 오프라인의 경계, 무엇보다 하드웨어보다는 소프트웨어 혁신으로 그 패러다임이 전환되는 시점에서 중요한 혁신의 가치인 사용자 경험을 이야기했다. 우리나라는 이제 선진국 진입 단계에 그리고 대기업들은 글로벌 기업으로 안착해야 하는 과도기에 직면했다. 우리나라 정부와 기업들의 민첩하지만 효율적인 대응 전략을 제로 베이스에서 다시 한번 고민해야 할 시기가 아닐까 싶다.

참고문헌

1 3분기 애플과 삼성전자 수익성 격차 4배, 연합뉴스, 2014. 11. 5.

2 http://biz.chosun.com/site/data/html dir/2014/11/05/2014110504147.html?BRcsbiz

3 Corporate saving in Asia–Japanese and South Korean firms are the world's biggest cash–hoarders. This hurts their economies, The Economist, 2014. 9. 27.

4 The World's Most Innovative Companies, Forbes, 2014. 8. 20.

5 2013년 기업결합 신고 및 심사 동향, 공정거래위원회, 2014. 2.

초연결시대, 공유경제와 사물인터넷의 미래

1판 1쇄 발행 │ 2015년 1월 20일
1판 4쇄 발행 │ 2017년 11월 2일

지은이 차두원 · 진영현
펴낸이 김기옥

기획1팀 모민원 편집 정경미
커뮤니케이션 플래너 박진모
경영지원 고광현, 임민진, 김주현
제작 김형식

디자인 투에스
인쇄 · 제본 민언프린텍

펴낸곳 한스미디어(한즈미디어(주))
주소 121-839 서울특별시 마포구 양화로 11길 13(서교동, 강원빌딩 5층)
전화 02-707-0337 │ 팩스 02-707-0198 │ 홈페이지 www.hansmedia.com
출판신고번호 제 313-2003-227호 │ 신고일자 2003년 6월 25일

ISBN 978-89-5975-786-2   13320